Lydia Brownback

Die Weisheit einer Frau

Entdecke das Buch der Sprüche für dein Leben

W0274229

Bestell-Nr.: 52 50449
ISBN 978-3-86773-219-2

Alle Rechte der deutschen Ausgabe vorbehalten
© 2014 cap-books/cap-music
Oberer Garten 8
D-72221 Haiterbach-Beihingen
07456-9393-0
info@cap-music.de
www.cap-books.de

Umschlaggestaltung: Christine Gerber (gestalterei-gerber.de)
Foto: © Amir Kaljikovic – Fotolia.com
Übersetzung: Ingo Schreurs
Lektorat: Nadine Weihe
Printed in Germany

A Woman's Wisdom: How the Book of Proverbs Speaks to Everything
Copyright © 2012 by Lydia Brownback
Published by Crossway a publishing ministry of Good News Publishers
Wheaton, Illinois 60187, U.S.A.
This edition published by arrangement with Crossway.
All rights reserved.

Bibelzitate sind, falls nicht anders gekennzeichnet, entnommen aus:
Lutherbibel, revidierter Text 1984, durchgesehene Ausgabe,
© 1999 Deutsche Bibelgesellschaft, Stuttgart

Weitere Bibelübersetzungen:
ELB: Revidierte Elberfelder Bibel,
© 1985/1991/2008 SCM R.Brockhaus im SCM-Verlag GmbH & Co. KG, Witten.

EÜ: Einheitsübersetzung der Heiligen Schrift,
© 1980 Katholische Bibelanstalt, Stuttgart

GNB: Gute Nachricht Bibel, revidierte Fassung, durchgesehene Ausgabe,
© 2000 Deutsche Bibelgesellschaft, Stuttgart.

HFA: Hoffnung für alle®, Copyright © 1983, 1996, 2002 by Biblica Inc.®.
Verwendet mit freundlicher Genehmigung von `fontis – Brunnen Basel.
Alle weiteren Rechte weltweit vorbehalten.

NGÜ: Bibeltext der Neuen Genfer Übersetzung – Neues Testament und Psalmen.
© 2011 Genfer Bibelgesellschaft, CH-1032 Romanel-sur-Lausanne.

NLB: Neues Leben. Die Bibel,
© der deutschen Ausgabe 2002 und 2006 SCM R.Brockhaus im
SCM-Verlag GmbH & Co. KG, Witten.

SCH: Schlachter 2000,
© 2000 Genfer Bibelgesellschaft, CH-1032 Romanel-sur-Lausanne.

Mit einem Dank an Gott für
Jamie, Sam, Drew und Max

Ich wünsche euch, dass ihr alle
den Segen der Weisheit
jeden Tag eures Lebens erfahrt

Glücklich ist der Mensch, der Weisheit findet
und Einsicht gewinnt!
Denn der Nutzen der Weisheit ist größer
als der Erwerb von Silber
und ihr Gewinn ist wertvoller als Gold.
Sie ist kostbarer als Edelsteine;
und alles, was du dir jemals wünschen könntest,
ist mit ihr nicht zu vergleichen.

Sprüche 3,13–15; NLB

Inhaltsverzeichnis

Vorwort

Was hat dich bewogen, dieses Buch in die Hand zu nehmen? Höchstwahrscheinlich verbindest du mit Weisheit etwas, das dir gefällt. Dein Herz fühlt sich angesprochen.

Man erwirbt zwar eine bestimmte Form der Weisheit mit dem Alter, doch ohne Gott und sein Wort ist selbst das fraglich, denn außerhalb von Gott ist keine wirklich verlässliche Weisheit zu finden. Ihn zu kennen und ihm zu vertrauen *ist* Weisheit. Und diese Weisheit erwerben wir nicht einfach, indem wir lange leben und alt werden. Und wir finden sie auch nicht, indem wir versuchen, so gut wie möglich dem Pfad der Weisheit zu folgen, wie er uns im Buch der Sprüche beschrieben wird. Selbst wenn wir diesem Pfad folgen könnten – was wir aber in Wirklichkeit nicht schaffen –, würden wir dabei immer noch keine wahre Weisheit erlangen. Die finden wir nur in Christus.

> *Erinnert euch ..., dass nur wenige von euch in den Augen der Welt weise oder mächtig oder angesehen waren, als Gott euch berief. Gott hat das auserwählt, was in den Augen der Welt gering ist, um so diejenigen zu beschämen, die sich selbst für weise halten. Er hat das Schwache erwählt, um das Starke zu erniedrigen. Er hat das erwählt, was von der Welt verachtet und gering geschätzt wird, und es eingesetzt, um das zunichte zu machen, was in der Welt wichtig ist, damit kein Mensch sich je vor Gott rühmen kann. Gott allein hat es ermöglicht, dass ihr in Christus Jesus sein dürft. Er hat ihn zu unserer Weisheit gemacht. Durch ihn sind wir vor Gott gerecht gesprochen und unser Leben wird durch ihn geheiligt. Durch ihn sind wir erlöst. (1. Korinther 1,26-30; NLB)*

Kennst du Jesus Christus? Wenn du ihn wirklich kennst, gehörst du auch zu ihm. Anders kann es gar nicht sein. Und selbst wenn du aus diesem Buch keine anderen Einsichten gewinnen solltest, dann doch zumindest diese, dass Jesus für uns Gottes Weisheit geworden ist.

Das Buch der Sprüche schenkt uns in poetischer Form einen Wegweiser, wie Gott sich die Welt gedacht hat. Daher werden seine praktischen Ratschläge für das tägliche Leben dein Leben mit Sicherheit angenehmer machen. Doch bleiben diese Ratschläge von der göttlichen Quelle abgeschnitten, dann werden sie sich am Ende als hohl und leer erweisen. Genau das hat König Salomo, der hauptsächliche Verfasser der Sprüche, herausgefunden.

In seinen besseren Tagen war König Salomo wirklich der Weiseste unter den Menschen. Als junger Mann und frisch gekrönter König hatte er Gott um die Fähigkeit gebeten, mit Weisheit über dessen Volk zu herrschen. Gott hatte sein Gebet aufs Wunderbarste erhört, sodass „alle Welt begehrte, Salomo zu sehen, damit sie die Weisheit hörten, die ihm Gott in sein Herz gegeben hatte" (1. Könige 10,24). Aus allen Teilen der Welt kamen die Menschen, um seinen Rat zu hören. Im Laufe der Zeit hängte Salomo sein Herz jedoch an die Vorzüge seiner Weisheit in dieser Welt statt an deren Quelle, und folglich tat dieser weiseste aller Menschen ein paar erschreckend unvernünftige Dinge. Das Gleiche wird auch uns passieren, wenn wir versuchen, die Sprüche nur als ein Mittel zur Selbstverwirklichung mit frommem Anstrich zu benutzen.

Die Sprüche wollen nicht einfach nur unser Leben verbessern, auch wenn es sicherlich enorm positive Auswirkungen auf unseren Lebensweg haben wird, wenn wir ihren Anweisungen folgen. Grundsätzlich geht es dem Buch darum, uns auf den hinzuweisen, der diese Weisheit gibt. Jesus sagte über sich selbst: „Die Königin vom Süden wird auftreten beim Jüngsten Gericht mit diesem Geschlecht und wird es verdammen; denn sie kam vom Ende der Erde, um Salomos Weisheit zu hören. Und siehe, hier ist mehr als Salomo" (Matthäus 12,42).

Weisheit ist eine Person, und weise werden wir durch unsere Verbindung mit dieser Person. Die Auswirkungen der Weisheit – ihre Früchte –, die wir uns in den folgenden Kapiteln anschauen werden, wurzeln alle in dieser Wahrheit. Und deshalb wiederhole ich die Hoffnung des Apostels Paulus,

> *... damit [unsere] Herzen gestärkt und zusammengefügt werden in der Liebe und zu allem Reichtum an Gewissheit und Verständnis, zu erkennen das Geheimnis Gottes, das Christus ist, in welchem verborgen liegen alle Schätze der Weisheit und der Erkenntnis. (Kolosser 2,2-3)*

Lydia Brownback

Einleitung

Ratgeberbücher sind kein kurzlebiger Trend. Sie halten sich seit Langem an der Spitze der Bestsellerlisten, und jeden Tag landen bei Büchershops im Internet Hunderte dieser Ratgeber im Einkaufswagen. Es ist nicht sehr wahrscheinlich, dass die Popularität solcher Bücher in absehbarer Zeit nachlassen wird, auch wenn vieles von dem, was dort angeboten wird, sich auf lange Sicht als vergänglich und oberflächlich erweist. Ratgeber wären längst nicht so erfolgreich, wenn die Menschen die Weisheit von Gottes Vorstellungen für ihr eigenes Leben in Anspruch nähmen. Wo immer Gottes Maßstäbe – die Ratgeber, die wir in der Bibel finden – abgelehnt werden, wirken auch oberflächliche Alternativen verlockend.

Viele von uns suchen leider nach einer Formel à la „Drei einfache Schritte zum guten Leben". In einem minutiös verplanten Leben ist es eben viel einfacher, den Drive-in eines Schnellrestaurants zu nutzen, als ein ausgewogenes Abendessen zuzubereiten. Aus dem gleichen Grund verschlingen wir lieber eine schnelle Lektüre zum aktuellen Problem, als uns die Zeit zu nehmen, in Gottes Wort zu graben. Wir haben „keine Zeit", ihn kennenzulernen. Vielleicht morgen, denken wir; heute wollen wir nur ein paar schnelle Tipps, wie wir den Stress verringern, unsere Finanzen verbessern oder unsere Kinder vernünftig erziehen können.

Ein flüchtiger Blick ins Buch der Sprüche zeigt uns genau das, was wir zu brauchen scheinen – kurz gehaltene, prägnante Anweisungen, die an Twitternachrichten erinnern. Suchen wir aber im Buch der Sprüche nur die schnellen Lösungen, dann verpassen wir den eigentlichen Sinn des Buches, nämlich den Urheber der

Weisheit kennen und lieben zu lernen. Nur wenn wir Gott kennen und lieben – was in den Sprüchen „die Furcht des Herrn“ genannt wird –, werden wir verstehen, wie wir seine praktischen Anweisungen umsetzen können.

Wir Frauen brauchen praktischen Rat für unser Leben, aber mehr noch als das brauchen wir Herzen, die auf den ausgerichtet sind, der alle unsere Lebensumstände in seinen Händen hält. Das Buch der Sprüche gibt uns den Schlüssel zu beidem. Seine Weisheit ist zeitlos. Auch wenn das Buch der Sprüche für eine bestimmte Zielgruppe geschrieben wurde – in erster Linie für junge Männer im alten Israel –, gelten seine Weisheit und die Notwendigkeit, diese zu erwerben, zu jeder Zeit und für Männer und Frauen gleichermaßen. Es ändern sich lediglich die Umstände, in denen diese Weisheit angewendet werden muss. Wir haben es vielleicht nicht mit den gleichen Schwierigkeiten zu tun wie die Frauen in der Antike, aber auch wir stehen vor ganz realen Herausforderungen:

- Eine Weiblichkeit, die auf biblischen Maßstäben beruht, in einer Welt vorzuleben, die sich deshalb über uns lustig macht.
- Uns sexuell rein zu halten in einer Gesellschaft, die von Vorstellungen und Darstellungen von Sex überflutet wird.
- Unsere Freiheit, Unabhängigkeit und materielle Möglichkeiten weise einzusetzen.
- Ehen zu führen, die Gott Ehre machen.
- An biblischen Maßstäben festzuhalten, wenn der Alltag überhandnimmt und uns herausfordert.

Viele mögen überrascht sein zu erfahren, dass es in den Sprüchen um all diese Dinge geht. Es gibt tatsächlich keinen einzigen Bereich, in dem wir Weisheit brauchen, der in den Sprüchen nicht angesprochen wird. Das liegt daran, dass alle Weisheit sich so zusammenfassen lässt: „Der Weisheit Anfang ist die Furcht des Herrn, und den

Heiligen erkennen, das ist Verstand" (Sprüche 9,10; vgl. auch 1,7). Haben wir das erst einmal verstanden – und akzeptiert –, können wir mit diesen Ratschlägen auch richtig umgehen.

Dieses Buch trägt die Weisheit aus dem Buch der Sprüche zusammen. Du kannst die neun Kapitel entweder alleine oder in einer Kleingruppe lesen kannst. Als Kleingruppe könnt ihr auch den Studienteil am Ende des Buches verwenden. Ein genauer Blick auf die Sprüche wird uns erkennen lassen, dass alle echte Weisheit aus der Furcht des Herrn entsteht.

Teil 1 basiert auf den Kapiteln 1 bis 3 und 8 und 9 aus den Sprüchen. Hier werden wir untersuchen, warum das Streben nach biblischer Weisheit, was in den Sprüchen „die Furcht des Herrn" genannt wird, die höchste und erste Berufung jeder Frau ist, die eine persönliche Beziehung zu Jesus hat. Frauen der Weisheit

- erkennen Gottes Souveränität bei allem, was geschieht.
- richten sich nach Gottes Maßstäben für diese Welt.
- lieben Jesus mehr als alles andere.
- vertrauen darauf, dass Gottes Charakter gut ist.
- schützen ihr Herz durch die Wahrheit der Bibel.

Die Sprüche zeigen uns den Segen der Weisheit unter anderem dadurch, dass sie der Weisheit die Unvernunft gegenüberstellen. Daher werden wir uns nicht nur die Eigenschaften der Weisen, sondern auch die Eigenschaften der Unvernünftigen anschauen.

In Teil 2 wenden wir biblische Weisheiten auf sechs Lebensbereiche von Frauen an: 1. auf ihre Worte, 2. auf ihre Freundschaften, 3. auf ihre körperlichen Bedürfnisse, 4. auf ihre Gefühle, 5. auf ihr Geld und 6. auf ihre Sexualität.

Teil 3 veranschaulicht uns all das, was wir in den Teilen 1 und 2 lernen werden. Der Schwerpunkt liegt hier auf der Frau aus Sprüche 31,10-31. Manche Frauen fühlen sich von dieser Frau entweder eingeschüchtert oder lehnen sie ab, aber wir werden noch sehen, warum sie überhaupt nichts Einschüchterndes an sich hat. Wenn wir verstehen, wie sie in das Gesamtbild dessen, was in den Sprüchen gelehrt wird, hineinpasst, werden wir nicht mehr eingeschüchtert sein. Vielmehr wird in uns eine Form der Liebe zur Weisheit geweckt werden, die typisch weiblich ist. Mögen wir dieser Frau zum Wohle unserer Familien, unserer Gemeinden und unseres gesellschaftlichen Umfelds – und nicht zuletzt zur Ehre Gottes – immer ähnlicher werden.

Am Ende des Buches findest du einen Studienteil. Den kannst du beim Lesen des Buches berücksichtigen oder als Anregung für Diskussionen in Kleingruppen verwenden. Eine der Fragen in jedem Kapitel ist mit markiert. Mit diesen Fragen solltest du dich intensiver auseinandersetzen; du wirst etwas mehr Zeit benötigen, um sie zu beantworten.

Wenn es aber jemandem unter euch an Weisheit mangelt, so bitte er Gott, der jedermann gern gibt und niemanden schilt; so wird sie ihm gegeben werden. (Jakobus 1,5)

Teil 1

Was ist Weisheit und warum ist sie wichtig?

Kapitel 1

Was genau ist Weisheit?

Als Christinnen im 21. Jahrhundert werden wir uns wahrscheinlich eher selten mit den Schwierigkeiten und Problemen herumschlagen müssen, mit denen es die Frauen im alten Israel zu tun hatten. Denk nur an Königin Ester, die lernen musste, in einem Harem zurechtzukommen. Darin lebten Frauen, deren einzige Aufgabe darin bestand, dem König mit ihrer Schönheit zu gefallen. Selbst als Ester bereits Königin war, musste sie immer noch den Tod befürchten, falls sie ihrem König und Ehemann missfiel. Andere Frauen im Alten Testament mussten als Sklavinnen leben (zum Beispiel Hagar) oder ihren Mann mit einer anderen teilen, wie zum Beispiel Rahel und Lea.

Unsere Probleme sind zwar in den meisten Fällen weniger lebensbedrohlich, dennoch stellen sie enorme Herausforderungen dar, für die wir die gleiche Weisheit brauchen wie die Frauen früherer Zeiten. Wir wollen mehr als nur Stress verringern oder unnötige Schwierigkeiten vermeiden; außerdem wollen wir Gott mit unserem ganzen Leben gefallen. Das ist einer der Aspekte, in dem sich biblische Weisheit radikal von der Weisheit dieser Welt unterscheidet. Letztere konzentriert sich darauf, wie Menschen sich selbst gefallen und wie sie aus allem ein maximales Vergnügen herausholen können. Der Weisheit in den Sprüchen ist es aber auch nicht egal, ob wir unser Leben – als eine Gabe Gottes – genießen können. Das ist das Schöne daran, wenn wir die Weisheit der Sprüche praktisch anwenden: Wir erleben dann, dass Gottes Vorstellungen und Maßstäbe auf einer ganz praktischen Ebene funktionieren. Das Leben läuft im Großen und Ganzen runder. Auf diese Weise zeigt sich, wie weise Gott ist, und Gott erhält von uns die Ehre, die er verdient.

Eine solche Weisheit brauchen wir. Wir brauchen sie, um in einer Welt als Hausfrauen leben zu können, auch wenn wir dafür belächelt werden. Wir brauchen sie, um Single sein zu können, wenn wir das eigentlich gar nicht wollen. Wir brauchen sie, um in einer Kultur grenzenloser Freiheit, Unabhängigkeit und grenzenlosen Wohlstands ein Leben zu führen, an dem Gott Freude hat. (Wirtschaftliche Schwierigkeiten in westlichen Nationen sind nicht mit den wirtschaftlichen Schwierigkeiten in anderen Teilen der Welt zu vergleichen.) Wir brauchen die Weisheit der Sprüche, um in einer Kultur der seichten Unterhaltung und schneller Scheidungen nach biblischen Maßstäben leben zu können. Wir müssen gute Entscheidungen treffen, wenn es um die Bildung und Erziehung unserer Kinder geht oder darum, wie wir mit der stetig wachsenden virtuellen Welt des Internets umgehen wollen.

Auf all das werden wir eingehen. Doch ehe wir uns ansehen, wie wir die Weisheit der Sprüche auf unsere individuellen Lebenssituationen anwenden können, müssen wir zunächst einmal klären, was genau die Bibel mit *Weisheit* meint. Woher kommt Weisheit? Die Sprüche sagen ganz deutlich:

> *Der Weisheit Anfang ist die Furcht des Herrn,*
> *und den Heiligen erkennen, das ist Verstand. (Sprüche 9,10; vgl. auch 1,7)*

Diese Antwort führt uns automatisch zu der Frage: „Was ist die Furcht des Herrn?“ Viele Pastoren sind der Meinung, dass es „Ehrfurcht“ bedeutet. Wenn das aber durchweg die Bedeutung ist, warum verwenden wir dann nicht einfach das Wort „Ehrfurcht“ – „Ehrfurcht vor dem Herrn“ – statt des Wortes *Furcht*? Nun, im Hebräischen bedeutet das Wort, das mit *Furcht* übersetzt wird, sowohl „Schrecken“ als auch „Ehrerbietung“. Der Teil mit dem *Schrecken* wird jedoch gern heruntergespielt, weil es schwerfällt, die Vorstellung von Furcht mit einem liebenden Gott in Verbindung zu bringen. Ich denke aber, dass wir den Aspekt des Schreckens in dem Begriff „Furcht des Herrn“ nicht vorschnell beiseiteschieben sollten. Schauen wir uns die Bibel genau an, dann sehen wir, dass Furcht manchmal genau das bedeutet – eben Furcht.

Denken wir an den Propheten Jesaja. Nachdem er Gott gesehen hatte, sagte er: „Weh mir, ich vergehe!“ (Jesaja 6,5). Dass er Gott sehen durfte, hatte also ganz offensichtlich keine Glücksgefühle in ihm hervorgerufen.

Und dann war da Maria, die Mutter von Jesus. Als der Engel Gabriel zu ihr kam und sagte: „Sei gegrüßt, du Begnadete! Der Herr ist mit dir!“, war sie durch sein Reden sehr beunruhigt. Deshalb fügte der Engel hinzu: „*Fürchte* dich nicht, Maria, du hast Gnade bei Gott gefunden“ (Lukas 1,26-30; Hervorhebung durch die Autorin).

Auch bei Mose war es ähnlich. Als er an den brennenden Busch kam, sprach Gott aus dem Busch zu ihm: „Mose, Mose! … Tritt nicht herzu, zieh deine Schuhe von deinen Füßen; denn der Ort, darauf du stehst, ist heiliges Land!“ Und Mose reagierte darauf, indem er sein Gesicht verhüllte, „denn er *fürchtete* sich, Gott anzuschauen“ (2. Mose 3,4-6; Hervorhebung durch die Autorin). Wir sehen also, dass Furcht manchmal tatsächlich Ehrfurcht verbunden mit Schrecken ist.

Interessant ist dabei, dass Jesaja, Maria und Mose sich alle fürchteten, als Gott sich ihnen näherte. Demnach haben also scheinbar einige, die Gott außergewöhnlich nahegekommen sind, dabei Furcht empfunden. Wie kann das aber sein, wo Gott doch ein freundlicher und liebender Gott ist? Hier ist der Grund: Wenn von Natur aus fehlerhafte Menschen Gott ganz nahekommen, dann erkennen sie genauer, wie er wirklich ist – heilig und gleichzeitig liebevoll. In der Tat ist seine Heiligkeit unlösbar mit seiner Liebe verbunden und keine davon getrennte Eigenschaft. Je näher wir Gott kommen, desto deutlicher sehen wir, wer er ist und wer wir im Verhältnis zu ihm sind. Wenn du also zu jenen Menschen gehörst, die diese Furcht erlebt haben – die mit Schrecken verbunden ist –, dann solltest du das als etwas Positives auffassen und nicht als etwas Negatives, denn eine solche Furcht lässt dich in Wahrheit erkennen, wie sehr du Jesus Christus brauchst.

Im Angesicht eines heiligen Gottes erkennen wir unsere eigene Schuld und unsere Fehler, und in uns wird das Verlangen nach einem Erlöser geweckt. Wenn wir uns ihm ganz anvertrauen, damit er dieses Verlangen in uns stillt, dann werden wir die Wahrheiten des christlichen Glaubens nicht mehr nur mit unserem Verstand erfassen, sondern sie von ganzem Herzen und mit tiefer Freude leben. Aus all diesen Gründen ist die Furcht des Herrn der Anfang der Weisheit. Echte Weisheit ist nur in Jesus Christus zu finden. Weisheit heißt, sich bewusst zu werden, dass er alles ist.

Nachdem uns dieser Aspekt der Furcht gezeigt hat, wie sehr wir auf Jesus angewiesen sind, können wir auch den Aspekt der Ehrfurcht und Ehrerbietung verstehen, den viele Pastoren benutzen, um die Furcht des Herrn zu beschreiben. *Nur in Christus* können wir Gott als freundlich, weise, väterlich, heilig, mächtig, allwissend und mitfühlend erkennen. Diese Sicht von Gott entfacht unsere Ehrfurcht – und unser Streben nach einem Leben in Weisheit oder, mit anderen Worten, in Heiligkeit. Ein weiser Pastor stellte einmal folgende Frage:

Ist die Furcht des Herrn ein Konzept, das die Seele lähmt und der Psyche schadet und das unser aufgeklärtes Zeitalter überwunden hat? Das Wort Gottes be-

schreibt sie als eine große Kraft, die die Seele reinigt und von abwegigen und falschen Gedanken und Taten wegführt (Psalm 19,8-9). Wir wollen einmal ehrlich sein und uns selber fragen: Wie viele böse Gedanken und Übertretungen wären im Keim erstickt worden, wenn wir die rechte Furcht vor und die rechte Liebe zu unserem Gott gehabt hätten? Die richtige Furcht des Herrn ist eine Vorbeugungsmaßnahme. Sie hält uns davon ab, der Verfehlung nachzugeben, sie wachsen zu lassen, und sie treibt uns wieder von der Verfehlung fort, wenn wir ihr doch einmal nachgegeben haben. Die Furcht des Herrn ist also, ganz im Gegenteil, der Gipfel der Weisheit (Psalm 1,7) und kein niederer und schädlicher Aberglaube.[1]

Vor diesem Hintergrund wollen wir uns anschauen, was es heißt, weise zu leben. Was ist ein weiser Lebensstil?

Weise zu leben bedeutet, alles, was mit uns und unserem Leben zu tun hat, an Gott zu orientieren und nicht an uns selbst. Für weise Frauen steht Gott im Zentrum, nicht sie selbst. Wenn wir uns an Gott orientieren, verändern sich unsere Vorlieben und Interessen und wir werden mehr und mehr das lieben, was Gott liebt, und das hassen, was Gott hasst:

Die Furcht des Herrn bedeutet, Böses zu hassen. (Sprüche 8,13; ELB)

Weise zu leben bedeutet auch, Gerechtigkeit zu lieben. Aber tun wir das? Wenn wir ehrlich sind, müssen wir zugeben, dass auch ein Teil von uns die Verfehlungen nicht hasst, obwohl wir Christen sind. Warum sonst würden wir noch Fehler machen und Schuld auf uns laden? Wir hassen die schrecklichen Auswirkungen von falschem Verhalten, die wir in unserer Welt, bei unseren Kindern und in unserem eigenen Leben sehen, aber die Verfehlungen selbst werden wir nur hassen, wenn wir in der Furcht des Herrn wachsen.

Merkmale der Weisheit

Nachdem wir nun geklärt haben, woher wahre Weisheit kommt – nämlich aus der Furcht des Herrn –, können wir uns mit mehr Aussicht auf Erfolg einige der besonderen Merkmale der Weisheit ansehen.

1. Weisheit ist eindeutig

Weisheit ist eindeutig. Mit anderen Worten: Sie ist nicht schwer zu finden oder zu verstehen.

> *Alle Reden meines Mundes sind gerecht,*
> *es ist nichts Verkehrtes noch Falsches darin.*
> *Sie sind alle recht für die Verständigen*
> *und richtig denen, die Erkenntnis gefunden haben.* (Sprüche 8,8-9)

Nun denkst du vielleicht: „Das stimmt gewiss in manchen Bereichen, aber die Bibel liefert nicht für alles eine Antwort in Schwarz und Weiß. Wie ist Weisheit ‚recht', wenn es um die Grauzonen des Lebens geht?" Das ist eine Frage, die sich uns zuweilen schon aufdrängen kann, aber da die Bibel sagt, dass die Worte der Weisheit alle recht sind, muss das auch wahr sein. Die Schwierigkeiten entstehen durch die Art und Weise, wie wir die Bibel verwenden, um nach Weisheit zu suchen. Wir möchten die Bibel aufschlagen und einen Vers finden, der direkt mit unserem Problem zu tun hat und eine Lösung bietet. Aber so erlangen wir keine Weisheit. Wir entdecken, dass die Weisheit „recht" ist, wenn wir uns wirklich in die Bibel vertiefen – in die ganze Bibel und nicht nur hier und da in einen Abschnitt –, und wenn wir das tun, prägt es unser Verständnis für alle Bereiche des Lebens. Wenn wir es uns angewöhnen, uns intensiv mit der Bibel auseinanderzusetzen, werden wir feststellen, dass uns die Weisheit, die wir in den Schwierigkeiten des Lebens so dringend brauchen, so viel leichter zuteilwird. Die Weisheit ist tatsächlich eindeutig, aber diese Eindeutigkeit erkennen wir nicht mit einem Drei-einfache-Schritte-Programm. Je mehr wir in Gottes Wort eintauchen, desto mehr werden wir über die Weisheit verfügen, die wir in bestimmten Lebenssituationen brauchen.

Manchmal jedoch sind wir einfach ratlos, was nun zu tun sei, obwohl wir uns intensiv mit der Bibel beschäftigt, gebetet und Gottes Rat gesucht haben. Das bedeutet aber nur, dass wir ihre Eindeutigkeit noch nicht erfasst haben. In solchen Fällen tun wir gut daran, einfach darauf zu warten.

Bei anderen Gelegenheiten kommt es auch vor, dass wir uns selbst den Blick auf die benötige Weisheit verstellen. Vor Jahren war Pastor Donald Gray Barnhouse in seinem privaten Studierzimmer sehr beschäftigt, als er hörte, wie es an der Tür klopfte. Es war seine Tochter und er bat sie, hereinzukommen. Sie wollte ihn um Erlaubnis für etwas bitten, das sie sehr gerne tun wollte. Nachdem er ihr zugehört hatte, lehnte Pastor Barnhouse ihre Bitte ab und widmete sich wieder seiner Arbeit. Als er einige Minuten später wieder aufblickte, war er erstaunt, dass seine Tochter immer noch an seinem Schreibtisch stand. „Was ist los?“, fragte er.

„Ich warte darauf, dass du mir sagst, was ich tun soll“, gab sie zurück.

„Was immer du da gerade machst“, sagte er, „du wartest jedenfalls nicht darauf, dass ich dir sage, was du tun sollst. Das habe ich dir nämlich schon gesagt, und es hat dir nicht gefallen. In Wirklichkeit wartest du nur darauf, ob ich es mir noch mal überlege.“[2]

Tun wir das nicht auch manchmal? Ab einem bestimmten Punkt wissen wir, was Gott von uns möchte und welches der weiseste Weg wäre, aber der gefällt uns nicht immer. Also tun wir lieber so, als wären wir ganz durcheinander, und behaupten, wir wüssten nicht, was wir tun sollen. Könnte hier vielleicht das Problem liegen, wenn wir scheinbar nur schwer erfassen können, was Gott in einer bestimmten Situation am besten gefallen würde? Es lohnt sich jedenfalls, dem einmal nachzuspüren. Und finden wir dann heraus, dass es sich tatsächlich so verhält, und ändern wir unser Verhalten, dann werden wir wahrscheinlich erstaunt sein, wie schnell uns die Antwort präsentiert wird, die wir schon die ganze Zeit gesucht haben.

2. Weisheit ist nah

Weisheit ist nicht nur eindeutig, sondern auch nah. Mit anderen Worten: Weisheit ist stets verfügbar.

> *Ruft nicht die Weisheit,*
> *und lässt nicht die Klugheit sich hören?*
> *Öffentlich am Wege steht sie*
> *und an der Kreuzung der Straßen;*
> *an den Toren am Ausgang der Stadt*
> *und am Eingang der Pforte ruft sie. (Sprüche 8,1-3)*

Gott geht mit seiner Weisheit nicht sparsam um. Vielmehr macht es ihm Freude, sie uns deutlich zu machen:

> *Siehe, ich will über euch strömen lassen meinen Geist*
> *und euch meine Worte kundtun. (Sprüche 1,23)*

Gott sagte durch Mose: „Denn das Gebot, das ich dir heute gebiete, ist dir nicht zu hoch und nicht zu fern. Es ist nicht im Himmel, dass du sagen müsstest, wer will für uns in den Himmel fahren und es uns holen, dass wir's hören und tun? Es ist auch nicht jenseits des Meeres, dass du sagen müsstest, wer will für uns über das Meer fahren und es uns holen, dass wir's hören und tun? Denn es ist das

Wort ganz nahe bei dir, in deinem Munde und in deinem Herzen, dass du es tust“ (5. Mose 30,11-14). Wir werden sehen, dass es „ganz nahe“ ist, wenn wir tun, was Mose direkt davor gesagt hat: „wenn du dich bekehrst zu dem Herrn, deinem Gott, von ganzem Herzen und von ganzer Seele“ (Vers 10). Manchmal ist es nämlich so, dass uns die Weisheit nicht fehlt, sondern dass wir sie gar nicht wirklich wollen.

3. Weisheit macht Freude

Zu sagen, dass Weisheit „Freude“ macht, ist eigentlich eine Untertreibung. Das Wort *Freude* assoziieren wir mit den kleinen Freuden des Lebens, wie eine Tasse Tee an einem regnerischen Nachmittag – das ist ganz nett, aber trotzdem wünschten wir, die Sonne käme wieder raus. Das Wort, das hier in den Sprüchen steht, meint nicht diese kleinen Freuden. Stell dir darunter lieber dieses überwältigende Gefühl vor, das einen manchmal an Tagen überkommt, an denen einfach alles perfekt läuft.

> Ihre Wege sind Wege der Freude,
> all ihre Pfade führen zum Glück. (Sprüche 3,17; vgl. auch 2,10; EÜ)

Wir empfinden Gottes Vorstellungen und Maßstäbe dann *nicht* als Freude, wenn wir um uns selbst kreisen statt um Gott, wenn wir uns nur mit uns selbst beschäftigen statt mit Christus, wenn wir die Ehre für etwas uns selbst zukommen lassen statt Christus. Es kommt einzig darauf an, nach wessen Plan wir uns richten.

4. Weisheit kommt an erster Stelle

Wenn wir uns entschließen, Weisheit zu suchen, ist das allein schon ein weiser Schritt.

Denn der Weisheit Anfang ist: Erwirb Weisheit und erwirb Einsicht mit allem, was du hast. (Sprüche 4,7)

Weise Frauen werden von den Prinzipien in Gottes Wort und nicht von ihren Gefühlen, Hormonen oder Vorlieben gesteuert. Hört sich einfach an, ist aber in Wirklichkeit recht schwierig, weil wir dazu neigen, beides zu vermischen. Mit anderen Worten: Wir setzen Weisheit mit dem gleich, was sich für uns am besten anfühlt. Wir richten den Kompass unseres Lebens auf die Umstände, die uns am glücklichsten scheinen, und halten das dann für den weisesten Weg. Die Schwierigkeit zeigt sich an Gedanken wie diesem: „Es ist besser für die Kinder, wenn wir uns scheiden lassen, weil wir uns doch nur noch streiten." Oder diesem: „Mein Seelsorger sagt, wenn ich emotional heil werden will, muss ich meinen Zorn erst mal richtig rauslassen." Oder diesem: „Ich war in letzter Zeit so depressiv, deshalb muss ich diese Reise nach Gran Canaria einfach machen, auch wenn ich dadurch mit der Hypothek in Verzug komme." Diese Art Weisheit kommt nicht von Gott. Sie kommt aus unseren natürlichen Leidenschaften. Je mehr wir von der Furcht des Herrn geprägt werden, desto weniger werden wir die Weisheit dieser Welt mit Gottes Weisheit verwechseln.

5. Weisheit ist gastfreundlich

In Sprüche 9 ist von der Einladung zu einem festlichen Abendessen die Rede, und die Weisheit ist die Gastgeberin. Wenn es dir wie mir geht, dann kannst du dich damit identifizieren. Viele von uns lieben es, ein besonderes Essen für unsere Lieben zuzubereiten. Es macht uns Freude zu entscheiden, was es zu essen geben und wie der Tisch geschmückt werden wird, und wenn der Tag der Party dann gekommen ist, sind wir schon am Morgen voller Vorfreude. Doch zuvor müssen wir natürlich klären, wer eingeladen werden soll. Welche besonderen Freunde sollen dabei sein? Die Einladung der Weisheit unterscheidet sich von unserer insofern, als sie sich an Menschen richtet, die noch gar nicht ihre Freunde sind.

> *Sie hat ihr Vieh geschlachtet, ihren Wein gemischt*
> *und ihren Tisch bereitet*
> *und sandte ihre Mägde aus, zu rufen*
> *oben auf den Höhen der Stadt:*
> *„Wer noch unverständig ist, der kehre hier ein!",*
> *und zum Toren spricht sie:*
> *„Kommt, esst von meinem Brot*
> *und trinkt von dem Wein, den ich gemischt habe!*
> *Verlasst die Torheit, so werdet ihr leben,*
> *und geht auf dem Wege der Klugheit." (Sprüche 9,2-6)*

Die Weisheit lädt Unverständige zum Essen ein, und wer darauf mit *Ja* antwortet, wird von ihrer Klugheit speisen. In der Bibel gibt es noch weitere Einladungen, die das Bild dieser Einladung aus den Sprüchen vervollständigen. Hier ist eine vom Propheten Jesaja: „Wohlan, alle, die ihr durstig seid, kommt her zum Wasser! Und die ihr kein Geld habt, kommt her, kauft und esst! Kommt her und kauft ohne Geld und umsonst Wein und Milch! Warum zählt ihr Geld dar für das, was kein Brot ist, und sauren Verdienst für das, was nicht satt macht? Hört doch auf mich, so werdet ihr Gutes essen und euch am Köstlichen laben" (Jesaja 55,1-2). Und das umfassendste Bild stammt von Jesus selbst: „Ich bin das Brot des Lebens. Wer zu mir kommt, den wird nicht hungern; und wer an mich glaubt, den wird nimmermehr dürsten" (Johannes 6,35).

Zusammengenommen bedeuten die Bilder der Bibel nichts anderes, als dass wir zu Jesus kommen, wenn wir die Einladung der Weisheit annehmen. Die jungen Männer, die ursprünglich die Sprüche gelesen haben, hatten noch nicht dieses vollständige Bild, das wir heute haben, aber sie verstanden bereits, dass es zum Leben führt, wenn man der Weisheit folgt.

Wie werden wir weise?

Sobald wir zu Christus gehören, sind wir Teil der Festgesellschaft und die Party kann beginnen. Wir haben das Brot des Lebens. Das klingt ganz nett, aber was heißt es genau, dass Jesus das „Brot des Lebens“ ist? Wir glauben daran, aber wenn wir ehrlich sind, verstehen viele von uns gar nicht richtig, was es bedeutet. Ein Studium der Sprüche ist ein guter Weg, es besser zu verstehen. Wir können die Gebote und Verbote der praktischen Weisheit nur dann erfolgreich anwenden, wenn wir uns dabei auf Jesus verlassen und alle Bemühungen ihm anzuvertrauen, denn er ist vollkommen weise und er ist für uns bereits zur Weisheit „geworden“. Diesen Geboten und Verboten werden wir uns im folgenden Kapitel (zu Sprüche 10) zuwenden; es ist gleichzeitig der Hauptteil des Buches. Wenn wir also am Fest der Weisheit teilnehmen, dann verlassen wir uns dabei auf Christus. Genau das meinte Jesus, als er sagte: „Ich bin das Brot des Lebens. Wer zu mir kommt, den wird nicht hungern …“

Behüte dein Herz

Beim ersten praktischen Schritt auf dem Weg der Weisheit geht es um unser Herz.

> *Behüte dein Herz mit allem Fleiß,*
> *denn daraus quillt das Leben. (Sprüche 4,23)*

Allzu oft wird dieser Vers auf romantische Beziehungen angewendet, was völlig an seinem eigentlichen Sinn vorbeigeht. Natürlich ist es immer klug, auch in romantischen Beziehungen sein Herz zu behüten, aber in diesem Vers geht es in Wirklichkeit darum, unser Herz in der Furcht des Herrn zu bewahren. Wenn wir Frauen werden wollen, in deren Leben Gott der Mittelpunkt ist, dann ist es wichtig, dass wir genau darauf achten, was uns alles beeinflusst.

Wir können unser Herz zum Beispiel behüten, indem wir wachsam gegenüber den Verlockungen der Sünde sind, die durch Menschen, die nicht an Gott glauben, an uns herangetragen werden.

Mein Sohn, gehorche der Zucht deines Vaters
und verlass nicht das Gebot deiner Mutter;
denn das ist ein schöner Schmuck für dein Haupt
und eine Kette an deinem Halse.
Mein Sohn, wenn dich die bösen Buben locken,
so folge nicht.
Wenn sie sagen: „Geh mit uns! Wir wollen auf Blut lauern
und den Unschuldigen nachstellen ohne Grund;
wir wollen sie verschlingen wie das Totenreich die Lebendigen,
und die Frommen sollen sein wie die, welche hinunter in die Grube fahren;
wir wollen kostbares Gut finden,
wir wollen unsre Häuser mit Raub füllen;
wage es mit uns!
Einen Beutel nur soll es für uns alle geben“,
mein Sohn, wandle den Weg nicht mit ihnen,
halte deinen Fuß fern von ihrem Pfad;
denn ihre Füße laufen zum Bösen
und eilen, Blut zu vergießen.
Man spannt das Netz vor den Augen der Vögel,
doch lassen sie sich nicht warnen;
so lauern jene auf ihr eigenes Blut
und trachten sich selbst nach dem Leben.
So geht es allen, die nach unrechtem Gewinn trachten;
er nimmt ihnen das Leben. (Sprüche 1,8-19)

Wir müssen wachsam sein und zugleich davon Abstand nehmen. Weise Frauen meiden schlecht gemeinte Ratschläge; sie halten sich gar nicht erst damit auf, das Pro und Kontra abzuwägen. Genau diesen Fehler hat Eva nämlich gemacht. Als die Schlange im Garten Eden zu ihr kam, um sie zu verführen, hat sie deren Rat nicht einfach abgewiesen, sondern sie ließ sich in eine Unterhaltung verwickeln. Und Sprüche 1,8-19 offenbart, was in den Herzen derjenigen wohnt, die Wegen folgen, die nicht mit Gottes Geboten übereinstimmen – Gier nach der Erfüllung ihrer menschlichen Begierden.

Wenn wir sorgfältig auswählen, wessen Rat wir suchen und befolgen, können wir unser Herz ebenfalls behüten. Das bedeutet nicht, dass wir uns völlig dafür verschließen sollten, jemals den Rat eines Menschen anzunehmen, der kein Christ ist. Gott hat alle Menschen zum Wohle seiner Schöpfung mit bestimmten Gaben und Talenten ausgestattet. Wenn wir medizinischen Rat brauchen, ist es weise, uns den besten Rat zu suchen, den wir bekommen können, ob der nun von einem Christen stammt oder nicht. Das Gleiche gilt für Rat in finanziellen Angelegenheiten oder wenn es um Immobilien geht oder was auch immer, solange der Experte nur den Ruf hat, integer zu sein. Zugleich wird eine weise Frau – Fachwissen hin oder her – aber niemals einen Rat annehmen, der nicht mit biblischen Maßstäben vereinbar ist.

Wir müssen unser Herz mit aller Sorgfalt behüten, denn aus ihm „quillt das Leben". Alle Entscheidungen, die wir treffen, seien sie gut oder schlecht, werden vom Herzen bestimmt. Jesus hat gesagt: „Denn aus dem Herzen kommen böse Gedanken, Mord, Ehebruch, Unzucht, Diebstahl, falsches Zeugnis, Lästerung" (Matthäus 15,19). Es mag den Anschein haben, als würden wir durch äußere Einflüsse oder widrige Umstände zu fehlerhaften Entscheidungen getrieben, aber in Wirklichkeit ist es immer und ausschließlich unser Herz, das uns zu Fehlverhalten verleitet. Genauso hat es auch der Apostel Jakobus geschrieben: „Jeder Mensch wird durch seine eigenen Begierden dazu verleitet, Böses zu tun“ (Jakobus 1,14; NLB).

Angesichts dessen haben wir keine Chance, unser Herz zu beschützen – es sei denn, wir sind mit Christus verbunden. In dieser Verbundenheit werden unsere Herzen durch den Heiligen Geist, der in uns wohnt, zunehmend verwandelt, wie Jesus es verheißen hat: „… das Wasser, das ich ihm geben werde, das wird in ihm eine Quelle des Wassers werden, das in das ewige Leben quillt“ (Johannes 4,14). Diese Wasserquelle sprudelt und fließt in Entscheidungen, die Gott gefallen. Damit wir weise leben können, müssen wir uns dafür entscheiden, so auch leben zu wollen – und in Christus können wir das auch. Wir müssen also nicht wie Unvernünftige handeln; wir würden daran auch nur leiden und es würde uns leidtun.

> *Weil sie die Erkenntnis hassten*
> *und die Furcht des Herrn nicht erwählten,*
> *meinen Rat nicht wollten*
> *und all meine Zurechtweisung verschmähten,*
> *darum sollen sie essen von den Früchten ihres Wandels*
> *und satt werden an ihren Ratschlägen. (Sprüche 1,29-31)*

Übe dich in Demut

Wir können außerdem in der Weisheit wachsen, wenn wir uns in Demut üben. In Sprüche 2,6 heißt es, dass Weisheit und Verständnis aus dem Mund *Gottes* kommen, nicht aus unserem eigenen Mund. Wahre Demut erkennt an, dass alle echte Weisheit nur aus unserer Verbundenheit mit Christus kommt. Wie könnte unsere Weisheit auch aus irgendeiner anderen Quelle kommen, wo Christus uns doch selbst Weisheit von Gott geworden ist? Als ich zwanzig war, dachte ich, ich wüsste bereits über alles in der Welt Bescheid. Mit Anfang dreißig wurde mir klar, dass es da ein paar Dinge gab, die ich noch nicht richtig verstanden hatte. Doch ich musste erst die vierzig überschreiten, um zu begreifen, dass ich in Wahrheit noch sehr wenig wusste. Je älter wir werden, desto mehr erkennen wir, wie wenig wir wissen. Das geht vielen von uns so. Und vielleicht ist das ein Anzeichen, dass wir durch Gottes Gnade schließlich doch an Weisheit zunehmen.

Vielleicht weißt du aus eigener Erfahrung, wovon ich rede, vielleicht hast du es aber auch nur in deinem Umfeld bemerkt. Denk nur einmal an deine letzten Fahrten auf der Autobahn. Ist dir aufgefallen, dass jüngere Leute eher dazu neigen, beim Fahren ein hohes Risiko einzugehen? Wenn ein Wagen uns mit 160 Stundenkilometern überholt, ist der Fahrer, der dabei noch wie wild auf seinem Smartphone tippt, in den allermeisten Fällen jünger als fünfundzwanzig. Eine solch offensichtliche Missachtung der Straßenverkehrsordnung hat weniger damit zu tun, dass der Fahrer sich geradewegs mit den Autoritäten anlegen will, als vielmehr mit der fälschlichen Annahme, ihm würde schon nichts passieren. Doch ganz gleich, wie alt wir sind – wenn wir an der Vorstellung festhalten, dass wir unser Umfeld und unsere Umstände kontrollieren können, dann ist das das Gegenteil von Demut. Demut sieht so aus:

> *Verlass dich auf den Herrn von ganzem Herzen,*
> *und verlass dich nicht auf deinen Verstand,*
> *sondern gedenke an ihn in allen deinen Wegen,*
> *so wird er dich recht führen.*
> *Dünke dich nicht, weise zu sein,*
> *sondern fürchte den Herrn und weiche vom Bösen.* (Sprüche 3,5-7)

Jeremia war ein weiser Mann, aber er war auch demütig, wie man an folgendem Gebet sehen kann: „Ich weiß, Herr, dass des Menschen Tun nicht in seiner Gewalt steht, und es liegt in niemandes Macht, wie er wandle oder seinen Gang richte“ (Jeremia 10,23). Demut ist eine Voraussetzung für Weisheit. Darum ging es Jesus, als er sagte: „Selig sind, die da geistlich arm sind; denn ihrer ist das Himmelreich“ (Matthäus 5,3). Wenn wir uns auf uns selbst verlassen, statt auf Gott zu vertrauen, bringt das unausweichlich Chaos und Durcheinander in unser Leben. Darum schrieb Jakobus: „Wer von euch ist weise und verständig? Er soll in weiser Bescheidenheit die Taten eines rechtschaffenen Lebens vorweisen. Wo nämlich Eifersucht und Ehrgeiz herrschen, da gibt es Unordnung und böse Taten jeder Art“ (Jakobus 3,13-16; EÜ). Beachte hier, wie Jakobus eine Verbindung zwischen Demut (Bescheidenheit) und göttlicher Weisheit herstellt. Genauso verbindet er Ehrgeiz (Selbstsucht) und weltliche Weisheit, woraus ein ungutes Chaos entsteht. Wenn unser Herz, unser Verstand und unser Leben ständig durcheinandergewirbelt erscheint, kann das ein warnender Hinweis auf fehlende Demut sein.

Der Psalmist zeigt uns, welche Haltung weise Frauen bei allem, was sie planen und tun, einnehmen sollten: „Siehe, wie die Augen der Knechte auf die Hände ihrer Herren sehen, wie die Augen der Magd auf die Hände ihrer Frau, so sehen unsre Augen auf den Herrn, unsern Gott“ (Psalm 123,2). In den Sprüchen wird das so ausgedrückt:

Mein Sohn, lass sie nicht aus deinen Augen weichen,
bewahre Umsicht und Klugheit!
Das wird Leben sein für dein Herz
und ein Schmuck für deinen Hals. (Sprüche 3,21-22)

Wenn wir Jesus nachfolgen, dann dienen wir gleichzeitig Gott. Deshalb sollten wir unsere Augen auf ihn gerichtet halten, damit wir aus seinem Wort lernen, was zu tun ist. Der Kern der Weisheit besteht darin anzuerkennen, dass wir Gott dienen.

Erkenne Gottes Souveränität an

Gottes Souveränität über allem anzuerkennen, geht Hand in Hand mit der Demut, denn nur wenn beides in unseren Herzen vorhanden ist, werden wir uns wirklich allein auf Gott verlassen. Die Furcht des Herrn – ein Leben in Weisheit – erkennt an, dass Gott alles unter Kontrolle hat, von der Wahl von Regierungen bis zu unseren ganz persönlichen Angelegenheiten. Wenn wir jung sind und noch bei unseren Eltern leben, träumen wir davon, wie unser Leben verlaufen wird, und machen Pläne, wie wir diese Träume verwirklichen wollen. Darüber hinaus werden wir von frühester Jugend an dazu ermutigt, uns Ziele zu setzen. Also machen wir das auch. Und da wir in einer Kultur leben, in der es relativ leicht ist, persönliche Ziele zu erreichen, sind wir oft enttäuscht, wenn unsere Pläne nicht funktionieren. Der eine oder andere unserer Pläne wird sich aber zwangsläufig nicht umsetzen lassen. Eine junge Frau fängt an zu studieren und geht dabei fest davon aus, dass sie nach dem Examen eine Beschäftigung findet oder im Anschluss einen Masterstudiengang machen kann oder schließlich ihren Traumjob bekommt. Wenn einige – oder sogar alle – dieser Pläne sich nicht verwirklichen lassen, ist die Studienabgängerin natürlich sehr enttäuscht und fragt sich, was falsch gelaufen ist.

Viele von uns haben lange genug gelebt, um zu wissen, dass man Ziele besser als *Hoffnungen* bezeichnen sollte, weil wir erlebt haben, wie viele unserer besten Pläne nicht aufgegangen sind. Mit der Zeit fangen wir dann vielleicht an, das, was wir schließlich wirklich tun, als eine Art Plan B zu sehen. Aber in Wirklichkeit gibt es keinen Plan B. Es gibt immer nur einen Plan A. Denn:

> *Der Mensch entwirft die Pläne im Herzen,*
> *doch vom Herrn kommt die Antwort auf der Zunge.* (Sprüche 16,1; EÜ)

Wenn wir denken, dass wir mit Plan B nicht weiterkommen, dann nur deshalb, weil Plan A unsere eigene Idee war und nicht Gottes Idee. Gott hat etwas mit uns vor, ganz gleich, ob er das nun durch die Ziele, die wir uns setzen, verwirklicht oder indem er diese Pläne durchkreuzt und uns auf Wegen führt, die wir nicht geplant hatten. Vielleicht erkennen wir seine Absichten nicht, aber die Sprüche lehren uns etwas Wichtiges: Wir können ganz beruhigt sein, dass er diese Pläne aus guten Gründen hat und dass er alles dafür tun wird, damit sie sich auch erfüllen:

Des Menschen Herz erdenkt sich seinen Weg;
aber der Herr allein lenkt seinen Schritt. (Sprüche 16,9)

Des Königs Herz ist in der Hand des Herrn
wie Wasserbäche;
er lenkt es, wohin er will. (Sprüche 21,1)

Was der Prophet Jona erlebt hat, zeigt sehr gut, wie souverän Gott im Leben von Menschen wirkt. Gott gab Jona den Auftrag, nach Ninive zu gehen und die Menschen vor dem kommenden Gericht zu warnen. Doch Jona gefiel Gottes Plan nicht, und so machte er einen eigenen Plan und begab sich auf ein Schiff nach Tarsis. Vermutlich weißt du, was dann geschah. Ein mächtiger Sturm kam auf, Jona wurde schließlich über Bord geworfen und von einem großen Fisch verschluckt. Dort, im Bauch des Fisches, gab Jona seinen Starrsinn auf. Danach spuckte der Fisch ihn auf trockenem Land aus, und von dort ging Jona nach Ninive.

Jonas Einsatz für die Menschen in Ninive mag in seinen Augen nur Plan B gewesen sein, aber eigentlich war es immer schon Plan A, weil es Gottes Plan war. Gott hat Jona dorthin gebracht, wo er ihn haben wollte. Daran änderte auch Jonas Versuch wegzulaufen nichts. Und genauso handelt Gott auch mit uns. Unsere Reaktion ändert nichts an dem Ergebnis, so wenig wie das bei Jona der Fall war. Allerdings entscheidet sich an unserer Reaktion, ob der Weg leicht oder hart sein wird.

Weisheit hilft uns, unsere Pläne in Übereinstimmung mit Gottes Willen zu entwickeln, wodurch uns schließlich manche Umwege erspart bleiben. Und sie erspart uns und anderen die Frustration, die wir unausweichlich spüren, wenn wir Pläne ohne oder mit wenig Wissen über Gott machen. Laufen die Dinge dann nicht so, wie wir es uns erhofft haben, hilft uns die Weisheit, damit zufrieden zu sein, wie Gott die Einzelheiten unseres Lebens ordnet.

Bemühe dich aktiv um Weisheit

Auch wenn die Weisheit für uns greifbar und nicht schwer zu verstehen ist, sollten wir uns doch aktiv um sie bemühen. Betrachte nur einmal die aktiven Verben im folgenden Abschnitt:

> *Mein Sohn, wenn du meine Rede* ***annimmst***
> *und meine Gebote* ***behältst****,*
> *sodass dein Ohr auf Weisheit Acht* ***hat****,*
> *und du dein Herz der Einsicht* ***zuneigst****,*
> *ja, wenn du nach Vernunft* ***rufst***
> *und deine Stimme nach Einsicht* ***erhebst****,*
> *wenn du sie* ***suchst*** *wie Silber*
> *und nach ihr* ***forschst*** *wie nach Schätzen,*
> *dann wirst du die Furcht des Herrn verstehen*
> *und die Erkenntnis Gottes finden.*
> *(Sprüche 2,1-5; Hervorhebungen durch die Autorin)*

Wir denken vielleicht, dass es etwas Passives ist, wenn wir das Wort Gottes in uns aufnehmen. Wir lehnen uns mit einer Tasse Kaffee zurück, lesen es und nehmen es in uns auf. Doch untersuchen wir einmal, wie der Abschnitt aus den Sprüchen oben formuliert ist, dann sehen wir, dass aktives Tun zum Wachstum in der Weisheit dazugehört, zum Beispiel Acht haben mit unseren Ohren, unser Herz zuneigen, rufen, unsere Stimme erheben, suchen und forschen.

Setze Gottes Wort in die Tat um

Wir werden auch weiser, wenn wir Gottes Wort in die Tat umsetzen. Tatsächlich ist das Streben danach, sich nach Gottes Wort im eigenen Leben zu richten, sogar notwendig für jeden, der weise sein will:

> *Mein Sohn, behalte meine Rede*
> *und verwahre meine Gebote bei dir.*
> *Behalte meine Gebote, so wirst du leben,*
> *und hüte meine Weisung wie deinen Augapfel. (Sprüche 7,1-2)*

Das umzusetzen, was Gott sagt, und weise zu sein sind Dinge, die eng miteinander verknüpft sind, denn es ist immer weise, das zu tun, was Gott sagt. Wenn wir einen solchen Lebensstil pflegen, verstehen wir immer besser, warum es das Beste ist, sich an Gottes Maßstäbe und Wege zu halten. Dadurch werden wir auch immer besser das umsetzen können, was Gott von uns möchte, und das wird unsere Beziehung zu Gott und unsere Freude am täglichen Leben bereichern.

Nimm Gottes Zurechtweisung an

Zum Wachstum in der Weisheit gehört auch, Gottes Zurechtweisung zu erkennen und zu akzeptieren.

Mein Sohn, verwirf die Zucht des Herrn nicht
und sei nicht ungeduldig, wenn er dich zurechtweist. (Sprüche 3,11)

Besonders zu Beginn seiner schweren Zeit zeigt uns Hiob, was Sprüche 3,11 im wirklichen Leben bedeutet. Nachdem Hiob sein Vermögen und seine Kinder verloren hatte und sich am ganzen Körper schmerzhafte Beulen gebildet hatten, sagte seine Frau zu ihm: „Hältst du noch fest an deiner Vollkommenheit? Fluche Gott und stirb!" (Hiob 2,9; ELB). Doch Hiob wies sie wegen ihres Mangels an Weisheit zurecht und sagte: „Wie eine der Törinnen redet, so redest auch du. Das Gute nehmen wir von Gott an, da sollten wir das Böse nicht auch annehmen?" (Vers 10; ELB). Es ist ein Musterbeispiel der Weisheit, wie Hiob sich hier dem Handeln Gottes in seinem Leben unterordnet.

Wir vergleichen manchmal gerne Gottes Zurechtweisung damit, wie wir unsere Kinder zurechtweisen. Sie benehmen sich daneben und wir bestrafen sie, um ihnen beizubringen, dass ein bestimmtes Fehlverhalten nicht gut für sie ist. Wenn Gott uns zurechtweist, hat das jedoch oft gar nichts mit einem bestimmten Fehlverhalten unsererseits zu tun. Läuft etwas in unserem Leben schief, wollen wir mit aller Macht herausfinden, was wir getan haben, das diese Schwierigkeiten verursacht hat. Und es ist schon richtig, dass bestimmte Probleme manchmal Gottes Mittel sind, uns auf ein bestimmtes Fehlverhalten hinzuweisen, das wir ignoriert haben oder das wir nicht aufgeben wollen. Lässt sich da aber kein offensichtlicher Zusammenhang herstellen, dann müssen wir uns auch nicht den Kopf zerbrechen, um etwas zu finden. Falls es einen Zusammenhang gibt, kann Gott uns das schon klarmachen. Besteht dieser nicht, dann dürfen wir inmitten unserer Schwierigkeiten einfach Gott vertrauen und uns auf diese Wahrheit verlassen:

Wenn ihr Schweres ertragen müsst, dann erkennt darin die Zurechtweisung Gottes; denkt daran, dass Gott euch als seine Kinder behandelt. Wer hätte je von einem Sohn gehört, der nie bestraft wurde? Wenn Gott euch nicht zurechtweist, wie er es doch bei allen Menschen tut, dann heißt das, dass ihr nicht seine rechtmäßigen Kinder seid. Unsere leiblichen Väter erzogen uns mit Strafe, und wir hatten trotzdem Achtung vor ihnen. Sollten wir uns da nicht umso bereitwilliger der Erziehung unseres himmlischen Vaters unterordnen, damit wir leben? Denn unsere leiblichen Väter haben uns eine Zeit lang erzogen, so gut sie es konnten. Aber Gottes Erziehung ist immer richtig und gut für uns, weil sie bedeutet, dass wir Anteil an seiner Heiligkeit erhalten. (Hebräer 12,7-10; NLB)

Finde deine Ruhe bei Jesus

Solche Weisheit zu kultivieren wäre eine unmögliche Aufgabe, gäbe es da nicht das wichtigste Mittel, wie wir die Weisheit erhalten können: in einer engen Beziehung zu Christus zu bleiben. Die weisesten Frauen haben erkannt: Die Weisheit und ihre Früchte werden denen am meisten zuteil, die sie nicht in sich selbst, sondern in einem anderen suchen. Jesus hat gesagt: „Kommt her zu mir, alle, die ihr mühselig und beladen seid; ich will euch erquicken. Nehmt auf euch mein Joch und lernt von mir; denn ich bin sanftmütig und von Herzen demütig; so werdet ihr Ruhe finden für eure Seelen“ (Matthäus 11,28-29). Das Joch, an das Jesus hier dachte, war ein Hilfsmittel zum Pflügen. Es wurde auf den Nacken eines Tieres gelegt und dann mit einem Pflug verbunden, sodass sich das Tier nur so bewegen konnte, wie es geleitet wurde. Doch anders als der Bauer mit seinem Ochsen zwingt uns Jesus nicht, sein Joch zu tragen; er lädt uns dazu ein. Wenn wir diese Einladung annehmen, lernen wir seine Wege kennen. Er leitet uns auf dem Pfad, den er für uns ausgewählt hat. Und dabei finden wir Ruhe – das hat er uns versprochen.

Vorzüge eines weisen Lebensstils

Die Vorzüge eines weisen Lebensstils sind zu zahlreich, um sie in einem einzigen Buch zu behandeln. Aber ein paar von ihnen wollen wir uns einmal anschauen. Als Allererstes erfahren Frauen, die weise leben, *Sicherheit.* Weise Frauen sind zuversichtlich, dass sie sicher aufgehoben sind.

> *Dann wirst du sicher wandeln auf deinem Wege,*
> *sodass dein Fuß sich nicht stoßen wird.*
> *Legst du dich, so wirst du dich nicht fürchten,*
> *und liegst du, so wirst du süß schlafen. (Sprüche 3,23-24)*

Weise Frauen haben keine Angst. Sie vertrauen Gott, und darum gibt es für sie keinen Grund, sich Sorgen zu machen. Sie sind gewiss, dass ein freundlicher und weiser Gott alles unter Kontrolle hat. In dem Maße, wie die Weisheit zunimmt, nimmt die Sorge ab. Worüber machst du dir Sorgen? Über deine Finanzen? Deine Kinder? Deinen Ehemann? Oder dass du keinen hast? Weise Frauen wissen, dass sie Gott vertrauen können und dass er all diese Angelegenheiten zu ihrem Besten und zu seiner Ehre regeln kann und will. Eine weitere Auswirkung eines weisen Lebensstils besteht darin, dass Gott uns den richtigen Weg zeigt. Vor einiger Zeit hörte ich, wie jemand sagte, dass Weisheit nicht so sehr etwas ist, was Gott gibt, sondern vielmehr etwas, was Gott für uns tut. Diese wahren Worte werden durch die folgenden Verse unterstrichen:

> *Denn der Herr gibt Weisheit.*
> *Aus seinem Mund kommen Erkenntnis und Verständnis.*
> *Er hält für die Aufrichtigen Hilfe bereit,*
> *ist denen ein Schild, die in Lauterkeit wandeln,*
> *indem er behütet die Pfade des Rechts*
> *und den Weg seiner Frommen bewahrt. (Sprüche 2,6-8; ELB)*

Auch im folgenden Vers aus den Sprüchen wird die Verbindung zwischen Weisheit und Gottes Wegweisung sonnenklar:

> *Vertraue von ganzem Herzen auf den Herrn*
> *und verlass dich nicht auf deinen Verstand.*
> *Denke an ihn, was immer du tust,*
> *dann wird er dir den richtigen Weg zeigen.* (Sprüche 3,5-6; NLB)

Das bedeutet nicht, dass es von unserem Vertrauen abhinge, ob Gott uns den richtigen Weg zeigt. Er steuert die Leben der Menschen jederzeit und unmittelbar. Doch nur, wenn wir Gott bewusst vertrauen und seine Wege einschlagen, werden wir dank seiner Leitung einen geraden, geebneten Weg gehen. Dann müssen wir nicht frustriert selbst verschuldete Umwege in Kauf nehmen, wie wir es bei Jona gesehen haben.

Ein weiterer Vorzug der Weisheit ist die stille Freude über einen *gesunden Menschenverstand, der von Gott geformt wurde.* Es gibt keinen Bereich des Lebens, zu dem die Bibel nicht irgendetwas zu sagen hätte. Zwar gibt es in jedem Leben Situationen, zu denen nicht direkt etwas in der Bibel steht – jene Grauzonen eben, die ich bereits erwähnte. Doch in irgendeiner Weise wird sich die Bibel auf diese Bereiche beziehen lassen, wenn auch vielleicht nur indirekt. Weisheit versetzt uns in die Lage, auch in den Grauzonen unseres Lebens zu eindeutigen Entscheidungen zu kommen. Durch Weisheit können wir nicht nur besser erfassen, was Gottes Wort ausdrücklich sagt, sondern auch, was sich indirekt daraus ableiten lässt. So können wir zunehmend die Wahrheit der Bibel auf alle Bereiche des Lebens anwenden. Ein gesunder Menschenverstand, der von Gott geformt wurde, ist das Ergebnis von Weisheit.

Eine weitere Auswirkung eines weisen Lebensstils ist *ganz allgemein ein gutes Leben*:

Mein Sohn, vergiss meine Weisung nicht,
und dein Herz behalte meine Gebote,
denn sie werden dir langes Leben bringen
und gute Jahre und Frieden. (Sprüche 3,1-2)

Das Buch der Sprüche offenbart uns, wie Gott sich die Welt gedacht hat. So wird es im Allgemeinen denjenigen, die ihr Leben an Gottes Maßstäben ausrichten, auch gut gehen. Trotzdem sind die Sprüche keine Garantie für ein gutes Leben. Jede von uns erlebt Zeiten, in denen die Dinge nicht so gut laufen, obwohl wir uns bemüht haben, Gottes Wegen zu folgen. Und das liegt daran, weil Gott uns durch Leiden ebenso viel beibringen möchte wie durch den Segen, der mit den praktischen Vorzügen der Weisheit verbunden ist. Daher ist es besser, die Sprüche als Anweisungen oder Prinzipien und nicht so sehr als Verheißungen zu verstehen. Wir sollten den praktischen Nutzen eines weisen Lebensstils und den Nutzen des Leidens für unseren Glauben in einem gesunden Spannungsverhältnis halten und Gott vertrauen, dass er genau weiß, was er jeweils tut.

Vor diesem Hintergrund stehen wir der Freude an einem Leben in Wohlstand und Wohlergehen meist eher skeptisch gegenüber. Es scheint keine besonders christliche Vorstellung zu sein. Doch wie jedem guten Vater macht es auch Gott Freude, seine Kinder zu segnen. Wenn Gott uns mit einer Zeit segnet, in der es uns materiell richtig gut geht, können wir Gottes Vaterherz wirklich traurig machen, wenn wir meinen, wir dürften uns daran nicht freuen. Nachdem eine Freundin von mir jahrelang für ein Haus gespart hatte, war sie schließlich in der Lage, ein wirklich wunderschönes Haus zu kaufen. Sie hatte Gottes Segen erfahren, aber sie konnte sich nicht so richtig daran freuen, denn sie sagte: „Ich warte nur darauf, dass das dicke Ende noch kommt. Wenn Gott mir das hier gegeben hat, was wird er mir wohl dafür wegnehmen?“ So ein Denken raubt sowohl Gott als auch uns die Freude an seinen Gaben. Wenn er uns mit materiellen Gütern segnet, dann dürfen wir uns auch daran freuen. Schon Salomo schrieb: „Es gibt nichts Besseres für den Menschen, als sich an dem zu freuen, was er isst und trinkt, und das Leben trotz aller Mühe zu genießen. Doch ich erkannte, dass auch das ein Geschenk Gottes ist" (Prediger 2,24; NLB).

Glück ist ein weiterer Vorzug, wenn wir Weisheit erwerben:

> *Wohl dem Menschen, der Weisheit erlangt,*
> *und dem Menschen, der Einsicht gewinnt!*
> *Denn es ist besser, sie zu erwerben, als Silber,*
> *und ihr Ertrag ist besser als Gold.*
> *Sie ist edler als Perlen,*
> *und alles, was du wünschen magst, ist ihr nicht zu vergleichen.*
> *(Sprüche 3,13-15)*

Kannst du dir eine bessere Definition für *Glück* vorstellen? Wenn wir als Christen unglücklich sind, liegt das nicht zwangsläufig an den Umständen. Es liegt an unserer Interpretation der Umstände, einer Interpretation, der es an Weisheit fehlt. Selbst unglückliche Ereignisse kann man mit Freude und Frieden durchleben, wenn man sich daran erinnert, wer sie so eingerichtet hat und dass er das aus guten Gründen getan hat. Weise Frauen wissen, dass anhaltendes und tiefes Glück niemals in den Umständen gefunden werden kann, sondern nur in der Weisheit, und die Weisheit ist Christus.

Eine weitere Frucht der Weisheit ist *Selbsterkenntnis.* Johannes Calvin hat gesagt, dass wir zuerst Gott erkennen müssen, bevor wir uns selbst erkennen können. Natürlich kennt und versteht nur Gott allein unsere Herzen wirklich, doch je besser wir Gott kennen, desto besser lernen wir auch uns selbst kennen. Selbsterkenntnis, wozu untrennbar auch ein Bewusstsein für unsere persönlichen Schwächen gehört, ist entscheidend, wenn wir Versuchungen widerstehen wollen. Versuchungen treffen uns nämlich in der Regel genau dort, wo wir eher schwach sind. Frauen, die Gott kennen, erkennen besser, wo sie zu Fehlverhalten neigen, und dadurch haben sie eine bessere Chance, damit richtig umzugehen. Sich selbst gut zu kennen ist ein Vorzug der Weisheit.

Es ist sinnlos, ein Netz, mit Körnern bestreut,
vor den Augen der Vögel auszuspannen –
sie sehen es und fliegen davon. (Sprüche 1,17; NLB)

Unsere Weisheit

All das stellt uns vor ein Problem: Aus uns selbst heraus können wir diese Weisheit nicht bekommen! Wer von uns dürfte auch nur hoffen, eine Weisheit zu erreichen, wie wir sie in den Sprüchen finden? Nein, Weisheit ist uns in der Tat unerreichbar, auch wenn wir gerne weise Frauen werden möchten, nachdem wir nun ihre Vorzüge kennengelernt haben. Was sollen wir also machen? Ist uns diese Unmöglichkeit bewusst, werden die Worte von Paulus lebendig: „… und das Geringe vor der Welt und das Verachtete hat Gott erwählt, das, was nichts ist, damit er zunichte mache, was etwas ist, damit sich kein Mensch vor Gott rühme. Durch ihn aber seid ihr in Christus Jesus, der uns von Gott gemacht ist zur Weisheit …" (1. Korinther 1,28-30). Christus ist unsere Weisheit, sowohl was die Eigenschaften als auch was die Vorzüge angeht. Aus uns selbst heraus sind wir nicht weise, aber wenn wir eng mit Jesus verbunden sind, haben wir seine Weisheit, die wir dann ungehemmt wachsen lassen können. In Christus „liegen alle Schätze der Weisheit und Erkenntnis verborgen" (Kolosser 2,3; NLB). Wenn wir eng mit Christus verbunden sind, gehören diese Schätze auch uns.

Kapitel 2

Warum unvernünftiges Verhalten wirklich schlecht ist

Ein junges Paar geht Hand in Hand in ein Juweliergeschäft. Das Gesicht der jungen Frau strahlt vor Glück. Der junge Mann sieht ebenfalls glücklich aus, aber man merkt ihm auch ein wenig die Nervosität an. Seine Freundin hat soeben seinen Heiratsantrag angenommen, und nun wollen sie die Verlobungsringe kaufen. Der Juwelier, der schon Dutzende von Paaren durch seine Tür kommen sah, erkennt auf den ersten Blick, warum sie gekommen sind. Während er das Paar begrüßt, schließt er die Vitrine auf, in der sich die Diamantringe befinden – Oval, Smaragd, Brillant und Prinzess-Schliff –, und breitet auf dem Tresen ein quadratisches, schwarzes Präsentationssamttuch aus. Er weiß, dass das Feuer der Steine vor dem dunklen Hintergrund des Samtes am hellsten strahlt.

Das Buch der Sprüche tut etwas Ähnliches. Seine Verfasser wussten, dass die Weisheit erst in ihrer vollen Herrlichkeit erstrahlt, wenn man sie der Dunkelheit der Unvernunft gegenüberstellt. Eine unvernünftige Frau ist das Gegenteil einer weisen Frau. Dabei fehlt es ihr nicht unbedingt an intellektuellen Fähigkeiten. Vom intellektuellen Standpunkt kann sie sogar eine der klügsten Frauen überhaupt sein. Was aber macht dann ihre Unvernunft aus?

Das Herz der Verständigen trachtet nach Erkenntnis,
aber der Mund der Narren weidet sich an der Dummheit.
(Sprüche 15,14; SCH)

Anders als eine weise Frau fürchtet eine unvernünftige Frau Gott nicht. Sie ordnet sich Gott nicht unter und will sich nicht mit Regeln oder Autoritäten belasten, die ihren Wünschen im Wege stehen. Die Arroganz ist ihr näher als die Demut, wie wir in diesem schnellen Überblick und auch später im Buch noch sehen werden.

Eigenschaften einer unvernünftigen Frau

Der dunkle Faden der Unvernunft zieht sich durch alle 31 Kapitel der Sprüche, und wie wir sehen werden, kann dieser dunkle Faden uns in unserem Glauben, emotional, körperlich und materiell leicht umstricken.

Sie lässt sich von Verlockungen in dieser Welt leicht verführen

In den Sprüchen sehen wir, dass sich eine unvernünftige Frau von Verlockungen in dieser Welt leicht verführen lässt. Sie glaubt zum Beispiel der Lüge, dass Jugend und Schönheit der Weg zur Erfüllung sind. Wer so etwas glaubt, ist der Unvernunft in die Falle gegangen. Solch eine Frau widmet ihr Bestes an Zeit und Geld ihrer äußeren Erscheinung. Ihr Glaube an die funkelnden, aber falschen Versprechungen körperlicher Schönheit stehen ihr im Weg, dass sie die Freiheit genießen könnte, in Würde zu altern.

Kluge Menschen denken, bevor sie handeln;
Narren aber tun das nicht und geben mit ihrer Dummheit
auch noch an! (Sprüche 13,16; NLB)

Eine Frau, die sich leicht von den Dingen dieser Welt verlocken lässt, ist materialistisch eingestellt und strebt nach Erfolg in unserer Welt. Sie lässt sich von allen möglichen Philosophien beeinflussen, sodass sie ihre gesamte Weltsicht prägen. In den Augen einer solchen Frau können Selbstachtung und Selbstwert von größerem Wert sein, als Jesus nachzufolgen und sich selbst dabei nicht so wichtig zu nehmen.

Sie verlässt sich auf Reichtum

Eine unvernünftige Frau glaubt der Lüge, dass materielle Segnungen unabhängig von Gott gewonnen werden können.

> *Wer sich auf seinen Reichtum verlässt, der wird untergehen;*
> *aber die Gerechten werden grünen wie das Laub. (Sprüche 11,28)*

Eine solche Frau schlägt die Warnung aus Sprüche 1 in den Wind:

> *Mein Sohn, wenn Sünder dich verführen wollen,*
> *dann gib der Versuchung nicht nach!*
> *Vielleicht sagen sie:*
> *„Denke nur, was für kostbare Reichtümer wir finden*
> *und mit welch großer Beute wir unsere Häuser füllen werden!*
> *Komm, schließ dich uns an;*
> *wir wollen unsere Beute mir dir teilen."*
> *Geh nicht mit ihnen, mein Sohn!*
> *Halte dich von ihnen fern! (Sprüche 1,10-15; NLB)*

Die Versuchung, immer mehr anzuhäufen, begegnet uns selten auf solch offensichtliche Weise. Viel häufiger lauert sie im Schatten und verwandelt das Essen mit einer Freundin am gestrigen Abend in abzugsfähige Betriebsausgaben oder überzeugt uns, dass doch nichts falsch daran ist, wenn wir unser Konto für ein neues Sofa weiter überziehen.

Sie ist stolz und lehnt die Erkenntnis ab

Eine unvernünftige Frau lehnt die Erkenntnis. Sie scheut, ignoriert, verachtet, macht sich lustig über oder argumentiert gegen die Weisheit der Bibel und gegen Rat, der auf biblischen Maßstäben beruht. Sie lebt nach ihren Gefühlen, besteht darauf, dass ihre persönlichen Wünsche erfüllt werden, und ist überzeugt, dass ihre Art zu denken immer richtig ist. Solchen Frauen stellen die Sprüche die Frage:

> *Wie lange wollt ihr Unverständigen unverständig sein*
> *und ihr Spötter Lust zu Spötterei haben*
> *und ihr Toren die Erkenntnis hassen? (Sprüche 1,22)*

Die unvernünftige Frau ist stolz und eine Spötterin. In den Sprüchen ist erkennbar, dass *spotten* gleichbedeutend damit ist, Gottes Wege abzulehnen – eine unverständige Frau hält lieber an diesem einen geheimen Fehlverhalten, dieser einen Beziehung, dieser einen schlechten Angewohnheit und diesem einen fragwürdigen Genuss fest.

Trotz aller Warnungen, die Gott durch sein Wort und durch Christen ausspricht, finden Spötter nie, was sie suchen. Die Weisheit lacht ihnen deshalb sogar ins Gesicht:

> *Ihr habt meinen Rat verachtet*
> *und meine Ermahnungen zurückgewiesen.*
> *Deshalb will ich lachen, wenn es euch schlecht geht!*
> *Ich will euch verhöhnen, wenn das Unglück euch trifft.*
> *(Sprüche 1,25-26; NLB)*

Einfacher ausgedrückt: Eine Spötterin, also eine von Stolz bestimmte Frau, wird ihr Verhalten irgendwann tief bedauern. Wir mögen nun keine ausgesprochenen Spötterinnen sein, aber wir alle sind ohne Ausnahme vom falschen Stolz angesteckt. Wann immer wir Gott für etwas die Schuld geben, können wir sicher sein, dass wir stolz sind. Wann immer wir denken, wir hätten kein Problem mit Stolz, haben wir ein Problem mit Stolz. Jedes Mal, wenn wir die Erkenntnis Gottes und seine Wege ablehnen, ist unser Verhalten auf Stolz zurückzuführen.

Sie ist selbstgefällig

Eine unvernünftige Frau ist selbstgefällig, was in diesem Zusammenhang bedeutet, dass sie mit einem mittelmäßigen Leben als Christ zufrieden ist. Sie begreift nicht, dass es in der Beziehung zu Gott keinen Mittelweg, keine neutrale Position gibt. Wir können nur entweder vorwärts- oder rückwärtsgehen. Deswegen bringt uns ein Leben in ständiger abwartender Haltung in Wahrheit nicht weiter.

Natürlich gibt es Zeiten, in denen wir zum Beispiel vor einer schweren Entscheidung stehen oder ein kompliziertes Problem haben und es mehr bringt, für eine Weile abzuwarten, als unsere ganze Kraft auf eine schnelle Lösung zu konzentrieren. Ein solcher Stillstand hat mit Weisheit zu tun, weil wir dadurch Zeit gewinnen, in der Bibel nach einer Antwort auf unser Problem zu suchen und uns Rat von anderen einzuholen. Dagegen ist der Zustand der Selbstzufriedenheit eben gerade nicht davon geprägt, dass wir Antworten suchen. Stattdessen wollen wir nur einer unangenehmen Situation entkommen oder eine Entscheidung vermeiden. Der Zustand der Selbstzufriedenheit ist zunächst ganz angenehm und fühlt sich oft wie die sicherste Alternative an. Es scheint kein Risiko damit verbunden zu sein, während der Gedanke daran, sich von ganzem Herzen auf den einen oder anderen Weg festzulegen, zu viel Angst macht. Schließlich haben wir keine Garantie, wie die Dinge sich entwickeln werden. In Wirklichkeit ist es jedoch eine sehr unsichere Angelegenheit, wenn wir eine Entscheidung vermeiden. Die Sprüche äußern sich sehr deutlich zu den Gefahren der Selbstzufriedenheit:

> *Alle, die sich nichts sagen lassen, gehen an ihrer Halsstarrigkeit zugrunde,*
> *und die Sorglosen und Selbstsicheren bringt ihr Eigensinn ums Leben.*
> *(Sprüche 1,32; GNB)*

Sie ist faul

Eine unvernünftige Frau ist auch faul. Die Sprüche raten uns, über das Leben der Ameisen nachzudenken.

> *Geh hin zur Ameise, du Fauler,*
> *sieh an ihr Tun und lerne von ihr!*
> *Wenn sie auch keinen Fürsten*
> *noch Hauptmann noch Herrn hat,*
> *so bereitet sie doch ihr Brot im Sommer*
> *und sammelt ihre Speise in der Ernte. (Sprüche 6,6-8)*

Schauen wir uns diese Ameisen an, dann sehen wir, wie weise es ist, im Rahmen unserer jeweiligen Berufungen hart zu arbeiten, sei es nun als Hausfrau, im vollzeitlichen Dienst oder in einer beruflichen Karriere. Fleiß gehört genauso zu unserem Glauben wie zu jedem anderen Bereich unseres Lebens. Die Sprüche fordern uns lauthals auf, dass wir uns auf all unseren Wegen und in allen Beziehungen um Weisheit und rechtes Urteil bemühen sollen. Eine faule Frau zeigt keinen Eifer, und ihre Unvernunft zeigt sich daran, dass sie sich weigert, die in ihr wohnende Schuld zu bekämpfen und Gott zum Mittelpunkt ihres Lebens zu machen. Sie hat deshalb oft mit der Faulheit zu kämpfen, weil sie sich weigert, ihre persönliche Bequemlichkeit aufzugeben.

Sie ist auf schlechte Weise unabhängig

Eine unvernünftige Frau ist auf schlechte Weise unabhängig. Mit anderen Worten: Sie versucht, von Gott und anderen Menschen unabhängig zu sein. Ihr sagen die Sprüche:

> *Wer sich absondert, sucht sein Begehren,*
> *gegen alle Umsicht platzt er los. (Sprüche 18,1; ELB)*

Unvernünftige Unabhängigkeit verachtet jeden Rat. Wir wehren uns manchmal gegen einen guten Rat nach biblischen Maßstäben, weil es uns nur darum geht, was wir wollen und wie wir die Dinge wahrnehmen. Genau dieses Szenario habe ich bei Abby beobachtet. Monatelang haben Abbys Freunde ihr gesagt, dass sie Bedenken wegen ihrer Liebesbeziehung zu Pete haben. Mit der Zeit hat diese Beziehung Abby immer mehr von der Gemeinde und vom Glauben weggezogen, und das Leuchten war aus ihren Augen verschwunden. Pete behandelt sie nicht mit Fürsorge und Respekt. Abbys Freunde haben das gesehen und bringen nun immer wieder ihre Besorgnis zum Ausdruck, doch Abby wechselt dann einfach das Thema oder sagt nur, es sei schon alles in Ordnung. Tief in ihrem Herzen weiß sie, dass ihre Freunde recht haben, doch die Unvernunft hat sie eingewickelt. Wenn sie bei ihrer Meinung bleibt, wird ihr Herz sich schließlich verhärten und sie wird wahrscheinlich Wochen, Monate oder sogar Jahre in einer Liebesbeziehung verschwenden, die ihr nicht guttut. Und das alles nur, weil der unmittelbare, normalerweise schnell vorübergehende Schmerz einer Trennung ihr jetzt unerträglich erscheint.

Woran man einen unvernünftigen Menschen erkennt

Wenn wir darüber nachdenken, wie die Sprüche einen unvernünftigen Menschen charakterisieren, denken wir vielleicht bereits an einen Freund oder eine Freundin, der es guttun würde, sich eine Weile ernsthaft mit diesem Teil der Bibel zu beschäftigen. Sehr wahrscheinlich gibt es sogar mehrere Freundinnen oder Bekannte, die wir in Gedanken bereits abgestempelt haben. Wenn wir jedoch weise sein wollen, werden wir uns nicht dazu hinreißen lassen, andere als unvernünftige Menschen abzustempeln. Es wäre besser, wenn wir uns selbst hinterfragen. Wir können nicht in die Herzen anderer Menschen schauen, und wenn wir in unserem eigenen Herzen etwas entdecken wollen, sind wir auf Gottes Hilfe angewiesen. Das Gespräch von Jesus mit seinen Jüngern beim letzten Abendmahl macht das deutlich. Jesus sagte: „Wahrlich, ich sage euch: Einer unter euch, der mit mir isst, wird mich verraten. Und sie wurden traurig und fragten ihn, einer nach dem andern: Bin ich's?" (Markus 14,18-19). Es ist doch interessant, dass keiner von ihnen fragte: „Ist es Judas?"[3]

Eines ist sicher: Der Weg von Unvernunft zu Weisheit beginnt damit, dass wir uns selbst prüfen – und zwar in Abhängigkeit vom Heiligen Geist und von Gottes Wort. Sind wir unvernünftige oder weise Frauen? Wir wollen uns im Licht dieser Liste aus den Sprüchen von Dingen, die Gott hasst, selbst prüfen.

Diese sechs Dinge hasst der Herr,
diese sieben sind ihm ein Gräuel:
stolze Augen, falsche Zunge,
Hände, die unschuldiges Blut vergießen,
ein Herz, das arge Ränke schmiedet,
Füße, die behände sind, Schaden zu tun,
ein falscher Zeuge, der frech Lügen redet,
und wer Hader zwischen Brüdern anrichtet. (Sprüche 6,16-19)

Wir mögen uns im Licht dieser Aufzählung nicht für unvernünftig halten. Aber stolze Augen zu haben bedeutet auch, sich im Haus eines anderen darüber zu freuen, dass wir einen besseren Einrichtungsgeschmack haben oder für den Anlass angemessener gekleidet sind. Wir denken vielleicht, dass wir kein unschuldiges Blut vergießen, bis wir uns an die Aussage von Jesus erinnern, dass Zorn wie Mord ist. Wir denken vielleicht, dass wir keinen Hader anrichten, bis wir erkennen, dass wir das doch tun, wenn wir uns an Klatsch und Tratsch beteiligen. Jede von uns ist in gewisser Weise eine unvernünftige Frau.

Die Sprüche beschönigen die Auswirkungen der Unvernunft nicht. Das Ende eines unverständigen Menschen ist in der Tat schrecklich, und es kann schon sehr entmutigend sein, zu den Unvernünftigen gezählt zu werden. Wie schon erwähnt, hören unvernünftige Frauen die Weisheit lachen (Sprüche 1,26). Vielleicht hast du dieses Lachen auch schon gehört. Sein Echo sind die „Warum-nur“ und „Wenn-nur“ in unserem Leben:

„Wenn ich das nur nicht gemacht hätte!“
„Warum nur bin ich dort hingegangen?“
„Wenn ich das nur nicht gegessen hätte!“
„Warum nur hab ich auf ihn gehört?“
„Wenn ich das nur nicht gekauft hätte!“

Die Sprüche sagen, die unvernünftigen Menschen sollen

essen von den Früchten ihres Wandels
und satt werden an ihren Ratschlägen. (Sprüche 1,31)

Christus, unsere Weisheit

Wo stehen wir also nun? Die Weisheit ruft laut, um unsere Aufmerksamkeit zu gewinnen. Aber das tut die Unvernunft auch. Doch da wir von Natur aus fehlerhaft sind, muss die Unvernunft nicht ganz so laut rufen. Was sollen wir also machen? Wiederum gilt: Die Lösung findet sich nicht so sehr darin, dass wir uns in den Prinzipien der Weisheit üben, sondern in erster Linie darin, dass wir in der Quelle der Weisheit ruhen: „Christus als Gottes Kraft und Gottes Weisheit“ (1. Korinther 1,24). Christus ist die Lösung für die unvernünftige Frau. Das ist die Antwort darauf, wie wir den folgenden Vers aus den Sprüchen anwenden können:

> *Verlasst die Torheit, so werdet ihr leben,*
> *und geht auf dem Wege der Klugheit.* (Sprüche 9,6)

Ich kann es nicht oft genug wiederholen: Wir können die Unvernunft nicht einfach überwinden und an Weisheit gewinnen, indem wir uns die Ratschläge im Buch der Sprüche zu Herzen nehmen, so als wäre es die biblische Version von *So finden Sie Freunde und gewinnen Einfluss auf Menschen*. Ohne Christus sind die guten Dinge, die wir dank eines richtigen Lebensstils erfahren, nur ein Schatten des Originals. Aus Sicht der Bibel sind ein weiser Lebensstil und seine Segnungen ohne Christus unerreichbar, weil die Furcht des Herrn – die Definition für Weisheit aus dem Buch der Sprüche – nur denen bekannt ist, die eng mit Christus verbunden sind. Wenn wir von seinem Brot essen und von dem lebendigen Wasser trinken, das er uns anbietet, werden wir immer besser die Weisheit erkennen, die die Unvernunft, die uns heute noch anhängt, vertreibt.

Teil 2

6 Dinge, die weise Frauen kennen

Die Welt ...

Lügen erzeugt sehr viel Stress. Es kann dazu führen, dass du dich wertlos fühlst – es ist wie eine Krücke, an die du dich gewöhnt hast, obwohl du gar keine brauchst. Weil Lügen zu immer weiteren Lügen führen, denkst du mit der Zeit, dass dein wahres Ich all dieses Versteckspiel braucht. So hast du am Ende sehr wenig Vertrauen zu dir selbst. Wir müssen aus dieser Abwärtsspirale wieder herauskommen. Es gibt eine goldene Regel, die du befolgen solltest, wenn du aufhören willst zu lügen: Nichts und niemand ist besser als du.

Seventeen Magazine

Das Wort ...

Lügenmäuler sind dem Herrn ein Gräuel;
die aber treulich handeln, gefallen ihm. *Sprüche 12,22*

Kapitel 3

Weise Frauen kennen die Macht der Worte

Unsere Worte haben eine ungeheure Macht. Vielleicht enthalten die Sprüche deshalb so viele Aussagen über den Gebrauch unserer Zunge.

Tod und Leben stehen in der Zunge Gewalt;
wer sie liebt, wird ihre Frucht essen. (Sprüche 18,21)

Der Mund des Toren bringt ihn ins Verderben,
und seine Lippen bringen ihn zu Fall. (Sprüche 18,7)

Die gleiche Sichtweise finden wir auch im Neuen Testament. Der Apostel Jakobus schrieb: „Auch die Zunge ist ein Feuer, eine Welt voll Ungerechtigkeit. So ist die Zunge unter unsern Gliedern, sie befleckt den ganzen Leib und zündet die ganze Welt an und ist selbst von der Hölle entzündet. Denn jede Art von Tieren und Vögeln und Schlangen und Seetieren wird gezähmt und ist gezähmt vom Menschen, aber die Zunge kann kein Mensch zähmen, das unruhige Übel, voll tödlichen Giftes. Mit ihr loben wir den Herrn und Vater, und mit ihr fluchen wir den Menschen, die nach dem Bilde Gottes gemacht sind" (Jakobus 3,6-9). Es ist also klar, dass wir unser eigenes Wohlergehen und das anderer mit dem, was wir mit unserer Zunge tun, sehr stark beeinflussen können.

In diesem Zusammenhang entspringt die Macht unserer Worte natürlich nicht aus unserer eigentlichen Zunge, sondern aus dem Herzen, das sie kontrolliert. Jesus machte deutlich, dass unsere Worte unser Herz widerspiegeln, weshalb wir auch so streng nach unseren Worten gerichtet werden: „Ein guter Mensch bringt Gutes hervor aus dem guten Schatz seines Herzens; und ein böser Mensch bringt Böses hervor aus seinem bösen Schatz. Ich sage euch aber, dass die Menschen Rechenschaft geben müssen am Tage des Gerichts von jedem nichtsnutzigen Wort, das sie geredet haben. Aus deinen Worten wirst du gerechtfertigt werden, und aus deinen Worten wirst du verdammt werden“ (Matthäus 12,35-37).

Worte, die anderen helfen

Wie wir gesehen haben, wurden die Sprüche ursprünglich aufgezeichnet, um jungen Männern etwas über Gottes Vorstellungen und Maßstäbe beizubringen, doch die Wahrheiten, die wir darin finden, sind nicht nur auf junge Männer anwendbar. Sie passen auf jeden Menschen – männlich oder weiblich, jung oder alt –, weil sie Gottes Wahrheiten sind. Dennoch gibt es einen Unterschied in der Anwendung.

Gott hat Frauen so geschaffen, dass sie die Männer ergänzen. Ergänzen bedeutet an dieser Stelle so viel wie auffüllen, vervollständigen oder vollkommen machen. Das hatte Gott im Sinn, als er sagte: „Es ist nicht gut, dass der Mensch allein sei; ich will ihm eine Gehilfin machen, die um ihn sei“ (1. Mose 2,18). Eigentlich ist es aber in beide Richtungen gemeint. Männer und Frauen sind so geschaffen, dass sie einander ergänzen. Männer und Frauen sind jeweils mit bestimmten geschlechtsspezifischen Eigenschaften ausgestattet, und wenn sie zusammenwirken, dann dienen sie der Menschheit und zeigen Gottes Herrlichkeit.

Das Wort *Gehilfin* hat heute zu Unrecht einen negativen Beigeschmack. Im Kontext einer Ehe kann dabei zum Beispiel das Bild einer völlig erschöpften Frau entstehen, die sich durch ihre Hausarbeit quält und ihrem Mann helfen will, seine persönlichen Ziele zu erreichen, während er einen angenehmen Tag im Büro verbringt. Aber so hat Gott sich das nicht vorgestellt. Es ist die Berufung einer Ehefrau, ihrem Mann dabei zu helfen, dass er *Gottes* Ziele erreicht. Wenn die beiden mit ihren jeweiligen Stärken zusammenarbeiten, wachsen sie beide, unterstützen und vergrößern die Gemeinde Gottes und verbreiten seinen Namen in der ganzen Welt.

In Wirklichkeit liegt eine Menge Macht darin, eine Gehilfin zu sein, denn in erster Linie gehört dazu der Einfluss, den wir auf andere nehmen. Wir beeinflussen andere mithilfe unserer Worte. Alles in allem gehört also unsere Zunge zu den wichtigsten Werkzeugen, mit denen wir unsere Aufgabe als Gehilfin erfüllen. Eine Gehilfin, die zu Gott gehört, gebraucht ihre Worte, um andere aufzubauen, zu ermutigen und das Wort Gottes zu verbreiten.

Ester war so eine Frau, die ihre Zunge zum Wohle anderer einsetzte. Sie riskierte damit sogar ihr Leben, nachdem ihr Verwandter Mordechai gesagt hatte: „Denke nicht, dass du dein Leben errettest, weil du im Palast des Königs bist, du allein von allen Juden. Denn wenn du zu dieser Zeit schweigen wirst, so wird eine Hilfe und Errettung von einem andern Ort her den Juden erstehen, du aber und deines Vaters Haus, ihr werdet umkommen. Und wer weiß, ob du nicht gerade um dieser Zeit willen zur königlichen Würde gekommen bist?" (Ester 4,13-14). Die Juden ihrer Zeit sahen sich einer tödlichen Verschwörung gegenüber, wurden jedoch am Ende gerettet, weil Ester ihre Zunge mit großer Weisheit einsetzte.

Wir können mit unserer Berufung, zu helfen und mit unseren Worten zum Guten zu beeinflussen, jedoch auch scheitern. Denk an

Delila in Richter 16. Delila gehörte zum Volk der Philister und wurde von ihren Landsleuten dafür eingespannt, den israelitischen Richter Simson zu hintergehen. Nach allem, was wir aus der Bibel über Simson erfahren, scheint offensichtlich, dass er eine Schwäche für Frauen wie Delila hatte, die nichts mit Gott zu tun hatten. Sie setzte all ihre weibliche List ein, darunter natürlich auch ihre Worte, weil sie Simson überzeugen wollte, ihr das Geheimnis seiner großen Kraft zu offenbaren, sodass die Philister kommen und ihn überwältigen konnten. Bei drei verschiedenen Gelegenheiten sagte Delila: „Sage mir doch, worin deine große Kraft liegt und womit man dich binden muss, um dich zu bezwingen“ (Vers 6). Und weil Simson total vernarrt in diese Frau war, glaubte er, dass das nur eine Art Spiel unter Liebenden sei und neckte sie wieder und wieder mit falschen Antworten. Als Delila aber schließlich erkannte, dass ihre manipulativen Worte Simson das Geheimnis nicht entlocken konnten, nörgelte sie so lange, dass sie endlich die Wahrheit erfahren wollte, und ging ihm mit ihren Worten auf die Nerven, bis er schließlich völlig frustriert nachgab.

Delila ist ein Musterbeispiel dafür, wie eine Frau ihre Zunge auch auf destruktive Weise missbrauchen kann. Gott gab uns nicht die Sprache, damit wir unsere selbstsüchtigen Wünsche erfüllen. Sie ist dazu gedacht, andere Menschen aufzubauen, zu ermutigen und Weisheit zu verbreiten. Wenn eine Frau ihre Zunge gebraucht, um zum Guten zu beeinflussen, lässt sie Gott die Ehre zukommen, die er verdient, und die Menschen in ihrem Leben werden gesegnet. Werden wir unsere Zunge einsetzen, um für einen selbstsüchtigen Vorteil andere zu manipulieren? Oder werden wir sie zum Wohle anderer einsetzen? Vor dieser Wahl stehen wir jeden Tag in jeder Unterhaltung, die wir führen.

Worte, die unvernünftig sind

Alle Sprüche, die mit unseren Worten zu tun haben, weisen immer wieder auf bestimmte Fehlverhalten im Zusammenhang mit unserem Reden hin. Diese sollten wir uns also einmal genauer ansehen.

Lügen

Aus den Sprüchen können wir eine Menge über die Eigenschaften eines Lügners und die Folgen von Lügen lernen. Dazu gehört unter anderem, dass Lügen sinnlos sind, weil sie immer herauskommen und bestraft werden.

> *Ein falscher Zeuge bleibt nicht ungestraft;*
> *und wer frech Lügen redet, wird nicht entrinnen. (Sprüche 19,5)*

Manchmal lügen wir, weil wir uns in die Ecke gedrängt fühlen. Es ist dann fast eine reflexhafte Reaktion, weil wir uns ansonsten schämen würden und uns etwas peinlich wäre. Bei anderen Gelegenheiten greifen wir vielleicht auch viel bewusster zu einer Lüge. In jedem Fall sagen uns die Sprüche aber, dass Lügner für ihre Worte zur Rechenschaft gezogen werden.

Es gibt sogar einen Zusammenhang zwischen Hass und Lügen.

> *Wer seinen Hass verbirgt, ist ein Lügner,*
> *wer andere verleumdet, ist ein Narr. (Sprüche 10,18; NLB)*

> *Eine lügnerische Zunge hasst ihre Opfer,*
> *und Schmeichelei bringt den Untergang. (Sprüche 26,28; NLB)*

Wie wir sehen, hängen Hass und Lüge zusammen. Lügen sind ein Ausdruck von Verachtung gegenüber dem, der angelogen wird. Damit distanziert man sich von der Beziehung. Erinnere dich an eine Gelegenheit, bei der du belogen wurdest, und denk einmal darüber nach, warum es so wehtat, als du es herausfandest. Es kann gut sein, dass es nicht nur an dem lag, was die andere Person verbergen wollte, sondern auch an der Tatsache, dass sie damit eurer Beziehung einen Knacks gegeben hat. Lügen ist ein taktisches Manöver, durch das sich zwei Personen in einer Beziehung mehr und mehr voneinander entfernen, ob der Lügner sich nun dessen bewusst ist oder nicht.

Wir lernen aus den Sprüchen auch, wie sehr Gott die Lüge hasst.

Diese sechs Dinge hasst der Herr,
diese sieben sind ihm ein Gräuel,
stolze Augen, falsche Zunge,
Hände, die unschuldiges Blut vergießen. (Sprüche 6,16-17)

Lügenmäuler sind dem Herrn ein Gräuel;
die aber treulich handeln, gefallen ihm. (Sprüche 12,22)

Gräuel ist ein ziemlich starkes Wort. In der Bibel wird es für Handlungsweisen gebraucht, die Gott ganz besonders verachtet und verabscheut. Aus diesem Grund hassen weise Frauen auch das Lügen.

Der Gerechte ist der Lüge Feind;
aber der Gottlose handelt schimpflich und schändlich. (Sprüche 13,5)

Wenn man etwas hasst, lehnt man es ab, distanziert sich aufs Äußerste davon und findet es schrecklich, wenn man damit konfrontiert wird. Weisen Frauen ist ernsthaftes Reden wichtig, und sie betrachten Halbwahrheiten, Notlügen oder Schwüre im Zorn nicht als legitime Ausnahmen. Wenn wir uns selbst dabei erwischen, wie wir eine Lüge erzählen, sollten wir damit sofort aufhören und die

Wahrheit sagen. Menschen, die darauf achten, immer die Wahrheit zu sagen, vertraut man und ihr Wort hat Gewicht. Dagegen werden diejenigen, die sorglos mit der Wahrheit umgehen, nicht ernst genommen.

Ellie lernte das im Umgang mit ihrer Tochter Kate, die wochenlang immer wieder zu spät nach Hause gekommen war. Ellie warnte ihre Tochter, dass sie Hausarrest erhalten würde, wenn sie noch einmal zu spät nach Hause käme. Noch in der gleichen Woche geschah es wieder, aber Ellie setzte die angedrohte Strafe nicht in die Tat um. Folglich verlor Kate den Respekt vor ihrer Mutter und achtet seitdem noch weniger auf Ellies Regeln.

Wenn wir ernst genommen werden wollen und wenn wir die Menschen um uns herum wirklich lieben, dann werden wir nicht sorglos mit der Wahrheit umgehen. Wenn eine Freundin uns fragt, ob wir der Meinung sind, dass sie abnehmen sollte, dann sagen wir ihr die Wahrheit und nicht das, womit sie sich für den Moment vielleicht besser fühlen würde. Wenn eine Kollegin uns sagt, dass sie sich krankmelden will, um einen Tag am Strand zu verbringen, dann sollten wir ihre Unehrlichkeit nicht auch noch unterstützen, indem wir sagen: „Hey, das ist okay. Du brauchst mal eine Pause." Manchmal kann es ganz schön schwer sein, es mit der Wahrheit genau zu nehmen, aber es lohnt sich.

Was ist aber mit Weihnachten oder wenn eine Überraschungsparty ein Geheimnis bleiben soll? Ist es möglich, die Freude solcher Ereignisse zu genießen, ohne zu lügen? Ich denke da zum Beispiel an den Mann einer Freundin, der kürzlich eine Überraschungsparty zu ihrem Geburtstag veranstaltete. Er sorgte einfach dafür, dass seine Frau von der Einladung der Freunde und von den ganzen Vorbereitungen gar nichts erfahren konnte. So kam er nicht ein einziges Mal in die Verlegenheit, lügen zu müssen.

Zu Weihnachten ist der Weihnachtsmann für manche christliche Eltern Teil der Familientradition und für andere nicht. Viele, die den Weihnachtsmann einbeziehen, lassen ihre Kinder aber nicht glauben, dass die Geschenke unter dem Baum von einem freundlichen alten Mann, der durch den Kamin gekommen ist, dort abgelegt wurden. Wie immer ihr bei euch mit dem Weihnachtsmann umgeht, es ist eine gute Gelegenheit, Kindern etwas über weise Worte beizubringen, wenn sie mit Weihnachtstraditionen konfrontiert werden, die anders sind als eure.

Überraschungspartys, der Weihnachtsmann und Sensibilität gegenüber den Gefühlen anderer sind Bereiche, in denen es einiger Kreativität bedarf, damit man anderen eine Freude machen kann und dabei nicht die Wahrheit verbiegt. Da Gott jedoch der Urheber von Freude und Wahrheit ist, wird er uns in diesen Situationen bestimmt helfen, beides miteinander zu verbinden. Wir müssen ihn nur darum bitten.

Weise Frauen nehmen sich alles zu Herzen, was die Sprüche über die unvermeidlich destruktive Wirkung von Lügen zu sagen haben. Denn schließlich können wir immer wieder beobachten, wie wahr es ist. Der Abbruch der politischen Karriere von John Edwards in den USA ist ein Beispiel dafür. Als die Medien seine außereheliche Affäre mit einer Mitarbeiterin ans Licht brachten, dementierte er die Berichte zunächst. Doch als die Beweise seiner Untreue immer erdrückender wurden, hatte er keine andere Wahl mehr, als zuzugeben, dass er nicht nur seiner Frau untreu war, sondern auch noch Vater eines Kindes aus dieser Affäre ist. Seine Lügen haben viele Menschen verletzt – politische Unterstützer, das uneheliche Kind, die Kinder aus seiner Ehe und seine Frau, bei der zum Zeitpunkt, als der Skandal öffentlich wurde, gerade Krebs diagnostiziert worden war. Elizabeth, seine Frau, hielt zu ihrem Ehemann, bis sich das ganze Ausmaß des Vertuschungsversuchs gezeigt hatte. Vor kurzem ist Elizabeth Edwards gestorben. Obwohl John zum Zeitpunkt ihres Todes im gemeinsamen Haus war, berichten die Medien, dass Elizabeth ihn einige Tage zuvor von ihrem

Erbe ausgeschlossen habe. Die Menschen, die er verletzt hat, werden sicherlich ihre Narben behalten, aber es bleibt zu hoffen, dass das, was er getan hat und dann zu vertuschen versuchte, langfristig keine negativen Auswirkungen auf ihr Leben haben wird. Anders wird das bei John sein. Zumindest in den Augen der Öffentlichkeit wird er nicht als großer Politiker, sondern als Lügner in Erinnerung bleiben.

Falsche Aussagen

Falsche Aussagen machen ist im Zusammenhang mit unserer Sprache ebenfalls etwas Unvernünftiges. Davon ist auch in den Sprüchen die Rede. Das Lügen ist hiervon lediglich ein Spezialfall.

> *Ein aufrichtiger Zeuge lügt nicht;*
> *ein falscher Zeuge aber sagt die Unwahrheit. (Sprüche 14,5; NLB)*

Das finden wir auch im neunten Gebot: „Du sollst keine falsche Aussage über einen deiner Mitmenschen machen" (2. Mose 20,16). Wenn wir dieses Gebot lesen, denken wir unwillkürlich an eine Szene in einem Gerichtssaal. Wir stellen uns einen Gerichtsdiener vor, der einem Zeugen eine Bibel hinhält und fragt: „Schwören Sie, die Wahrheit zu sagen, die ganze Wahrheit und nichts als die Wahrheit – so wahr Ihnen Gott helfe?" Doch keine falschen Aussagen zu machen umfasst mehr, als vor Gericht die Wahrheit zu sagen. Was genau sind falsche Aussagen? Der Begriff bezeichnet mehr, als nur zu lügen, wie der Große Westminster Katechismus ausführt:

> *Die Pflichten, die im neunten Gebot gefordert werden, sind die Erhaltung und Förderung der Wahrhaftigkeit zwischen Mensch und Mensch und des guten Namens unseres Nächsten wie unseres eigenen, das öffentliche Auftreten und Einstehen für die Wahrheit und das Reden der Wahrheit von Herzen, aufrichtig, frei,*

> *klar und vollständig, und zwar nur der Wahrheit, in Sachen von Recht und Gericht und in allen andern Dingen, welche es immer seien, wohlwollende Wertschätzung unserer Nächsten, Liebe, Lust und Freude an ihrem guten Namen, Bedauern und Bedecken ihrer Schwachheiten, freie Anerkennung ihrer Gaben und Gnaden, Verteidigung ihrer Unschuld, bereitwillige Entgegennahme eines guten Gerüchts und unwillige Zurückweisung eines bösen Gerüchts über sie, Entkräftung von Angebern, Schmeichlern und Verleumdern, Liebe und Sorge für unseren eignen guten Namen und, wenn nötig, seine Verteidigung, das Halten von rechtmäßigen Versprechen, Erstreben und Bestätigung alles dessen, was wahrhaftig, ehrbar, lieblich ist und was wohl lautet.*[4]

So scheint es doch, dass wir das neunte Gebot jedes Mal brechen, wenn wir mit unserer Zunge etwas Falsches sagen!

Der Westminster Katechismus zeigt aber noch etwas sehr Interessantes: Wir können falsche Aussagen über uns selbst machen. „Ich bin so eine Idiotin!“, sagen wir, wenn ein Teller vom guten Geschirr unseren Händen entgleitet und auf dem Boden zerschellt. Wir machen auch falsche Aussagen über uns selbst, wenn wir uns dauernd auf unsere Schwächen konzentrieren, statt uns durch die Brille von Gottes Wort zu sehen. Wir brauchen ein gesundes Selbstbild, wird uns gesagt, aber das ist nur möglich, wenn das Bild von Gottes Wort geprägt wird.

Ein gesundes Selbstbild finden wir, wenn wir Gottes Ebenbild widerspiegeln. Die Welt um uns herum lehrt uns, uns auf unsere Stärken etwas einzubilden, also auf das, worin wir genauso gut oder sogar besser als andere sind. Die Bibel fordert uns auf, uns darüber zu freuen, dass wir nach dem Bild unseres Schöpfers gemacht sind. Ein wirklich gesundes Selbstbild finden wir in den Worten des Psalmisten: „Denn du hast meine Nieren bereitet und hast mich gebildet im Mutterleibe. Ich danke dir dafür, dass ich wunderbar gemacht bin; wunderbar sind deine Werke; das erkennt meine Seele“ (Psalm 139,13-14).

Was unseren Nächsten angeht, kann eine falsche Aussage ebenso gut das sein, was wir nicht sagen, und das, was wir sagen. So machen wir jedes Mal eine falsche Aussage, wenn wir uns weigern, jemanden zu verteidigen, über den in unserer Gegenwart schlecht geredet wird (mehr dazu später). Auch in unseren Herzen können wir falsche Aussagen über unseren Nächsten machen, wenn wir so tun, als könnten wir seine oder ihre Absichten und Motive beurteilen.

Lügen über einen anderen zu verbreiten ist ebenso verletzend,
wie ihn mit der Axt zu schlagen, mit einem Schwert zu verwunden
oder mit einem scharfen Pfeil auf ihn zu schießen (Sprüche 25,18)

Übertreibung

Jedes Mal, wenn wir die Wahrheit übertreiben, begehen wir mit unseren Worten einen Fehler. Damit meine ich nicht Ausschmückungen als literarisches Stilmittel, die zur Gestaltung einer schönen Geschichte dienen und bei denen die Zuhörer wissen, dass die farbenreichen Worte des Erzählers für einen bestimmten Effekt gewählt sind. Ich meine hier Situationen, in denen wir die Einzelheiten des wirklichen Lebens verdrehen, um damit mehr Aufmerksamkeit zu erregen. Das scheint zunächst keine große Sache zu sein, aber mit der Zeit verlieren alle unsere Worte an Glaubwürdigkeit, wenn wir in Erzählungen regelmäßig übertreiben.

Aus einem weisen Verstand kommen kluge Worte
und die sind überzeugend. (Sprüche 16,23; NLB)

Denk nur an unsere natürliche Reaktion auf TV-Werbung. Wir glauben doch nicht wirklich, dass Frühstücksflocken die Aufmerksamkeit unserer Kinder um 20 Prozent erhöhen oder dass der

Wechsel zu einem bestimmten Shampoo unser genetisch bedingt störrisches Haar in seidenweiche Strähnen verwandelt. Wir glauben es nicht, weil die Erfahrung uns gelehrt hat, dass Produkte in der Regel mehr versprechen, als sie halten. Wenn wir also die Wahrheit regelmäßig etwas ausschmücken, werden die Menschen unsere Worte mit der Zeit nicht mehr ganz so ernst nehmen.

Wir sollten davor auf der Hut sein, denn wir können sehr leicht in ein solches Verhalten hineinrutschen. Vielleicht sagen wir: „Ich hasse den Winter", aber wahrscheinlich stimmt das gar nicht, wenn man bedenkt, dass zum Hass das starke, instinktive Bedürfnis gehört, etwas oder jemanden aus der Welt zu schaffen. „Meine Frisur ist eine totale Katastrophe!" Tatsächlich? Sag das mal einem Überlebenden des Tsunami 2011 in Japan. „Ich liebe Kaschmir über alles!" Hoffentlich nicht, denn über alles lieben sollten wir nur Gott.

Wir neigen immer wieder zu Übertreibungen, aber es ist kein Charakterzug einer weisen Frau, die die Worte von Jesus darüber kennt, dass sie für jedes unnütze gesprochene Wort Rechenschaft wird ablegen müssen.

Verleumdung

Weise Frauen verleumden nicht, weil damit der gute Ruf eines anderen Menschen zerstört wird. Die Sprüche sagen uns, dass Verleumden eine Eigenschaft von unvernünftigen Menschen ist.

> *Falsche Lippen bergen Hass*
> *und wer verleumdet, ist ein Tor. (Sprüche 10,18)*

Vor einigen Jahren geriet ein junger Mann in unserer Gemeinde in Schwierigkeiten. Daraufhin führten die Leiter unserer Gemeinde ernste Gespräche mit ihm und wiesen ihn auf sein Fehlverhalten und auf mögliche Konsequenzen hin. Diejenigen unter uns, die davon wussten, wurden vom Pastor der Gemeinde gewarnt, mit Außenstehenden nicht über die Situation zu reden, damit der Ruf des jungen Mannes geschützt wurde. Die Anweisungen des Pastors machten einen starken Eindruck auf mich, denn nach allem, was man wusste, hatte der junge Mann das Fehlverhalten eindeutig begangen. Trotzdem hätte das Gerede darüber ihm noch weiter schaden können. Geschichten weiten sich aus, wenn sie häufig erzählt werden, und die menschliche Natur ist nun einmal so, dass sie gerne das Schlechteste von jemand anderem glaubt. Aus diesem Grund können wir jemanden sogar verleumden, selbst wenn das, was wir sagen, den Tatsachen entspricht.

Gedankenloses Gerede

Etwas anderes Unvernünftiges, das wir mit unseren Worten sagen können und das in den Sprüchen thematisiert wird, betrifft die Frage, wie viel und wann wir reden. Die Sprüche bringen Unvernunft mit einem Übermaß an Worten in Verbindung – mit anderen Worten: mit zu viel Gerede.

> *Wo viel Worte sind, da geht's ohne Sünde nicht ab;*
> *wer aber seine Lippen im Zaum hält, ist klug.* (Sprüche 10,19)

Wir sehen hier, dass es ein Zeichen von Weisheit ist, wenn man seine Worte zügelt. Das bedeutet, dass wir uns anderen entweder als weise oder als unvernünftige Frauen präsentieren, je nachdem, wie viel wir reden. Unvernünftige Menschen reden, bevor sie denken, wogegen die Worte weiser Frauen wohlbedacht sind und zur rechten Zeit gesprochen werden. Weise Frauen wählen ihre Worte sorgfältig.

Ein Vernünftiger mäßigt seine Rede,
und ein verständiger Mann wird nicht hitzig.
Auch ein Tor, wenn er schwiege, würde für weise gehalten
und für verständig, wenn er den Mund hielte. (Sprüche 17,27-28)

Siehst du einen, der schnell ist zu reden,
da ist für einen Toren mehr Hoffnung als für ihn. (Sprüche 29,20)

Das Herz des Gerechten bedenkt, was zu antworten ist;
aber der Mund der Gottlosen schäumt Böses. (Sprüche 15,28)

Wer antwortet, ehe er hört,
dem ist's Torheit und Schande. (Sprüche 18,13)

Betrachten wir einmal den letzten Vers, Sprüche 18,13. Neigen wir vielleicht auch dazu, andere mitten im Satz zu unterbrechen, weil wir meinen, dass wir schon wissen, was sie sagen wollen?

Wo wir gerade beim Thema sind: Ich muss dabei an jene von uns denken, die mit dem Handy am Ohr durchs Leben laufen, als sei es ein Auswuchs unseres Körpers. „Das ist Multitasking", lautet dann oft die Erklärung. Erst in den letzten ein oder zwei Generationen sind wir dahin gekommen, dass Multitasking als erstrebenswerter angesehen wird als Momente der Stille und des ruhigen Nachdenkens. Mit der Multitasking-Ausrede rechtfertigen wir oft auch vor uns selbst, warum wir nicht Zeit mit uns allein und unseren Gedanken verbringen zu müssen. Als ich vergangene Woche an einer Kreuzung halten musste, zählte ich einfach mal, wie viele Fahrer im Querverkehr ein Handy am Ohr hatten. In den zwölf Wagen, die vorbeifuhren, benutzten acht Fahrer gerade ihr Handy, sechs davon waren Frauen. Telefon auf der Straße, beim Ankleiden, im Restaurant – wir reden zu viel und die Sprüche sagen uns, dass das unvernünftig ist.

Abgesehen von der Weisheit zu erkennen, wann und wie oft wir reden sollen, liegt sogar Weisheit in dem Tonfall, den wir wählen.

Wenn einer seinen Nächsten des Morgens früh
mit lauter Stimme segnet,
so wird ihm das für einen Fluch gerechnet. (Sprüche 27,14)

Die unmoralische Frau aus Sprüche 7 wird als jemand mit einer lauten Stimme dargestellt.

Sie ist laut und zügellos,
ihre Füße können nicht zu Hause bleiben.
(Sprüche 7,11; deutsche Übersetzung der English Standard Version)

Und so ist auch Frau Torheit.

Frau Torheit ist laut,
verführerisch und erkennt gar nichts.
(Sprüche 9,13; deutsche Übersetzung der English Standard Version)

Weise sind wir dann, wenn wir darauf achten, wie viel und wie oft wir reden und welchen Tonfall wir dabei benutzen:

Wer seinen Mund und seine Zunge im Zaum hält,
gerät nicht in Schwierigkeiten. (Sprüche 21,23; NLB)

Wenn wir weise reden, bewahrt uns das nicht nur vor Schwierigkeiten, sondern bringt uns auch Freude.

An einer richtigen Antwort hat jeder Freude;
wie gut ist es, zum richtigen Zeitpunkt das Rechte zu sagen!
(Sprüche 15,23; NLB)

Klatsch und Tratsch

Die Sprüche machen auch deutlich, wie sehr unsere Worte unsere Beziehungen beeinflussen. Klatsch und Tratsch haben dabei eine enorme Wirkung. Uns wird gesagt:

> *Wer über andere klatscht, plaudert Geheimnisse aus;*
> *wer jedoch zuverlässig ist, behält ein Geheimnis für sich. (Sprüche 11,13; NLB)*

Mit anderen Worten: Wer über andere tratscht, erweist sich damit als untreu gegenüber Freunden und Bekannten. Außerdem gilt:

> *Ein Unruhestifter sät Streit,*
> *und Klatsch kann die besten Freunde entzweien. (Sprüche 16,28; NLB)*

Dieser Spruch sagt uns, dass Klatsch jede noch so starke Beziehung ruinieren kann. Denk einmal an deine engste Freundin. Was verbindet euch? Sind es nicht die Erinnerungen an gemeinsame Erfahrungen, gute wie schlechte, und das Vertrauen, das ihr euch gegenseitig in den Schwierigkeiten und Härten des Lebens schenkt? Nun denk daran, was die Sprüche uns lehren. Klatsch kann all das beseitigen.

Obwohl wir wissen, dass Klatsch und Tratsch falsch sind, neigen wir doch dazu, sie nicht als ganz so destruktiv zu sehen, wie die Sprüche es tun. Wir betrachten Klatsch und Tratsch oft als eine dieser „kleineren" Vergehen; wir wissen zwar, dass es verkehrt ist, aber wir empfinden es nicht als so schlimm, dass wir in unserem Fühlen und Denken dagegen ankämpfen. Manche von uns verpacken den Klatsch auch als „Gebetsanliegen" und erzählen mit besorgtem Gesicht und gesenkter Stimme gerne kleine Leckerbissen aus dem Privatleben anderer gegenüber Freunden oder im Hauskreis. Doch wer dabei neugierig zuhört, beteiligt sich genauso am Klatsch. Ist uns klar, dass es genauso verwerflich ist, dem Klatsch ein offenes Ohr zu leihen, wie ihn zu verbreiten? Ob wir dem Klatsch nun zuhören oder ihn selbst verbreiten – wir zeigen anderen damit, dass wir nicht vertrauenswürdig sind. Warum machen wir das also? Manchmal tun wir es, weil wir denken, wir könnten damit eine Verbindung vertiefen. „Ich bin wirklich beunruhigt wegen dem, was Sarah letzte Woche getan hat", erzählt Sally Susi, „und ich muss einfach mit jemandem darüber reden. Ich sag's dir, weil ich weiß, dass ich dir vertrauen kann, dass du es nicht weitersagst." Ironischerweise torpediert Sally damit genau das, was sie sich von Susi wünscht – eine vertrauensvollere Beziehung –, denn auf einer bestimmten Ebene ist Susi völlig klar, dass Sally ebenso gut mit Sarah über Susi reden könnte, wenn Sally mit ihr über Sarah reden kann.

Klatsch und alle anderen Fehlverhalten, die wir mit unserem Reden begehen können, belasten Beziehungen. Denk an alle Konflikte, die du je hattest. Wurden sie nicht immer durch irgendwelche Worte hervorgerufen? Wahrscheinlich hat jede von uns auch im Moment einen oder zwei Konflikte im eigenen Leben oder sieht sie bei anderen Menschen. Wie können wir unsere Worte einsetzen, um mit diesen Konflikten weise umzugehen? Eines können wir ganz bestimmt tun: Uns auf keinen Fall an irgendwelchem Klatsch und Tratsch beteiligen, sei es durch eigene Worte oder durch das Zuhören.

Feuer erlischt, wenn es kein Holz mehr gibt,
und Streit legt sich von selbst, wenn der Klatsch aufhört.
(Sprüche 26,20; NLB)

Warum tratschen wir eigentlich über andere, wenn es doch so negative Auswirkungen hat? Wie schon angemerkt, glauben wir unter anderem der Lüge, dass es uns enger mit denen verbinden würde, mit denen wir den Klatsch teilen. Ein weiterer Grund ist:

Gerüchte sind verführerische Leckerbissen,
die sich aber tief ins Herz eingraben. (Sprüche 18,8; NLB)

Die Bibel sagt also, dass wir in erster Linie über andere tratschen, weil es uns Spaß macht. Wie wahr das ist, sehen wir an unserer Reaktion auf die Schlagzeilen in den Boulevardblättern, die ja nichts als veröffentlichter Klatsch und Tratsch sind. Schon ein flüchtiger Blick auf diese Schlagzeilen zieht uns in die schmutzigen Affären, die rechtlichen Schwierigkeiten, Süchte und Essgewohnheiten der gerade angesagten Berühmtheiten hinein. Besorgnis und Mitgefühl wären hier eine Reaktion, die Gott gefallen würde, stattdessen aber fühlen wir uns oft noch gut dabei. Wenn die Schwierigkeiten anderer ans Licht kommen, fühlen wir selbst uns nämlich besser. „Zumindest habe ich diese Schwierigkeiten nicht", denken wir mit selbstgefälliger Überlegenheit, oder: „Meine Fehler sind jedenfalls nicht so schlimm wie ihre." Durch einen Blick auf die privaten Probleme derer, die nach den Maßstäben dieser Welt erfolgreich sind, fühlen wir uns gerechtfertigt – all ihr Geld, ihre perfekten Körper und Häuser in Hollywood bewahren sie nicht vor den gleichen Schwierigkeiten, die auch andere haben. Wir werden schwarz auf weiß oder in Farbe daran erinnert, dass die Versprechungen, die uns diese Welt macht, nicht eingehalten werden.

Ist Klatsch und Tratsch wirklich so schlimm? Das ist es, weil wir uns Befriedigung auf Kosten anderer holen. Sieh dir einmal an, wie Asaf zu seiner Zeit mit ähnlichen Umständen umging.

Ich aber wäre fast gestrauchelt mit meinen Füßen;
mein Tritt wäre beinahe geglitten.
Denn ich ereiferte mich über die Ruhmredigen,
als ich sah, dass es den Gottlosen so gut ging.
Denn für sie gibt es keine Qualen,
gesund und feist ist ihr Leib.

Sie sind nicht in Mühsal wie sonst die Leute
und werden nicht wie andere Menschen geplagt …
Sie brüsten sich wie ein fetter Wanst,
sie tun, was ihnen einfällt.
Sie achten alles für nichts und reden böse,
sie reden und lästern hoch her.
Was sie reden, das soll vom Himmel herab geredet sein;
was sie sagen, das soll gelten auf Erden …
Siehe, das sind die Gottlosen;
die sind glücklich in der Welt und werden reich.
Soll es denn umsonst sein, dass ich mein Herz rein hielt
und meine Hände in Unschuld wasche? …
Hätte ich gedacht: Ich will reden wie sie,
siehe, dann hätte ich das Geschlecht deiner Kinder verleugnet.
So sann ich nach, ob ich's begreifen könnte,
aber es war mir zu schwer,
bis ich ging in das Heiligtum Gottes
und merkte auf ihr Ende.
Ja, du stellst sie auf schlüpfrigen Grund
und stürzest sie zu Boden.
Wie werden sie so plötzlich zunichte!
Sie gehen unter und nehmen ein Ende mit Schrecken.
(Psalm 73,2-5; 7-9; 12-13; 15-19)

Genau wie auch wir zuweilen fragte sich Asaf, ob es sich wirklich lohnt, Gottes Wegen zu folgen. Wenn er sich die Menschen um sich herum ansah, die nicht an Gott glaubten, sah er ihre scheinbaren Vorteile und war neidisch. Doch sein Weg zum Frieden bestand nicht darin, sich Klatsch über den Niedergang dieser Menschen anzuhören. Den Frieden fand er vielmehr, indem er sich in Gottes Gegenwart begab, wo er eine echte Perspektive für sein Leben bekam. Es war dann auch nicht der Niedergang der Menschen, die nichts mit Gott zu tun haben wollten, wodurch er sich besser fühlte; es war die Tatsache, dass Gottes Absichten und Wege sich am Ende ohne jeden Zweifel immer durchsetzen werden und dass die Menschen, die sich Gott anvertrauen, gefahrlos seinen Wegen folgen können.

Durch Klatsch fühlen wir uns aus verschiedenen Gründen besser, so als hätten wir ein paar leckere Häppchen gegessen. Daher sollten wir uns unser Leben lang bemühen, dem zu widerstehen. Wir sollten uns ganz bewusst dazu entscheiden, uns mit unseren Worten über andere nicht einfach Luft zu machen oder sie als „Gebetsanliegen" zu tarnen.

Was ist nun mit Situationen oder Beziehungskonflikten, in denen wir einen Rat oder die Meinung von jemandem brauchen, dem wir vertrauen? Natürlich gibt es auch Fälle, in denen das Reden über andere nicht in die Kategorie Klatsch fällt, und gerade in vielen Beziehungskonflikten ist Hilfe von außen von großem Vorteil. Wenn es darum geht zu unterscheiden, um welchen Fall es sich im Einzelnen handelt, wird unser Herz uns für gewöhnlich warnen und unsere Beweggründe hinterfragen, warum wir über jemand anderen reden wollen. Wir müssen nur ehrlich genug vor uns selbst sein. Wollen wir uns rechtfertigen? Ziehen wir jemand Dritten in den Konflikt hinein, weil wir jemanden suchen, der auf unserer Seite steht? Oder suchen wir Hilfe, weil wir uns versöhnen wollen? Wie so oft kommt es auch hier auf die Motivation an.

Schmeichelei

Schmeichelei ist ein weiterer Bereich, in dem wir unsere Sprache unvernünftig einsetzen können. In den Sprüchen heißt es dazu:

> *Eine lügnerische Zunge hasst ihre Opfer,*
> *und Schmeichelei bringt den Untergang. (Sprüche 26,28; NLB)*

Frauen, die von biblischer Weisheit erfüllt sind, durchschauen Schmeichelei normalerweise sofort. Sie erkennen den Unterschied zwischen echten Komplimenten und schmeichelnden Worten. Ein Kompliment wird gegeben, um den anderen aufzubauen, während mit Schmeichelei persönliche Vorteile gesucht werden. Komplimente sind auf den anderen ausgerichtet, Schmeichelei ist eigennützig. Menschen, die anderen schmeicheln, sind auf etwas Bestimmtes aus. Denk nur an dieses klassische Beispiel: Ein gut aussehender Mann mit gewandter Zunge bringt eine gutgläubige und einsame Frau um ihre Ersparnisse. Wie macht er das? Er schmeichelt ihr. Er sagt, sie sei das schönste Wesen, das je über diese Erde gegangen ist, und weil sie sich so verzweifelt danach sehnt, geliebt zu werden, würde sie alles tun – sogar sich selbst in Armut stürzen –, damit er bei ihr bleibt. Seine Schmeichelei hat ihm gebracht, was er wollte.

Die Sprüche warnen uns, vorsichtig und aufmerksam zu sein.

Wer einem Menschen schmeichelt,
stellt ihm eine Falle. (Sprüche 29,5; NLB)

Schmeichelei umgarnt uns genau an den Punkten, an denen wir schwach sind. Sie appelliert an unseren Wunsch, geliebt, bewundert und begehrt zu sein. In gewisser Weise wünsche wir uns alle, dass jemand anders von Sehnsucht nach uns erfüllt ist. Und genau dort setzt Schmeichelei an. Schmeichler versuchen, uns zu vereinnahmen, indem sie genau diese Sehnsucht ansprechen. Weise Frauen behüten ihr Herz aber nicht nur vor den Schmeicheleien anderer, sondern sie hüten auch ihre Zunge davor, selber Schmeicheleien zu verteilen. Wir sagen unserem Chef nicht, dass seine Rede vor dem Vorstand ganz fantastisch war, wenn sie in Wirklichkeit nur mittelmäßig war. Wir sagen unserer Nachbarin nicht, dass sie bei allen in der Stadt beliebt ist, nur weil wir auch gerne zu ihrer nächsten Party eingeladen werden wollen. Ein umgangssprachlicher Ausdruck für

Schmeichelei ist „Schleimen“, und genau das tun wir, wann immer wir mit der Aussicht auf einen persönlichen Vorteil Lob verteilen.

Verwandelte Zungen

Der Gebrauch unserer Zunge ist ein ziemlich deutlicher Hinweis darauf, ob wir weise oder unvernünftige Frauen sind. Man beurteilt uns nach dem, was wir sagen und wie wir es sagen. Das ist eine ziemlich ernüchternde Wahrheit, denn wer von uns verbiegt nicht dann und wann die Wahrheit oder klatscht oder redet zu viel und schmeichelt jemandem? Wir alle machen mit unseren Worten Fehler. An dieser Stelle lernen wir einen weiteren Aspekt kennen, wie das Buch der Sprüche uns auf Christus verweist. Wir möchten gern weise sein. Nur leider ist so vieles von dem, was wir sagen, in Wirklichkeit ziemlich unvernünftig, und wir erkennen, dass unser Bedarf an Weisheit weit größer ist als unsere Fähigkeit, sie zu erlangen. Eine weise Zunge kann nur derjenige schenken, der vollkommen weise ist und der niemals etwas Unvernünftiges gesagt hat. Jesus hat nie gelogen, übertrieben, geklatscht oder geschmeichelt. Jedes Wort, das er sprach, passte perfekt in die Situation und erfüllte Gottes Absichten – jedes einzelne Wort. Nur wenn wir uns voll und ganz auf ihn verlassen, auf den einen, der in vollkommener Weise zu uns gesprochen hat, werden wir finden, was wir brauchen, um Frauen weiser Worte zu werden. Und wir werden es mit Sicherheit finden, wenn wir bei Jesus danach suchen. Wenn wir uns einfach nur noch mehr bemühen, auf unsere Worte zu achten, werden wir frustriert erleben, dass sich uns die Worte der Weisheit entziehen. Wir machen einfach zu viele Fehler, als dass wir es auf uns allein gestellt schaffen könnten. Frauen weiser Worte sind Frauen, deren Herzen durch Christus verändert wurden und die erkennen, dass echte, anhaltende Veränderung nur zu erreichen ist, wenn wir alle *seine* Worte in uns bewegen.

Worte der Weisheit

Weise Worte zu reden ist jede Anstrengung wert, und zwar aus diesem Grund:

> *Viel Gutes bekommt ein Mann durch die Frucht seines Mundes;*
> *und dem Menschen wird vergolten nach den Taten seiner Hände.*
> *(Sprüche 12,14)*

> *Des Gerechten Lippen erquicken viele;*
> *aber die Toren werden an ihrer Torheit sterben. (Sprüche 10,21)*

Von Weisheit geleitete Worte segnen nicht nur die Menschen, die sie hören, sondern auch den, der sie ausspricht. Die Sprüche sagen uns ausdrücklich, was für ein Segen weise Worte sind und wie weise Frauen sie gebrauchen sollen.

Sanfte Worte

Aus den Sprüchen lernen wir, dass ein sanfter Tonfall Streit schlichtet.

> *Eine sanfte Antwort dämpft die Erregung,*
> *eine kränkende Rede reizt zum Zorn. (Sprüche 15,1; EÜ)*

Außerdem bringen sanfte Worte Heilung.

> *Eine sanfte Zunge ist ein Lebensbaum,*
> *eine falsche Zunge bricht das Herz. (Sprüche 15,4; EÜ)*

Auch hier sehen wir noch einmal, dass die Bibel Wert auf unseren Tonfall legt. Es hängt mehr daran, als wir normalerweise glauben.

Es ist ein Kennzeichen der Weisheit, wenn wir diesen Rat anerkennen.

Worte zur rechten Zeit

Eine weise Frau weiß, was sie sagen soll und wann sie es sagen soll.

> *Der Weisen Zunge bringt gute Erkenntnis;*
> *aber der Toren Mund speit nur Torheit. (Sprüche 15,2)*

Sie weiß, wann Zurechtweisung der beste Ausdruck von Liebe ist.

> *Offene Zurechtweisung ist besser*
> *als Liebe, die verborgen bleibt. (Sprüche 27,5)*

Und eine weise Frau weiß auch, wann sie lieber schweigen sollte.

> *Besser ein trockner Bissen mit Frieden*
> *als ein Haus voll Geschlachtetem mit Streit. (Sprüche 17,1)*

Das schließt sogar ein, dass man weiß, wann man am besten anderen etwas über Gott und den Glauben an ihn erzählen soll. Jesus sagte denen, die ihm nachfolgten: „Ihr sollt das Heilige nicht den Hunden geben und eure Perlen sollt ihr nicht vor die Säue werfen, damit die sie nicht zertreten mit ihren Füßen und sich umwenden und euch zerreißen“ (Matthäus 7,6). Vor einigen Jahren ist mir genau in diesem Zusammenhang aufgefallen, wie sehr ich Weisheit brauche. Eine Frau, die mir sehr wichtig war, machte sich über den christlichen Glauben lustig. Jedes Mal, wenn ich ihr etwas von Gottes Liebe zu uns Menschen erzählte, erntete ich nur beißenden Sarkasmus und sie machte Witze über Gott. Nach einem besonders schmerzhaften Wortwechsel legte mir der Heilige Geist diese Worte von Jesus aus Matthäus aufs Herz, und von dem Tag an habe ich viele Jahre in ihrer Gegenwart kein Wort mehr über den christlichen Glauben verloren. Ich hörte nicht damit auf, weil ich verletzt war; ich sagte ihr nichts mehr, weil der Name von Jesus in den Schmutz gezogen wurde und ich spüren konnte, wie betrübt der Heiliger Geist während dieser Gespräche war. Jahre später machte meine Freundin eine schwierige Zeit durch und war dadurch auch offen für Gott. Ich jubelte, als ich ihr nun von Neuem von Jesus erzählte.

Es erfordert Weisheit zu erkennen, wann die richtige Zeit ist, um den Auftrag von Jesus auszuführen. Allzu leicht verwechseln wir nämlich die Situation, in der sich jemand über den Glauben lustig macht, mit unserem persönlichen Unwohlsein, wenn wir mit einem skeptischen Menschen reden. Wie aber erkennen wir den Unterschied? Hier helfen uns die Worte von D. A. Carson:

> *Jesus sagt seinen Jüngern ausdrücklich, dass sie das Beste an der Wahrheit des Glaubens nicht mit Menschen teilen sollen, die darauf ständig bösartig, unempfänglich und geringschätzend reagieren. So wie die Perlen von den wilden Tieren nicht wertgeschätzt wurden, sondern sie nur wütend und gefährlich machten, so werden auch viele der Schätze von dem, was Gott uns offenbart hat, von vielen Menschen nicht geschätzt. Und so schmerzhaft das auch sein mag, diese tiefen Wahrheiten dienen dann womöglich nur dazu, sie in Rage zu versetzen.*[5]

Ohren, die weise zuhören

Eine Frau weiser Worte zu sein, erfordert notwendigerweise auch, gut zuzuhören, was andere sagen. Zu diesem Zweck lehren uns die Sprüche, wie man einem überführten Lügner zuhören soll.

> *Der Hasser verstellt sich mit seiner Rede,*
> *aber im Herzen ist er falsch;*
> *wenn er seine Stimme holdselig macht, so glaube ihm nicht;*
> *denn es sind sieben Gräuel in seinem Herzen. (Sprüche 26,24-25)*

Das ist schon ziemlich heftig. Gottes Wort warnt uns, dass wir uns vor denen hüten sollen, die uns in der Vergangenheit wissentlich belogen haben. Gleichzeitig weist es uns darauf hin, was im Herzen eines Lügners vor sich geht. Auch wenn wir das Herz eines anderen Menschen nicht hundertprozentig kennen können, Gott kann es. Wir dürfen dankbar dafür sein, dass die Bibel uns hier ein klein wenig in das Herz von Lügner blicken lässt. Mit diesem Wissen und dem damit verbundenen Aufruf, auf der Hut zu sein, können wir nur denen zustimmen, die sagen: „Belüge mich einmal, Schande über dich. Belüge mich zweimal, Schande über mich."

Weise Ohren brauchen wir auch, wenn wir bei einer Meinungsverschiedenheit vermitteln wollen. Die Sprüche ermahnen uns, beide Seiten anzuhören, ehe wir in der Sache ein Urteil fällen.

> *Ein jeder hat zuerst in seiner Sache Recht;*
> *kommt aber der andere zu Wort, so findet sich's. (Sprüche 18,17)*

Ein bekanntes Sprichwort sagt: Es gibt zu jeder Geschichte immer drei Seiten – seine, ihre und die Wahrheit.

Wie viel besser werden unsere Beziehungen sein – und wie viel mehr Frieden werden wir haben –, wenn wir weise mit unseren Ohren und Zungen umgehen! Der Apostel Paulus schrieb: „Eure Rede sei allezeit freundlich und mit Salz gewürzt, dass ihr wisst, wie ihr einem jeden antworten sollt" (Kolosser 4,6). Wer ist dem gewachsen? Nur einer, denn „Gott der Herr hat mir eine Zunge gegeben, wie sie Jünger haben, dass ich wisse, mit den Müden zu rechter Zeit zu reden" (Jesaja 50,4).

Die Welt ...

Selbst wenn eine Freundin das Dümmste sagt,
das ich je gehört habe,
widerspreche ich ihr nicht, weil ich nicht will,
dass sie schlecht auf mich zu sprechen ist.

Charlotte, 34, Marie Claire Magazin

Das Wort ...

Treu gemeint sind die Schläge eines Freundes,
doch trügerisch die Küsse eines Feindes. *Sprüche 27,6 (EÜ)*

Kapitel 4

Weise Frauen wählen ihre Freundinnen sorgfältig

Gemeinsamkeiten machen Freunde, sagte mir mein Vater, als ich Teenager war. Da ich damals in jenem schmerzhaften Alter war, wo Freundschaften kommen und gehen wie Ebbe und Flut, hatten seine Worte auf mich eine unmittelbare und nachhaltige Wirkung. Von jenem Tag an ergab die soziale Struktur der Highschool für mich plötzlich einen Sinn. Später erkannte ich dann, dass diese Wahrheit nicht nur für vorübergehende Teenagerfreundschaften gilt, sondern ebenso für die Freundschaften unter Erwachsenen. Wir neigen dazu, uns mit denen zu verbinden, deren Leben gewisse Überschneidungen mit unserem eigenen aufweisen. Je älter wir werden, desto mehr vertiefen sich diese Überschneidungen. Die verbindenden Gemeinsamkeiten unter Teenagern – wie Sport, Noten, Beliebtheit – reifen im Erwachsenenalter (hoffentlich jedenfalls) zu Gemeinsamkeiten wie ethische Überzeugungen und religiöse Einstellungen. Nichtsdestotrotz entstehen auch unter Erwachsenen viele Verbindungen mehr aus Zweckmäßigkeit als aus Überzeugung, aus selbstsüchtigen Motiven statt aus solchen, die Gott gefallen.

Denke einmal über die Freundschaften in deinem Leben nach. Wie sind sie zustande gekommen? Wurde die Verbindung bewusst eingegangen oder entstand sie aus den Gemeinsamkeiten eures Alltags? Bei den meisten von uns ist es eher Letzteres. Es sind willkürliche Freundschaften, die ursprünglich aus losen Verbindungen mit unseren Nachbarn oder Kollegen entstanden sind und die sich mit der Zeit verfestigt haben. Solche Freundschaften sind wichtig, um den Menschen von Gottes Liebe zu erzählen und sie an sie weiterzugeben. Außerdem gehört es zu den Segnungen des Lebens, mit den Menschen in unserer Umgebung ein harmonisches Verhältnis und eine Kameradschaft zu pflegen. Nicht jede Freundschaft muss erst nach reiflicher Überlegung entstehen.

Einige Freundschaften entstehen aber so, und um solche Freundschaften soll es in diesem Kapitel gehen. Mit *Freund* oder *Freundin* bezeichnen wir jemanden, dem wir unser Herz anvertrauen. Wir können das Wort *Freundschaft* auf viele unserer Beziehungen anwenden, aber hier soll es um solche Freunde gehen, die wir so weit in unser Herz und unser Leben lassen, dass sie einen bedeutenden Einfluss darauf haben. Die Sprüche machen deutlich, dass solche Freundschaften mit Umsicht eingegangen werden sollen.

Der Gerechte soll seine Freunde mit Umsicht wählen,
denn der Weg der Gottlosen führt sie in die Irre.
(Sprüche 12,26; deutsche Übersetzung der English Standard Version)

Wer mit den Weisen umgeht, der wird weise;
wer aber der Toren Geselle ist, der wird Unglück haben. (Sprüche 13,20)

Falsche Motive, eine Freundschaft einzugehen

Bevor wir uns ansehen, was die Sprüche über die Wahl unserer Freundinnen zu sagen haben, wollen wir einen Schritt zurückgehen und überlegen, welche Dinge uns dazu bringen können, auf diesem

Gebiet unvernünftige statt weise Entscheidungen zu treffen. Warum entscheiden wir uns, bestimmte Bekanntschaften zu vertiefen und andere nicht? Es kann hilfreich sein, sich einmal genauer anzuschauen, was uns in dieser Richtung antreibt. Hier sind einige falsche Motive, die in unseren Herzen verborgen sind und die uns dazu bringen können, im Hinblick auf Freundschaften schlechte Entscheidungen zu treffen.

Verlangen, das auf unserer fehlerhaften Natur basiert

Vor Jahren lebte ich in der Innenstadt von Philadelphia gleich gegenüber von einem Heroinabhängigen, einem freundlichen, aber zutiefst gescheiterten jungen Mann. Von Zeit zu Zeit plauderten wir ein wenig, und er redete mit mir ganz offen über seine Sucht, gerade so, als spräche er über einen ganz normalen Tag im Büro. In der Nachbarschaft gab es bestimmte Geschäfte – eine Videothek und eine Eckkneipe –, wo er täglich zum Tresen ging und sich seine Drogen kaufte. Eines Tages saß ich in dieser Kneipe, und weil ich ja wusste, wonach ich Ausschau halten musste, beobachtete ich während des Essens mindestens ein Dutzend dieser illegalen Geschäfte. Die unterschiedlichsten Menschen – Frauen und Männer, Angestellte und Prostituierte – kamen einer nach dem anderen in die Kneipe und gingen geradewegs auf einen bestimmten Mann zu, den Drogendealer, der auf einem Hocker am Ende der Bar saß. Normalerweise wechselten der Dealer und sein Kunde ein paar Worte miteinander. Wenn man dabei einen Blick unter den Tresen warf, konnte man sehen, wie Geld und ein Stückchen zusammengefaltetes gelbes Papier, das die gewünschte Menge der illegalen Substanz enthielt, den Besitzer wechselten. Durch all das, was mein Nachbar mir bei unseren kurzen Gesprächen auf der Straße erzählt hatte, bekam ich aus erster Hand einen Einblick in einen Bereich der Unterwelt unserer Stadt. Einmal fragte ich meinen Nachbarn, wie Drogenkonsumenten solche Orte wie die Kneipe oder die Videothek ausfindig machen, und er sagte mir: „Wenn du danach suchst, findest du es auch."

Freundschaften können auf eine sehr ähnliche Weise entstehen. Wenn wir uns einem verhängnisvollen Genuss oder einer negativen Gewohnheit hingeben, dann richtet sich unser Radar auf andere, die unsere Neigung teilen. Finden wir dann jemanden, kann sich daraus fast unmittelbar eine Verbundenheit ergeben. Manchmal braucht es dazu nur ein oder zwei Worte. Vielleicht weißt du ja, wovon ich spreche. Lass es dir von meinem Nachbarn, dem Heroinsüchtigen, gesagt sein: Wenn du danach suchst, findest du es auch.

Wenn eine solche Verbundenheit erst gar nicht entstehen soll, dann geht es nicht in erster Linie darum, jeden Menschen zu meiden, der ähnliche Fehler wie wir macht. Es kann aber sein, dass das für eine Zeit vielleicht notwendig ist. Wir können uns nur vor solchen destruktiven Verbindungen schützen, wenn wir Gott ehrlich sagen, wie sehr wir ein bestimmtes Fehlverhalten lieben, obwohl wir wissen, dass wir es hassen sollten. Wir verändern uns nicht, indem wir noch entschlossener versuchen, Verfehlungen nicht zu tun, sondern indem wir Gott gegenüber ehrlich zugeben, dass wir es in Wahrheit gar nicht versuchen wollen. Sag es Gott, und dann sag es einer Freundin, die eine persönliche Beziehung zu Gott hat. Das sind konkrete Schritte, wie du ein falsches Verhalten ablegen und destruktive Freundschaften vermeiden kannst.

Das eigene Ego aufbauen

Gemäß den Sprüchen ist es sehr weise, wenn wir Freundschaften mit Menschen pflegen, deren Leben mit Gott wir respektieren. Aber liegt uns wirklich etwas an einer Freundschaft mit der Leiterin des Hauskreises oder sollen die Leute nur *wissen*, dass wir eine enge Verbindung zu ihr haben? Manchmal ist es gar nicht so sehr eine von Gott gestiftete Freundschaft, die wir suchen, sondern vielmehr der Ruf, eine besonders tolle Christin zu sein. Es ist traurig, aber wahr: Der Versuch, Eindruck zu schinden und in der sozialen Hierarchie aufzusteigen, ist in der Gemeinde genauso verbreitet wie überall sonst in der Welt. Daher tun wir gut daran, uns genau zu prüfen, warum und wie wir anderen erzählen, dass wir vergangene Woche beim Pastor und seiner Frau zum Essen eingeladen waren oder dass einer der Ältesten aus der Gemeinde den Rat unseres Mannes gesucht hat oder dass wir jeden Dienstag mit der bekannten Konferenzsprecherin aus unserer Nachbarschaft spazieren gehen.

Prange nicht vor dem Könige
und stelle dich nicht zu den Großen;
denn es ist besser, dass man zu dir sage: Tritt hier herauf!,
als dass du erniedrigt wirst vor einem Edlen. (Sprüche 25,6-7)

Die Kehrseite dieser Medaille sieht so aus: Wir sollten unsere Motive auch prüfen, wenn es darum geht, die Beziehung zu einer Person zu vertiefen, die *uns* bewundert. Das ist besonders dann eine Versuchung, wenn wir uns gerade sehr unsicher fühlen oder wenn wir kürzlich Ablehnung erfahren haben. Ein Anzeichen für dieses Motiv in unseren Herzen ist, dass wir uns zu jemandem hingezogen fühlen, der uns schmeichelt. Wir haben uns schon angesehen, was die Sprüche über Schmeichelei und ihre Gegenmaßnahmen zu sagen haben.

Mit einem, der mit seinen Lippen schmeichelt, lass dich nicht ein.
(Sprüche 20,19; deutsche Übersetzung der New King James Version)

Falscher Ersatz

Wenn wir uns nicht an Christus festhalten, werden wir uns Sicherheit irgendwo – überall – anders suchen, in den meisten Fällen in unseren Beziehungen. Manchmal jedoch schließen wir unbewusst eine Freundschaft von vornherein mit dem Ziel, diese Leere in unserem Herzen zu füllen. Bei solchen Freundschaften ist eines sicher: Sie werden nicht sehr lange harmonisch bleiben. Wie könnte das auch sein, wenn wir versuchen, einem Menschen den Platz einzuräumen, den nur Gott ausfüllen kann? In so einer Freundschaft versucht jeder in gewisser Weise vom anderen das zu bekommen, was er glaubt, dass der andere ihm schuldig sei. Das aktuelle Modewort dafür ist „Koabhängigkeit“. Die Bibel nennt es „Götzendienst“. In jedem Fall hat Gott sich nicht gedacht, dass Freundschaften als Mittel zur Befriedigung selbstsüchtiger Bedürfnisse herhalten sollen. Wir werden am Ende mit jeder Beziehung unzufrieden werden, in der wir versuchen, mehr zu bekommen, als wir bereit sind zu geben.

Wir würden sicherlich alle zustimmen, dass Freundschaften ein Segen sind, den wir wertschätzen sollten, und nicht etwas, das wir einfach benutzen dürfen, aber unser Herz macht uns manchmal hinsichtlich unserer Motive etwas vor. Wenn es in einer bestimmten Freundschaft ständig Schwierigkeiten gibt, sollten wir das zum Anlass nehmen, unsere Herzen zu prüfen.

Materielle Vorteile

So geschmacklos uns das auch erscheinen mag, die Sprüche sagen uns, dass wohlhabende Menschen von einigen nur wegen ihres Geldes gemocht werden.

> *Reichtum macht viel Freunde;*
> *aber der Arme wird von seinem Freunde verlassen. (Sprüche 19,4)*

Viele schmeicheln dem Vornehmen;
und wer Geschenke gibt, hat alle zu Freunden. (Sprüche 19,6)

Es gibt wohlhabende Frauen, die diese abstoßende Wahrheit über die menschliche Natur erkannt haben und sie zu ihrem persönlichen Vorteil nutzen, um Freunde zu gewinnen. Andere dagegen sind ständig misstrauisch und hüten sich davor, eine Freundschaft mit jemand einzugehen, der auch nur im Entferntesten materielle Absichten haben könnte. Eine wohlhabende Frau, die den Herrn fürchtet, kann hingegen die menschliche Natur erkennen und diejenigen lieben, die ihre Freundschaft suchen – und zwar unabhängig von ihren Motiven. Während sie die Grenzen solcher Freundschaften sehr wohl sieht, lässt sie sich dennoch nicht von verletzten Gefühlen leiten oder weist jemanden schroff zurück, der sie eher für das mag, was sie hat, als für das, was sie ist.

Mit wem wir lieber keine Freundschaften schließen sollten

Die Sprüche machen unmissverständlich deutlich, dass es weise ist, Freundschaften mit bestimmten Menschen zu meiden. Das ist eigentlich nicht verwunderlich. Überraschend ist dabei eher, vor welchen Menschen genau gewarnt wird.

Die Zornige

Die Sprüche geben uns den Rat, keine Freundschaften mit zornigen Menschen einzugehen. Ich habe wohl eher kaum über Zorn nachgedacht, wenn es darum ging, die Vorzüge meiner Freundschaften zu bewerten. Du vielleicht? Was genau bedeutet das denn? Soll das heißen, wir sollten nicht mit einer Frau befreundet sein, die ihr Temperament nicht zügeln kann? Und wenn das so gemeint ist, warum dann nicht? Für die Antwort auf diese Frage ist es noch einmal wichtig zu wissen, dass es hier nicht um unsere alltäglichen Bekanntschaften geht, sondern um Menschen, denen wir unser Herz so weit öffnen, dass sie uns beeinflussen können. Wahrscheinlich ist die folgende Warnung in den Sprüchen in diesem Zusammenhang gemeint:

> *Freunde dich nicht mit einem Zornmütigen an*
> *und geh nicht um mit einem Hitzkopf,*
> *damit du dir nicht seinen Wandel angewöhnst*
> *und er dir nicht zum Fallstrick deiner Seele wird! (Sprüche 22,24-25; SCH)*

Hier geht es nicht um solchen Zorn, den man bei einem gelegentlichen verbalen Ausbruch von Frustration gegenüber einem aufsässigen Kind oder einem rücksichtslosen Fahrer empfindet. Vielmehr geht es um einen „Zornmütigen", also um jemanden, der oder die einen zornigen Geist hat. Die Sorge, die hier in den Sprüchen zum Ausdruck kommt, zielt nicht darauf, dass wir plötzlich mit wütenden Worten um uns werfen. Vielmehr geht es darum, dass wir von dem Denken, das das Herz eines zornigen Menschen prägt, beeinflusst werden könnten. Eine ständig zornige Person interessiert sich nicht für Gottes Maßstäbe und lebt nicht danach. Chronischer Zorn deutet auf ein Herz hin, das mit Gott im Streit liegt. Chronisch zornig sind Menschen, deren persönliche Ansprüche und Erwartungen entweder von Gott oder von den Menschen, die ihnen nahe stehen, nicht erfüllt worden sind. Eine Hausfrau, die ihren guten Ruf darauf gründet, dass ihre Wohnung immer tadellos sauber ist, wird jedes Mal wütend, wenn sie Unordnung, Fußabdrücke oder ungemachte Betten sieht. Ebenso kann eine alleinstehende Frau, die ihr Singledasein nicht annehmen kann, eine zornige Bitterkeit gegenüber verheirateten Frauen entwickeln, die sie als mehr gesegnet ansieht.

Natürlich haben wir alle unsere Hoffnungen und Erwartungen, aber wie reagiert unser Herz, wenn die Dinge sich nicht so entwickeln, wie wir es gerne hätten? Eine weise Frau klammert sich nicht zu sehr an ihre Hoffnungen und vertraut, dass Gott das Beste für sie im Sinn hat, auch wenn diese Hoffnungen sich nicht erfüllen. Chronischer Zorn ist dagegen die typische Reaktion von Menschen, deren Denken von einem „So-oder-gar-nicht" geprägt ist. Das ist reiner Stolz, und davor warnen uns die Sprüche. Pflegen wir einen engen Umgang mit den Menschen, deren Stolz sich in ihrem ständigen Zorn äußert, befindet sich unser Herz immer in Gefahr. Schließlich sind wir alle grundsätzlich nicht frei von Stolz. Eine enge Verbindung mit Christus ist das Einzige, das verhindert, dass der Stolz die Oberhand gewinnt.

Die Zügellose

Ein weiterer Aspekt, den es bei einer möglichen Freundin zu beachten gilt, ist ihr Interesse und ihre Hingabe an die sinnlichen Freuden. Mit anderen Worten: Es ist weise, wenn wir Menschen, die auf sinnliche, der menschlichen Natur entsprechende Genüsse fixiert sind, nicht zu unseren engsten Gefährten machen. Es gibt eine gute Faustregel, mit der wir das Verhältnis von einer gesunden Einstellung und den von Gott geschaffenen Dingen beurteilen können: Wie abhängig sind wir von diesen Dingen? Ist es uns egal, ob wir bestimmte Speisen oder Getränke, unser Nageldesign oder den Urlaub auf Gran Canaria bekommen oder nicht bekommen? Unsere Freiheit, solche Dinge zu genießen, reicht nur so weit, wie wir sie nicht unbedingt brauchen. Gott gibt uns alle Dinge zum Genuss, wie Paulus gesagt hat (1. Timotheus 6,17), aber die Sprüche warnen uns auch:

Sei nicht unter den Säufern und Schlemmern;
denn die Säufer und Schlemmer verarmen,
und ein Schläfer muss zerrissene Kleider tragen. (Sprüche 23,20-21)

Auf der anderen Seite wissen wir aber auch, dass Jesus Zeit mit echten Partygängern verbrachte (vgl. Matthäus 11,19; Lukas 7,34). Welche Schlüsse sollen wir also ziehen, wenn wir uns diese scheinbar gegensätzlichen Aussagen anschauen? Hier erweist sich besonders deutlich, wie sehr wir die Weisheit aus Gottes Wort brauchen. Weise Frauen – Frauen, deren Leben von der Furcht des Herrn bestimmt ist – sind Frauen, die zu unterscheiden vermögen. Sie haben gelernt, nicht nur zu berücksichtigen, was die Bibel zu einem ganz bestimmten Thema zu sagen hat, sondern auch das Gesamtbild der Bibel zu sehen, bevor sie entscheiden, was das für ihr konkretes Handeln bedeutet. Bei der Entscheidung wegen einer Freundschaft zu einer Frau, die übermäßig den sinnlichen Freuden hingegeben ist, wird eine weise Frau berücksichtigen, dass wir Menschen frei sind, alles zu genießen, was Gott geschaffen hat. Zugleich wird sie aber auch bedenken, was die Bibel über die Folgen von übermäßigem Genuss sagt. Sie wird anerkennen, dass Jesus in der Tat Zeit mit Trinkern verbrachte, aber sie wird auch sehen, dass er damit keine selbstsüchtigen Ziele verfolgte, sondern dass es ihm dabei um die Liebe Gottes ging. Nachdem sie sich mit der Bibel auseinandergesetzt hat, kann sie dann zu dem Ergebnis kommen, dass es für ihren eigenen Glauben nicht gut wäre, diese Freundschaft zu vertiefen. Sie kann eine Verbindung aber aufrecht erhalten, wenn sie dadurch der anderen Frau von Gottes Liebe zu uns Menschen erzählen kann.

Bei diesem und jedem anderen Aspekt, den es bei der Entscheidung zu bedenken gilt, wie sehr wir eine bestimmte Freundschaft vertiefen wollen, sollten wir an folgende weise Worte denken: „Wir werden von dem geprägt, worauf sich unser Interesse und unsere Liebe richten." Noch schwerer wiegen dabei jedoch die Worte von

Paulus: „Schlechter Umgang verdirbt gute Sitten“ (1. Korinther 15,33).

Wie sollen wir nun Freundinnen finden?

Wie also sollen weise Frauen ihre Freundinnen auswählen? Mit anderen Worten: Wie entscheiden sie, wem sie ihr Herz anvertrauen? Die Sprüche sagen uns, worauf wir achten sollen:

> *Wie man Eisen durch Eisen schleift,*
> *so schleift ein Mensch den Charakter eines anderen. (Sprüche 27,17; HFA)*

Das wichtigste Kriterium bei der Wahl einer Freundin ist, ob die Beziehung uns insgesamt näher zu Gott bringt. Hoffentlich fallen dir bei der Betrachtung dieses Verses aus den Sprüchen sofort eine oder zwei Freundinnen ein, auf die diese Beschreibung zutrifft. Damit meine ich nicht, dass ihr nur die Bibel lest oder euch über den Glauben unterhaltet, wenn ihr euch trefft. Ich meine vielmehr, dass ihr nach einer gemeinsamen Zeit mehr Freude empfindet, mehr Seiten an Gott entdeckt habt und motiviert seid, Gott noch besser kennenzulernen. Natürlich werdet ihr in so einer Freundschaft ganz zwanglos und häufig über Dinge des Glaubens reden, und genauso werdet ihr euch auch gegenseitig Rechenschaft über eure Kämpfe mit Fehlverhalten ablegen. Sogar nach einem völlig unbeschwerten Zusammensein – zum Beispiel im Zoo oder beim Shoppen –, bei dem ihr über nichts besonders Tiefsinniges gesprochen habt, wird dein Herz *Gott gegenüber* von großer Dankbarkeit für diese Freundschaft erfüllt sein.

Eine einfache Frage, die sich jeder über die Natur einer Freundschaft stellen kann, lautet: Bewirkt die Freundschaft, dass ich immer mehr wachse – sowohl als Frau, die als Ebenbild Gottes geschaffen ist, als auch in meinem Glauben? Wenn es eine von Weisheit geprägte Beziehung ist, werden beide dadurch in ihrem Glauben gestärkt werden. Eine weise Frau wird sich nicht scheuen, eine Freundschaft mit einer Frau einzugehen, die Fehler offen anspricht. Sie fühlt sich sogar von solchen Freundschaften angezogen, weil diejenigen, die ehrlich über Fehler sprechen – ihre eigenen und die ihrer Freunde –, sich in der Regel mehr darum kümmern, was Gott von ihnen hält, als womit sie sich beliebt machen.

Das Herz freut sich an Salbe und Räucherwerk,
und süß ist der Freund, der wohlgemeinten Rat gibt. (Sprüche 27,9)

Zu seiner Zeit bezog Jeremia klar Stellung gegenüber Menschen, die Schuld auf die leichte Schulter nahmen; Menschen, die zum einen herunterspielten, wie sehr Gott die Sünde hasst, und die zum anderen auch deren Folgen verharmlosten. Über solche Menschen sagte Gott durch den Propheten: „Sie tun so, als wären die Wunden meines Volkes nur leichte Schrammen. ‚Alles steht gut', sagen sie, ‚alles ist in Ordnung.' Aber nichts steht gut, nichts ist in Ordnung" (Jeremia 6,14; GNB). Wollen wir Freundinnen, die uns für das, was wir tun, auch zur Rechenschaft ziehen? Wenn ja, dann werden wir keine allzu engen Beziehungen mit denen pflegen, die zu unseren fragwürdigen Verhaltensweisen mit einem Zwinkern sagen: „Ist doch keine große Sache." Von welchen Menschen fühlen wir uns mehr angezogen? Wir stimmen vielleicht schnell zu, dass wir Freundinnen wollen, die uns hinterfragen. Wie ehrlich unsere Antwort ist, zeigt sich daran, wo und mit wem wir unsere Zeit verbringen. Unterm Strich lässt sich sagen, dass unsere Freundschaften widerspiegeln, wie unsere Beziehung zu Gott aussieht oder zumindest aussehen soll. Wenn die Beziehung zu Gott für uns oberste Priorität hat, dann suchen wir uns Freundinnen, die uns darin bestärken. Dann werden wir auch erkennen, wie wahr der folgende Gedanke ist:

Treu gemeint sind die Schläge eines Freundes,
doch trügerisch die Küsse eines Feindes. (Sprüche 27,6; EÜ)

Nicht nur in den Sprüchen, sondern überall in der Bibel finden wir Anweisungen und weise Aussagen, wie wir unsere engsten Gefährtinnen auswählen sollen. Der Apostel Paulus schrieb Folgendes: „Ich ermahne euch aber, liebe Brüder, dass ihr euch in Acht nehmt vor denen, die Zwietracht und Ärgernis anrichten entgegen der Lehre, die ihr gelernt habt, und euch von ihnen abwendet" (Römer 16,17). Paulus schrieb hier von Menschen, die Unfrieden in der Gemeinde stiften und Streitigkeiten unter Christen hervorrufen.

Außerdem gab Paulus klare Anweisungen, keine engen Verbindungen mit Christen einzugehen, deren Lebensstil nicht zu ihrem Glauben passt.

> *Ich habe euch schon einmal geschrieben, dass ihr nichts mit Leuten zu tun haben sollt, die sexuell zügellos leben. Damit habe ich freilich nicht alle auf der Welt gemeint, die zügellos leben, habgierig sind, die Götzen anbeten oder stehlen. Sonst müsstet ihr ja die Welt verlassen. Nein, ich meinte, dass ihr euch von all denen trennen sollt, die sich Christen nennen und trotzdem verbotene sexuelle Beziehungen eingehen, Götzen anbeten, die geldgierig sind, Gotteslästerer, Trinker oder Diebe. Mit solchen Leuten sollt ihr keinerlei Gemeinschaft haben. (1. Korinther 5,9-11)*

Wir sollen mit Christen, die ihr Fehlverhalten nicht aufgeben wollen, nicht nur enge Freundschaften meiden, wir sollen sogar nicht einmal Gemeinschaft mit ihnen haben. Das ist in der Praxis ziemlich schwer umzusetzen, weil wir uns dabei schnell richtend und gesetzlich vorkommen. Doch in Wirklichkeit ist es ein Akt der Liebe – der Liebe zu Gott und zu dem Menschen, der in seinem Fehlverhalten gefangen ist. Es ist deshalb ein Akt der Liebe zu Gott, weil wir nicht etwas auf die leichte Schulter nehmen, das seinem Ansehen schadet. Und darüber hinaus zeigen wir dem anderen Christen, der an einem Fehlverhalten festhält, dass es eine ernste Angelegenheit ist. Indem wir zu einer solchen Person keinen Kontakt haben, bewahren wir nicht nur unser eigenes Herz vor Versuchungen und schützen Gottes Ansehen, sondern der andere könnte sich auch seines Fehlverhaltens bewusst werden und etwas in seinem Leben ändern.

Was Paulus an die Korinther schrieb, müssen wir natürlich in Verbindung mit dem sehen, was er den Galatern gegenüber formuliert hat: „Liebe Brüder, wenn ein Mensch etwa von einer Verfehlung ereilt wird, so helft ihm wieder zurecht mit sanftmütigem Geist, ihr, die ihr geistlich seid; und sieh auf dich selbst, dass du nicht auch versucht werdest" (Galater 6,1). Beachte die unterschiedliche Wortwahl in den beiden Abschnitten. Von einer Verfehlung ereilt werden ist etwas anderes, als einen Lebensstil zu pflegen, bei dem man nicht bereit ist, sein Fehlverhalten aufzugeben. Unterscheidungsvermögen ist eine Frucht der Weisheit. Somit haben weise Frauen in solchen Fällen ein Gespür dafür, an welche biblische Anweisung im gegebenen Fall sie sich am besten halten sollten. Es gibt Fälle – vielleicht sind es sogar die meisten –, wo es falsch wäre, eine Christin oder einen Christen, der oder die an einem Fehlverhalten festhält, aus unserer Gemeinschaft auszuschließen. Leidet unsere Freundin unter ihrem Fehlverhalten und hat den Wunsch, es aufzugeben, selbst wenn sie immer und immer wieder scheitert? Wenn ja, dann sollten wir uns die Stelle aus dem Galaterbrief genau ansehen und auf unsere Freundin anwenden. Wenn sie ihr Fehlverhalten hingegen verteidigt, mit uns darüber streitet und über einen längeren Zeitraum auf ihrem eigenen Weg besteht, dann sollten wir erwägen, mit unserem Pastor darüber zu sprechen, ob und wie wir die Anweisung aus dem Korintherbrief in die Tat umsetzen sollten. Wenn wir zweifeln, ob das wirklich der liebevollste Weg wäre, dann tun wir gut daran, Rat und die Hilfe eines Pastors oder eines anderen reifen Christen zu suchen. In jedem Fall sollte es unser Ziel sein, in der Liebe zu bleiben – in der Liebe für unsere Freundin, in der Liebe zu Gott und in der Liebe zu unserer eigenen Sicherheit im Glauben. Weise Frauen bewerten im Gebet und im Lichte dieser Wahrheiten, wie tief eine Freundschaft gehen kann.

Freundin oder Retterin?

Die Sprüche äußern diese Warnung:

> *Mein Sohn, hast du gebürgt für deinen Nächsten*
> *und hast du Handschlag gegeben für einen andern,*
> *und bist du gebunden durch deine Worte*
> *und gefangen in der Rede deines Mundes,*
> *so tu doch dies, mein Sohn, damit du wieder frei wirst,*
> *denn du bist in deines Nächsten Hand:*
> *Geh hin, dränge und bestürme deinen Nächsten!*
> *Lass deine Augen nicht schlafen*
> *noch deine Augenlider schlummern.*
> *Errette dich wie ein Reh aus der Schlinge*
> *und wie ein Vogel aus der Hand des Fängers.* (Sprüche 6,1-5)

Worum geht es in diesen Versen? Es kann nicht bedeuten, dass wir Menschen in Schwierigkeiten nicht helfen sollen, denn durch die ganze Bibel hindurch werden wir ja ermahnt, genau das zu tun. Was also bedeuten diese Worte und wie sollen wir sie anwenden?

Grundsätzlich geht es in diesem Abschnitt darum, nicht die Verantwortung eines anderen zu übernehmen. Andererseits macht Gnade natürlich genau das. Wir lesen im Neuen Testament im Philemonbrief, dass Paulus die Schuld des entlaufenen Sklaven Onesimus übernahm. Und vor allem nahm ja Jesus unsere Schuld auf sich und bezahlte dafür, indem er am Kreuz starb. Weise Frauen sind in der Lage, zwischen Gnade und falscher Identifikation zu unterscheiden. Manchmal schadet es uns, die Verantwortung eines andern Menschen zu übernehmen. Achte auf die Ausdrucksweise in diesem Abschnitt: *gebunden, gefangen, errette dich aus der Schlinge.* Die Wortwahl besagt, dass es Menschen gibt, die die Freundlichkeit und Schwäche anderer Menschen ausnutzen und die hinter ihrem Vermögen her sind. Wenn eine weise Frau bemerkt hat, dass sie in eine solche Beziehungsfalle getappt ist, wird sie dafür sorgen, dass sie auch wieder herauskommt.

Man kann diesen Abschnitt auf solche Beziehungen anwenden, die Psychologen als „koabhängig“ bezeichnen. In den Sprüchen wird dafür der Begriff „Menschenfurcht“ verwendet.

> *Menschenfurcht bringt zu Fall;*
> *wer sich aber auf den Herrn verlässt, wird beschützt.* (Sprüche 29,25)

Wie immer man es bezeichnet, es geht um Beziehungen, in denen zwei Menschen aus dem, was sie vom anderen bekommen oder für den anderen tun können, für sich einen Lebenssinn ziehen oder ihre eigene Identität definieren. Sie können es auch als eine Flucht aus den Schwierigkeiten des Lebens benutzen. Die Bibel sagt jedoch, dass der Versuch, den Lebenssinn und die eigene Identität in irgendetwas anderem als in Christus zu finden, Götzendienst ist. Und Götzendienst macht uns immer abhängig, was sich in der Sprache von Sprüche 6,1-5 widerspiegelt. Wenn wir in unserem eigenen Leben mit solchen Beziehungen oder mit der Versuchung, Beziehungen eine zu hohe Priorität einzuräumen, unkritisch umgehen, kann es leicht passieren, dass wir von diesen Menschen abhängig werden.

Sich aus den Abhängigkeiten solch einer Beziehung wieder zu befreien, ist leichter gesagt als getan. Götzendienst in Beziehungen entsteht, wenn jemand in unserem Herzen so viel Raum einnimmt, dass nur noch wenig Raum für Gott bleibt. Es wird uns schließlich viel wichtiger, dieser Person zu gefallen, als Gott zu gefallen. Ed Welch erklärt dazu:

> *Ich habe mit Hunderten von Menschen gesprochen, die alle an den gleichen Punkt gekommen sind. Sie sind sich ziemlich sicher, dass Gott sie liebt, aber sie wollen oder* brauchen *auch die Liebe anderer Menschen – oder zumindest brauchen sie* irgendetwas *von anderen Menschen. Als Folge davon sind sie gebunden, werden von anderen kontrolliert und fühlen sich leer. Sie werden durch den Menschen oder die Sache kontrolliert, von der sie glauben, dass sie ihnen gibt, was sie brauchen. Es* ist *wahr: Was oder wen du brauchst, wird dich kontrollieren.*[6]

Der einzige Weg aus dieser Situation besteht darin, von der Beziehung weg- und auf Gott zu schauen. Solange wir in dem abhängig machenden Götzendienst gefangen sind, kann das fast unmöglich erscheinen. Deshalb stellt James Boice die Frage:

> *Was wird uns von den Götzen in unserem Leben befreien? Ganz sicher kein weiterer Götze. Auch nicht Willenskraft, denn wir sind in Übertretungen und Verfehlungen gefangen und haben daher keine Willenskraft, wenn es um Dinge geht, die unseren Glauben betreffen. Das Einzige, was etwas bewirken wird, ist eine Vision von ihm, dessen Herrlichkeit alles andere überstrahlt und dessen Liebe uns allein zu ihm zieht.*[7]

Wenn wir Gott wieder seinen rechtmäßigen Platz in unseren Beziehungen einräumen, werden wir ihn auch über alle Maßen lieben können. Gleichzeitig erkennen wir immer mehr, wie wir einander lieben sollen. Unsere Bemühungen, unserer Freundin zu helfen und ihre Probleme unter Kontrolle zu halten, haben sie in Wirklichkeit davon abgehalten, sich Gott zuzuwenden. Von der Beziehung wegzuschauen bedeutet, dass wir bisheriges Fehlverhalten aufgeben. Es schließt ein, unser Denken neu zu ordnen und zuzugeben, dass wir von unserem Fehlverhalten umgarnt worden sind. Und manchmal kann es sogar bedeuten, dass wir diese Beziehung ganz aufgeben. Das biblische Gegenmittel gegen Götzendienst lautet immer, den Götzen zu beseitigen und nicht ihn zu streicheln oder zu manipulieren.

Der Prophet Hosea zeigt, welche Schritte bei solchen abhängig machenden Beziehungen helfen und welche Segnungen uns erwarten, wenn wir unser bisheriges Verhalten aufgeben:

Bekehre dich, Israel, zu dem Herrn, deinem Gott;
denn du bist gefallen um deiner Schuld willen.
Nehmt diese Worte mit euch
und bekehrt euch zum Herrn
und sprecht zu ihm,
Vergib uns alle Sünde …,
wir wollen … auch nicht mehr sagen
zu den Werken unserer Hände: „Ihr seid unser Gott."

Und danach wird Gott Folgendes tun:

So will ich ihre Abtrünnigkeit wieder heilen;
gerne will ich sie lieben;
denn mein Zorn soll sich von ihnen wenden …
Und sie sollen wieder unter meinem Schatten sitzen;
von Korn sollen sie sich nähren …
Ephraim, was sollen dir weiter die Götzen?
Ich will dich erhören und führen,
ich will sein wie eine grünende Tanne;
von mir erhältst du deine Früchte. (Hosea 14,2-9)

Wir müssen unsere Freundschaften im Hinblick darauf wählen, was Gott am besten gefällt, nicht was uns selbst oder anderen gefällt. Und wir können das tun, indem wir uns auf biblisch fundierte Prinzipien der Liebe besinnen – ob es dabei nun um unsere Zeit geht, die wir jemandem widmen, oder um unser Geld oder unser Leben, das wir jemand anderem schenken.

Eine gute Freundin sein

Wir haben uns angesehen, was die Bibel uns zur Wahl unserer Freunde und Freundinnen sagt. Doch das ist ja nur die Hälfte der Gleichung. Denn wie können wir eine gute Freundin *sein*? Hiermit können wir anfangen:

> *Ein Freund liebt allezeit,*
> *und ein Bruder wird für die Not geboren. (Sprüche 17,17)*

Die Entscheidung gegen den Beginn oder die Fortführung einer engen Beziehung bedeutet nicht, dass wir den anderen nicht mehr lieben. Manchmal erfordert Liebe geradezu eine Trennung, wie wir gerade gesehen haben. Eine weitere, weniger schwerwiegende Anmerkung aus den Sprüchen enthält einen praktischen Hinweis, was es heißt, eine gute Freundin zu sein.

> *Halte deinen Fuß zurück vom Hause deines Nächsten;*
> *er könnte dich satt bekommen und dir gram werden. (Sprüche 25,17)*

Mit anderen Worten: Gute Freundinnen überreizen die Gastfreundschaft nicht. Wir können unserer Freundin ganz praktisch unsere Liebe zeigen, indem wir uns ihrer Bedürfnisse bewusst sind und ihre Berufung und ihre Zeit wertschätzen. Nehmen Freundinnen unsere Anrufe vielleicht nicht an, weil wir am Telefon kein Ende finden? Laden sie uns vormittags nicht zum Kaffee ein, weil wir dann vielleicht bis nach dem Mittagessen bleiben?

Die Weisheit, unseren Fuß davon zurückzuhalten, zu oft im Haus unserer Nachbarin zu sein, lässt sich auch auf den Raum ausdehnen, den wir in ihren Gefühlen einnehmen wollen. Mit anderen Worten: Ein besitzergreifender Geist wird uns daran hindern, eine gute Freundin zu sein. Wir dürfen unsere Freundschaften nicht als persönlichen Besitz betrachten. Wenn wir feststellen, dass wir eifersüchtig werden, weil eine Freundin Zeit mit jemand anderem verbringt oder es uns aufregt, wenn sie Persönliches auch mit anderen teilt, dann handeln wir nicht im besten Interesse unserer Freundin.

Eine gute Freundin zu sein bedeutet auch, dass wir wissen, wann es Zeit ist, sich um die eigenen Angelegenheiten zu kümmern.

Wer vorübergeht und sich mengt in fremden Streit,
der ist wie einer, der den Hund bei den Ohren zwackt. (Sprüche 26,17)

Es ist immer mit einem Risiko verbunden, wenn wir uns in die Beziehungsschwierigkeiten anderer einmischen. Doch manchmal nehmen wir dieses Risiko auf uns, weil es der Liebe entspricht. Wenn wir gebeten werden, bei einem Streit zu vermitteln oder Rat zu geben, dann tun wir das, obwohl wir wissen, dass unser Schlichtungsversuch auf uns zurückfallen könnte. Wenn wir unsere Meinung allerdings ungefragt kundtun, dann ist der Vorwurf der Einmischung durchaus gerechtfertigt. Nur weil wir meinen, dass unsere Objektivität als unbeteiligte Dritte etwas Erhellendes zu einer Sache beisteuern könnte, das die direkt Beteiligten nicht sehen, heißt das noch lange nicht, dass unser Beitrag auch wirklich nötig ist. Es erfordert Unterscheidungsvermögen – und Demut – zu erkennen, wann es Zeit ist zu reden und wann wir lieber den Mund halten sollten. Ungeachtet dessen ist es immer richtig, nach dem besten Weg zu suchen, um offenkundiges Fehlverhalten, das der andere nicht aufgeben will, anzusprechen. Abgesehen davon ist es jedoch oft am weisesten, wenn wir uns einfach zur Verfügung halten, falls unsere Hilfe gewünscht wird, statt unsere Hilfe aufzudrängen.

Weise Frauen schauen aber auch nicht weg, wenn ihre Freundinnen sich offensichtlich falsch verhalten. Sie beschönigen das Fehlverhalten auch nicht, wenn sie danach gefragt werden. Denken wir dabei an einen der Sprüche, die wir uns schon angesehen haben:

> *Treu gemeint sind die Schläge eines Freundes,*
> *doch trügerisch die Küsse eines Feindes. (Sprüche 27,6; EÜ)*

Wenn eine Freundin uns fragt, ob man sieht, dass sie in letzter Zeit 15 Kilo zugenommen hat, sagen wir ihr die Wahrheit. Wir nutzen diese Frage als Gelegenheit, tiefer zu graben und sie vielleicht zu fragen, ob es womöglich irgendwelche Probleme in ihrem Leben gibt, die sie mit Essen zu kompensieren versucht. Zunächst mag sie durch unsere Unverblümtheit verletzt sein, aber es wird ihr bedeutend mehr helfen, als wenn wir sagen: „Wie, 15 Kilo? Ich weiß gar nicht, wovon du redest!“, wo doch klar ist, dass es uns aufgefallen ist. Oder wenn wir bemerkt haben, dass eine Freundin doch ein bisschen zu freundlich mit dem verheirateten Kollegen umgeht, weisen wir sie als treue Freundin darauf hin. Es zu ignorieren, weil es unangenehm wäre, darüber zu reden, oder weil wir fürchten, sie könnte uns für gesetzlich halten, entspricht mehr den Küssen eines Feindes.

Der beste Freund

Viele von denen, die wir „Freundinnen“ nennen, kommen und gehen in unserem Leben. Was uns ursprünglich verbunden hat – die

Bereiche, wo unsere Leben sich berühren –, verändert sich mit der Zeit, und dann hält die Verbindung nicht länger. Oder die eine von uns wächst im Glauben und die andere nicht. Freundinnen werden uns enttäuschen, und auch wir werden sie enttäuschen. Ich habe mal gehört, dass wir uns reich an Freundschaften schätzen können, wenn wir zwei oder drei Freundschaften haben, die alle Krisen des Lebens überstanden haben. Jesus jedoch ist der beste Freund und der Einzige, der uns nie enttäuschen wird. Und diese Freundschaft geht jede weise Frau ein. „Ich nenne euch nicht mehr Diener, weil ein Herr seine Diener nicht ins Vertrauen zieht. Ihr seid jetzt meine Freunde, denn ich habe euch alles gesagt, was ich von meinem Vater gehört habe" (Johannes 15,15; NLB).

Die Welt ...

„Lass nicht zu, dass du leer ausgehst! Es ist wichtig für dich, dass du Dinge genießen kannst, die nur für ‚dich' sind. Du verdienst es!"

Jennifer LB Leese

„Verwöhne dich selbst!
20 fantastische Wege, sich fantastisch zu fühlen"

The Woman's Connection

Das Wort ...

Zu viel Honig essen ist nicht gut,
und das Suchen von Ehre bleibt ohne Ehre. *Sprüche 25,27 (ELB)*

Kapitel 5

Weise Frauen kennen das Geheimnis der Selbstbeherrschung

Wenn du an Selbstbeherrschung denkst – oder den Mangel an selbiger –, kommt dir wahrscheinlich als Erstes Essen in den Sinn. Wir leben in einer Gesellschaft, die mehr als jede andere Gesellschaft in der Geschichte der Menschheit die Möglichkeit bietet, persönliche Gelüste zu befriedigen. Und das tun wir auch, bis zu dem Punkt, dass wir gar nicht mehr damit aufhören können. Unsere Supermärkte versorgen uns mit Hunderten verschiedener Lebensmittel, und in manchen Restaurants dauert das Studium der Speisekarte ebenso lang wie das Lesen der neuesten Ausgabe eines hochklassigen Kochmagazins. Dazu gibt es inzwischen auf fast jedem Sender Kochshows, und gute Köche sind heutzutage echte Berühmtheiten.

Versteh mich nicht falsch, ich schaue mir viele dieser Sendungen wirklich gerne an. Aber manchmal schaudert mich unwillkürlich, wenn ich sehe, welch überzogene Bedeutung dem beigemessen wird, wie etwas aussieht oder schmeckt. Beim Tischdecken geht es nicht mehr nur um Platzsets und Kerzen; heute sind das richtige *Tischlandschaften*. Und hör nur mal, was Spitzenkoch Gail Simmons in einer Kochshow zur Soße eines der Wettbewerber sagte: „Diese Peperonisoße war einfach Wahnsinn … So was von intensiv!

Ich meine, sie war wirklich intensiv … Sie brachte uns zum Nachdenken, sie war richtig durchdacht und auf den Punkt gemacht, und irgendwie passte wirklich alles zusammen. Die hat mich echt umgehauen."[8] Peperoni ist viel mehr als nur ein Pizzabelag geworden; heutzutage ist sie durchdacht, auf den Punkt gekocht – und unterhaltsam.

Vor einiger Zeit wurde George Clooney im Fernsehen interviewt. Er hatte für eine Filmrolle sehr stark abgenommen und die Reporterin fragte ihn: „Mr Clooney, was ist ihr Diätgeheimnis?" Darauf antwortete er: „Ich esse einfach nicht zu viel." Ganz offensichtlich wusste die Reporterin nicht richtig, wie sie auf diese simple Abnehmstrategie reagieren sollte, und wechselte das Thema. Doch George hat damit unbewusst eine biblische Wahrheit ausgesprochen.

Hast du Honig gefunden, iss nur deinen Bedarf,
damit du ihn nicht satt wirst und ihn ausspeist! (Sprüche 25,16)

Dieser Vers aus den Sprüchen enthält eine Weisheit, die unsere übersättigte Gesellschaft dringend benötigt.

Hast du schon mal erlebt, wie es sich anfühlt, extrem viel zu viel zu essen? Damit meine ich nicht nur das Körperempfinden, sondern auch das emotionale „Erbrechen", das darauf folgt. Wir fühlen uns hinterher immer erbärmlich, weil wir von Reue und Selbstvorwürfen geplagt werden. Trotz dieser miesen Gefühle neigen wir aber dazu, die Falschheit solcher Essattacken herunterzuspielen. Wir verharmlosen es und sprechen davon, dass es gestern „wohl etwas viel" war. In extremeren Fällen heißt es dann, jemand habe eine „Essstörung". Doch ganz gleich, wie wir es bezeichnen, die Bibel nennt es Schlemmerei.

Gesell dich nicht zu den Weinsäufern,
zu solchen, die im Fleischgenuss schlemmen;
denn Säufer und Schlemmer werden arm,
Schläfrigkeit kleidet in Lumpen. (Sprüche 23,20-21; EÜ)

Wir ergeben uns der Schlemmerei, wann immer wir mehr essen, als wir brauchen, ganz gleich, welche Motivation dahintersteckt. Wir sind Schlemmerinnen, wann immer wir Gottes gute Gabe der Nahrung missbrauchen, um uns selbst Befriedigung zu verschaffen oder schlechten Gefühlen zu entfliehen oder Kontrolle über unser Leben zu gewinnen. Wer Nahrung als Mittel missbraucht hat, um Stress zu bewältigen, Langeweile zu vertreiben oder Einsamkeit zu überwinden, der weiß, wie wahr dieser Vers ist:

Der Satte tritt Honig mit Füßen,
doch dem Hungrigen schmeckt alles Bittere süß. (Sprüche 27,7; EÜ)

In der westlichen Welt geht es heute beim Essen für viele nur noch um das Vergnügen, doch es gibt viele andere Orte auf der Welt, wo Nahrung immer noch eine Frage des Überlebens ist. Essstörungen und andere Auswirkungen der Schlemmerei kommen in Entwicklungsländern kaum vor, doch in der westlichen Welt hat das Überangebot an Nahrung sie zu einem leicht gangbaren Weg gemacht, falschem Genuss zu frönen. Wir nehmen unser Essen als selbstverständlich hin und missbrauchen es. Dabei sollten wir durch unser Essverhalten Gott lieber mit einer guten Gesundheit und mit einem dankbaren Herzen für seine Großzügigkeit ehren. Die Sprüche geben uns eine Faustregel für das Essen nach biblischen Maßstäben.

Zu viel Honig essen ist nicht gut,
und das Suchen von Ehre bleibt ohne Ehre. (Sprüche 25,27; ELB)

Mit anderen Worten: Es ist gut, maßvoll zu essen. Damit können wir nicht nur Gott ehren, sondern auch das Geschenk der Nahrung so genießen, wie Gott es sich gedacht hat.

Was genau ist Selbstbeherrschung?

Wie würdest du Selbstbeherrschung definieren? Als Erstes fällt uns dazu vielleicht ein, dass Selbstbeherrschung schwierig ist. Das wissen wir aus persönlicher Erfahrung. Vielleicht können wir es so definieren: Selbstbeherrschung bedeutet, dass wir uns selbst, einschließlich unserer Gefühle, unserer Worte und unserer materiellen Gelüste, in den Griff bekommen – und behalten. Weise Frauen erkennen, dass die Kunst der Selbstbeherrschung dann gelingt, wenn wir Gott erlauben, dass *er* über alle Bereiche unseres Lebens bestimmen darf. Selbstbeherrscht zu sein bedeutet daher eigentlich, von Gott bestimmt zu werden.

Selbstbeherrschung ist etwas, das wir alle *brauchen*, und die Sprüche sagen uns auch warum.

Eine aufgebrochene Stadt ohne Mauer,
so ist ein Mann ohne Selbstbeherrschung. (Sprüche 25,28; ELB)

Die Städte der Antike waren von undurchdringlichen Mauern umgeben. Diese Mauern dienten als erste Verteidigungslinie gegen mögliche Angreifer. Im Buch Josua lesen wir, dass die Israeliten nicht in die Stadt Jericho gelangen konnten, bis Gott die Mauern der Stadt durch ein Wunder zum Einsturz brachte (vgl. Josua 6,15-20). Wenn wir dieses Merkmal antiker Städte verstehen, erfassen wir auch die Metapher in diesem Vers der Sprüche. Ohne die Mauern der Selbstbeherrschung haben wir nur wenig Verteidigungsmöglichkeiten gegen unsere Feinde, die uns daran hintern wollen, das umzusetzen, was Gott uns sagt, und ihn mit unserem Leben die Ehre zu geben, die er verdient.

Paulus lehrt uns in seinem Brief an die Galater etwas über Selbstbeherrschung. In Kapitel 5 des Briefes stellt er gegenüber, welche Auswirkungen es hat, ob wir von unseren natürlichen Gelüsten oder vom Heiligen Geist geleitet werden. Er verdeutlicht den Gegensatz, indem er uns zwei Listen gibt. Die erste Liste besteht aus Dingen der „menschlichen Selbstsucht", die unserer gefallenen Natur entspringen. Die zweite Liste von Eigenschaften enthält die „Früchte des Geistes", die sich in uns manifestieren werden, je mehr wir Jesus erlauben, über uns bestimmen zu dürfen. Die menschliche Selbstsucht beschreibt Paulus mit klaren Worten:

> *Was die menschliche Selbstsucht hervorbringt, ist offenkundig, nämlich: Unzucht, Verdorbenheit und Ausschweifung, Götzenanbetung und magische Praktiken, Feindschaft, Streit und Rivalität, Wutausbrüche, Intrigen, Uneinigkeit und Spaltungen, Neid, Trunk- und Fresssucht und noch vieles dergleichen. Ich warne euch, wie ich es schon früher getan habe: Menschen, die solche Dinge tun, werden nicht erben, was Gott versprochen hat; für sie ist kein Platz in Gottes neuer Welt. (Galater 5,19-21; GNB)*

Mit anderen Worten: Bestimmte Gewohnheiten und Verhaltensweisen erweisen sich durch die negative Frucht, die sie hervorbringen, als Fehlverhalten. Die letztendliche Folge davon ist die Trennung von Gott und seinem Reich. Jeder Punkt auf dieser Liste ist eine Auswirkung der Sünde. Jeder einzelne Punkt hat die Möglichkeit, uns zu kontrollieren und eine Sucht bei uns hervorzurufen. Wenn wir nicht dagegen angehen, werden diese Gewohnheiten und Verhaltensweisen letztlich die Kontrolle übernehmen und unser Leben bestimmen.

An anderer Stelle schaut Paulus aus der Perspektive des Glaubens auf diese Abwärtsspirale. Am Beispiel sexueller Perversionen gibt er uns Einblick in die Mechanismen im Herzen derjenigen, die von dem abhängig sind, was wir heute „Süchte" nennen.

> *Indem sie sich für Weise ausgaben, sind sie zu Narren geworden und haben die Herrlichkeit des unvergänglichen Gottes verwandelt in das Gleichnis eines Bildes vom vergänglichen Menschen und von Vögeln und von vierfüßigen und kriechenden Tieren. Darum hat Gott sie dahingegeben in den Begierden ihrer Herzen in die Unreinheit, ihre Leiber untereinander zu schänden, sie, welche die Wahrheit Gottes in die Lüge verwandelt und dem Geschöpf Verehrung und Dienst dargebracht haben statt dem Schöpfer, der gepriesen ist in Ewigkeit. Amen. Deswegen hat Gott sie dahingegeben in schändliche Leidenschaften. (Römer 1,22-26)*

In den Sprüchen wird das so formuliert:

> *Seine eigenen Sünden fangen ihn, den Gottlosen,*
> *und in den Stricken seiner Sünde wird er festgehalten.*
> *Ein solcher wird sterben aus Mangel an Zucht,*
> *und in der Größe seiner Narrheit taumelt er dahin. (Sprüche 5,22-23)*

Wenn Menschen überall, nur nicht bei Gott nach Erfüllung suchen, denken sie am Anfang, dass sie auf dem Weg zu Glück und Freiheit sind, aber das Gegenteil ist der Fall. Sie sind unvernünftige Menschen, weil sie versuchen, ihr Verlangen mit dem zu stillen, was Gott geschaffen hat, statt bei dem, der das alles geschaffen hat. Mit der Zeit überlässt Gott sie dann ihrem Verlangen. Wenn du das ganze Kapitel 1 im Römerbrief liest, wirst du erfahren, dass es erst die letztmögliche Bestrafung Gottes für ein Fehlverhalten ist, an dem jemand festhält, wenn Gott jemanden dem falschen Verlangen seiner menschlichen Natur einfach überlässt.

Vor einiger Zeit begegnete ich einem alten Bekannten wieder, den ich zwanzig Jahre nicht gesehen hatte. Als wir uns bei einer Tasse Kaffee unterhielten, erzählte er mir, dass er seit unserem letzten Treffen viele Jahre keine lebendige Beziehung zu Gott hatte und sich in zügellosem sexuellem Fehlverhalten verstrickt hatte. Nun wollte er wieder mit Gott leben, aber er hatte immer noch mit dem Verlangen nach einigen der perversen Praktiken, auf die er sich eingelassen hatte, zu kämpfen. Als er mir ein wenig davon erzählte, sagte er mit einem sauren Lächeln: „Ich habe ein paar wirklich üble Dinge getan und ich wundere mich, dass Gott mich dabei nicht gleich erschlagen hat." Er erkannte nicht, dass sein Verlangen nach Perversion in sich selbst schon ein Vorgeschmack auf das war, was ihn in vollem Umfang erwartet hätte, wenn er nicht umgekehrt wäre. So verhält es sich mit Schuld und Gottes Umgang damit, ob wir nun Christen sind oder nicht. James Boice schreibt dazu:

> *Wenn wir immer weiter abrutschen, machen wir uns selbst vor, dass wir uns ja nur ein klein wenig auf ein Fehlverhalten einlassen oder dass es zumindest Grenzen gibt, die wir nie überschreiten würden. Aber das ist reines Wunschdenken. Wenn wir den Weg bergab einschlagen, dann gibt es keine Punkte mehr, über die wir nicht hinausgehen würden, keine Grenzen, die wir nicht überschreiten würden – wenn wir nur lange genug leben … Wenn wir einmal Christus gegenüberstehen werden, lautet die Frage nicht: „Wie tief kann man fallen?" Die Frage hat sich erledigt. Die Frage ist: „Wie hoch kann man steigen?" Und auch auf diese Frage lautet die Antwort: unbegrenzt. Im Laufe der Ewigkeit werden wir Jesus Christus immer ähnlicher.*[9]

Und genau hier setzt Paulus' zweite Liste ein: „Die Frucht aber des Geistes ist Liebe, Freude, Friede, Geduld, Freundlichkeit, Güte, Treue, Sanftmut, Keuschheit; gegen all dies ist das Gesetz nicht" (Galater 5,22-23).

Hier sehen wir, dass die Selbstbeherrschung aus Sprüche 25,28 keine natürliche Eigenschaft ist; es ist nicht etwas, das wir schon schaffen können, wenn wir es nur ernsthaft genug versuchen. Mit dem, was wir im Galaterbrief gelesen haben, können wir diesen

Vers aus den Sprüchen nun viel umfassender verstehen. In beiden Testamenten wird deutlich, dass Selbstbeherrschung nur durch und mit dem auferstandenen Herrn möglich wird. In den Sprüchen sehen wir sie als die Furcht des Herrn – einem Leben, in dem wir Gott vertrauen, ihn über unser Leben bestimmen lassen und uns ganz abhängig von ihm machen. Im Neuen Testament zeigt sich uns ein umfassenderes Bild. Selbstbeherrschung entsteht durch unsere Verbindung mit Christus. Nur wer in Gemeinschaft mit Gott lebt, kann wahre Selbstbeherrschung leben und aufrechterhalten. Jede von uns kann ihr Verhalten ändern, aber verändertes Verhalten ist nicht das Gleiche wie Selbstbeherrschung, weil sich im biblischen Sinn nur eines von beiden – die Selbstbeherrschung – sich auf den ganzen Menschen mit Körper, Seele und Geist erstreckt.

Wer würde das nicht wollen? Wir alle wollen doch, dass Selbstbeherrschung zu unseren sichtbaren Eigenschaften gehört. Aber wie gelingt das? Wie können wir sie zu einem festen, immerwährenden Bestandteil unseres Lebens machen? Wir alle können Paulus verstehen, der gesagt hat: „Denn ich weiß nicht, was ich tue. Denn ich tue nicht, was ich will; sondern was ich hasse, das tue ich" (Römer 7,15). Wir alle würden uns lieber unter Kontrolle haben, statt von etwas oder jemandem kontrolliert zu werden, doch jede von uns hat in einem oder mehreren Bereichen des Lebens damit zu kämpfen, dies zu erreichen. Wenn es darum geht, das umzusetzen, was Gott sich von uns wünscht, lässt er uns nie allein.

Lebt aus der Kraft, die der Geist Gottes gibt; dann müsst ihr nicht euren selbstsüchtigen Wünschen folgen. Die menschliche Selbstsucht kämpft gegen den Geist Gottes und der Geist Gottes gegen die menschliche Selbstsucht: Die beiden liegen im Streit miteinander, sodass ihr von euch aus das Gute nicht tun könnt, das ihr doch eigentlich wollt. (Galater 5,16-17; GNB)

Menschen, die zu Jesus Christus gehören, haben ja doch ihre selbstsüchtige Natur mit allen Leidenschaften und Begierden ans Kreuz genagelt. Wenn wir nun durch Gottes Geist ein neues Leben haben, dann wollen wir auch aus diesem Geist unser Leben führen. (Galater 5,24-25; GNB)

Paulus macht uns mit diesen Worten deutlich: Wenn wir Selbstbeherrschung erlangen und aufrechterhalten wollen, müssen das, was Gott tut, und das, was wir tun, zusammenwirken. Was uns angeht, so sollen wir unser Leben aus dem Heiligen Geist leben und unsere selbstsüchtige Natur ans Kreuz nageln. Mit anderen Worten: Wir sollen unser natürliches Verlangen, das uns zu beherrschen droht, verhungern lassen. Und wir sollen aus dem Heiligen Geist leben, was bedeutet, dass wir regelmäßig das Wort Gottes lesen und auf es hören und mit anderen Christen Gemeinschaft haben, damit wir in diesem Prozess in das Ebenbild von Jesus verwandelt werden. Paulus spricht von einer Tatsache, wenn er sagt, dass wir nicht ständig den Dingen nachgeben, die uns schaden, sofern wir aus dem Heiligen Geist leben. Wenn wir eine enge Beziehung zu Christus haben, können wir selbstbeherrschte Frauen werden.

Das ist eine gute Nachricht. Wenn wir in unseren Bemühungen, nicht mehr zu viel zu essen, nicht mehr zu viel auszugeben oder anderes nicht mehr zu tun, immer wieder versagt haben, *muss es nicht so bleiben!* Und trotzdem ändert sich oft nichts. Viel zu oft stellen wir fest, dass wir wie die Stadt sind, deren Mauern eingestürzt sind. Was aber reißt unsere Mauern ein? Wir wollen uns fünf Möglichkeiten ansehen.

Fünf Hindernisse, die der Selbstbeherrschung im Wege stehen können

1. Konkurrierende Wünsche

Unter anderem haben wir mit Selbstbeherrschung zu kämpfen, weil unser Wunsch nach Kontrolle im ständigen Widerstreit mit unserem Verlangen nach den Dingen steht, die wir unter Kontrolle halten müssen. Wenn du eine Frau bist, deren Gewicht wie ein Jo-Jo auf und ab geht, dann weißt du, wovon ich spreche. Jeden Winter legst du fünf Kilo zu und jeden Sommer wirst du vier Kilo wieder los. Irgendwann beschließt du, diese Extrapfunde, die sich im Laufe der Zeit angesammelt haben, wieder loszuwerden. Das gelingt dir auch zunächst, aber nach ein paar Monaten siehst du, wie die Anzeige deiner Waage wieder steigt. Entweder wirst du dann irgendwann entmutigt aufgeben oder dich für den Rest deines Lebens mit diesem Jo-Jo-Effekt herumschlagen. *Aber es muss nicht so bleiben!*

Ob es nun um Gewicht oder etwas anderes geht, bei jedem Verhalten ist der Jo-Jo-Effekt ein Hinweis darauf, dass wir uns mitten in einem inneren Konflikt befinden. Wir haben eine Hassliebe zu einer Sache, einem Verlangen oder einer Substanz. Wir wollen von dieser Sache nicht beherrscht werden, aber so richtig aufgeben wollen wir sie auch nicht. Wir mögen nicht die negativen Auswirkungen, die sie auf uns hat – auf unsere Körper, unsere Beziehungen, unseren Glauben –, doch in gewisser Hinsicht haben wir auch etwas davon, wenn wir uns dieser Sache hingeben. Eine Frau, die Stress mit Essen bekämpft, hasst die Auswirkungen – sie nimmt zu, ihre Kleider passen nicht mehr. Zugleich will sie die Möglichkeit, durch Essen mit Stress fertigzuwerden, aber auch nicht aufgeben. Sie schafft es nicht, ihr Essverhalten zu kontrollieren, weil ihr Wunsch abzunehmen mit ihrem Wunsch nach dem sofortigen, wenn auch nur kurzfristigen Stressabbau während des Essens konkurriert. Jesus sagte: „Jedes Reich, das mit sich selbst uneins ist, wird verwüstet; und jede Stadt oder jedes Haus, das mit sich selbst uneins ist, kann nicht bestehen" (Matthäus 12,25). Wenn wir zwischen zwei Wünschen hin und her gerissen sind, erreichen wir gar nichts.

2. Falsche Motive

Manchmal bleibt die Selbstbeherrschung unerreichbar, weil wir sie aus den falschen Motiven suchen. Wenn wir Gott um Hilfe gebeten haben, in einem bestimmten Bereich unseres Lebens Selbstbeherrschung zu lernen, wir aber anscheinend keine Fortschritte sehen, dann antwortet Gott uns damit vielleicht auf eine Weise, die wir nicht erwartet haben. Vielleicht weist er uns darauf hin, dass wir unser Herz prüfen sollen. Warum bitten wir ihn um Selbstbeherrschung? Wenn es nur ist, weil wir die Konsequenzen unseres übermäßigen Genusses einfach satthaben oder weil wir uns besser fühlen wollen, dann machen wir die Rechnung ja ohne Gott. Gott hat kein Interesse daran, uns bei unseren Programmen zur Selbstoptimierung zu helfen; er ist an unserer Heiligung interessiert. Jakobus schrieb: „Ihr seid begierig und erlangt's nicht; ihr mordet und neidet und gewinnt nichts; ihr streitet und kämpft und habt nichts, weil ihr nicht bittet; ihr bittet und empfangt nichts, weil ihr in übler Absicht bittet, nämlich damit ihr's für eure Gelüste vergeuden könnt" (Jakobus 4,2-3).

Selbstoptimierung bringt uns nicht unbedingt näher zu Gott oder ehrt Christus. Meistens hat sie mehr mit Selbstverherrlichung zu tun. Heiligkeit andererseits ermöglicht eine engere Gemeinschaft mit Gott und bringt ihm Ehre. Sozusagen als ein Nebenprodukt persönlicher Heiligung erhalten wir dann genau das, wonach wir uns von Anfang an gesehnt haben – wir erleben ein allgemeines Wohlbefinden und werden von den negativen Auswirkungen von Fehlverhalten befreit. Wir werden sehen, dass Selbstbeherrschung viel leichter zu erreichen ist, wenn wir eine echte Sehnsucht nach ihr haben, weil wir Hindernisse in unserer Beziehung zu Gott aus dem Weg räumen wollen.

Außerdem werden Versuche, sich selbst zu bessern, auf lange Sicht wahrscheinlich ohnehin nicht erfolgreich sein, solange sie nicht auf unserer Liebe zu Gott basieren. In seinem Gleichnis über einen unreinen Geist zeichnet Jesus ein beängstigendes Bild davon, was mit Menschen geschieht, die sich ihre eigene Gerechtigkeit verdienen wollen. Man kann dieses Bild aber auch auf jeden anwenden, der versucht, sein Leben ohne eine lebendige Beziehung zu Gott in den Griff zu kriegen. Wenn der unreine Geist zurückkehrt, findet er das Haus leer, aufgeräumt und sauber vor. „Dann geht er hin und nimmt mit sich sieben andre Geister, die böser sind als er selbst; und wenn sie hineinkommen, wohnen sie darin; und es wird mit diesem Menschen hernach ärger, als es vorher war" (Matthäus 12,43-45).

3. Die destruktive Kraft übermäßiger Genüsse unterschätzen

Was am Anfang wohltuend ist, wird uns am Ende schaden, wenn wir es nicht mit Selbstbeherrschung im Zaum halten. Doch viel zu oft schauen wir nicht weit genug voraus. Wir übertreiben es mit irgendetwas, weil uns nach sofortiger Befriedigung verlangt. Es gibt ja viele Dinge, die eine schnelle Lösung bieten – eine Flucht vor Stress, Langeweile oder Einsamkeit –, aber Gottes gute Gaben als Betäubungsmittel gegen die Schwierigkeiten des Lebens zu verwenden, funktioniert nicht besonders lange. Bevor wir es richtig merken, wird deutlich, dass wir getäuscht wurden. Was als angenehme Ablenkung begann, wurde zu etwas, ohne das wir nicht mehr leben können. „Denn wovon man sich beherrschen lässt, dessen Sklave ist man", schrieb der Apostel Petrus (2. Petrus 2,19; NLB), und in den Sprüchen heißt es:

Manchem scheint ein Weg recht;
aber zuletzt bringt er ihn zum Tode. (Sprüche 14,12)

Alkoholiker und Drogenabhängige hatten nicht die Absicht, abhängig zu werden. Tatsächlich kann man wohl mit Sicherheit sagen, dass sie davon ausgingen, es nie zu werden. Es ist durchaus angebracht, solche Dinge in einem Buch für christliche Frauen zu besprechen, denn in dem stetig wachsenden Anteil der Bevölkerung, der in diese Dinge verstrickt ist, gibt es auch Christinnen und Christen. Und sieh dir einmal an, wie viel die Bibel – die ja für die Menschen geschrieben ist, die zu Gott gehören – über die Gefahren des Alkoholmissbrauchs zu sagen hat. Nein, Christen bilden da keine Ausnahme. Kürzlich hörte ich, wie jemand folgenden Witz erzählte: „Der Unterschied zwischen Presbyterianern und Baptisten ist nicht, ob sie trinken oder nicht trinken; Presbyterianer trinken nur öffentlich und Baptisten heimlich." Dieser Zynismus machte mich betroffen, insbesondere weil die Frau, die das sagte, noch nicht sehr lange Christin war, und weil es das war, was sie in ihrer relativ kurzen Zugehörigkeit zur Gemeinde beobachtet hatte. Drogenmissbrauch hat immer eine zerstörerische Komponente. Drogen und Alkohol betäuben das Gewissen und unterdrücken den inneren Schutz vor Fehlverhalten, den unser Gewissen uns bietet. Darum tun Menschen unter dem Einfluss von Drogen und Alkohol die schrecklichsten Dinge. Dinge, die ihr Gewissen unter anderen Umständen verhindern würde. Mancher Fall von sexuellem Fehlverhalten wurde vom Alkohol gefördert. Das Gleiche gilt für Beziehungsstreitigkeiten, unnötige Ausgaben und vorschnell geäußerte Worte. Darüber hinaus führt der Missbrauch von Drogen und Alkohol zur Zerstörung der Persönlichkeit und von Beziehungen – das ist letztlich das Ziel, das der Satan bei jedem verfolgt. Jedes Fehlverhalten schadet uns, aber beim Drogenmissbrauch wird das besonders offensichtlich. Die Sprüche zeichnen ein lebhaftes Bild von dem Schaden, den der Alkohol anrichtet.

Wo ist Weh? Wo ist Leid?
Wo ist Zank? Wo ist Klagen?
Wo sind Wunden ohne jeden Grund?
Wo sind trübe Augen?
Wo man lange beim Wein sitzt
und kommt, auszusaufen, was eingeschenkt ist.
Sieh den Wein nicht an, wie er so rot ist
und im Glase so schön steht,
Er geht glatt ein,
aber danach beißt er wie eine Schlange
und sticht wie eine Otter.
Da werden deine Augen seltsame Dinge sehen,
und dein Herz wird Verkehrtes reden,
und du wirst sein wie einer, der auf hoher See sich schlafen legt,
und wie einer, der oben im Mastkorb liegt.
„Sie schlugen mich, aber es tat mir nicht weh;
sie prügelten mich, aber ich fühlte es nicht.
Wann werde ich aufwachen?
Dann will ich's wieder so treiben." (Sprüche 23,29-35)

Wir möchten gern glauben, dass Christen weniger anfällig dafür sind, von Alkohol und Drogen abhängig zu werden, aber wenn das wahr wäre, hätte Paulus sich nicht veranlasst gesehen anzuordnen: „Desgleichen den alten Frauen, dass sie sich verhalten, wie es sich für Heilige ziemt, nicht verleumderisch, nicht dem Trunk ergeben" (Titus 2,3). Hier sprach er ausdrücklich von christlichen Frauen. Wir sollten uns auch nicht selbst etwas vormachen, indem wir uns sagen, dass übermäßiger Genuss immer nur bedeutet, zu viel von etwas zu einem bestimmten Zeitpunkt zu uns zu nehmen. Es kann auch bedeuten, etwas *zu oft* zu sich zu nehmen. Wenn du gern ein Glas Wein zum Essen trinkst, kannst du es auch weglassen? Unabhängigkeit ist in diesem Zusammenhang der Schlüssel. Wir haben nur so weit die Freiheit, etwas zu genießen, wie es uns egal ist, ob wir es nun haben oder nicht. John Piper trinkt grundsätzlich keinen Alkohol, aber er sagt auch ganz klar, dass die Bibel den Genuss von Alkohol nicht verbietet. Er nennt vier Gründe, warum er sich entschlossen hat, überhaupt nicht zu trinken: 1. Sein Gewissen erlaubt es ihm nicht, und auch wenn er weiß, dass das Trinken unter Umständen kein Fehlverhalten ist, so ist es jedenfalls falsch, gegen sein Gewissen zu handeln (vgl. Römer 14,22-23); 2. Alkohol ist eine bewusstseinsverändernde Droge; 3. Alkohol macht abhängig; und 4. möchte er sich damit gegenüber der Gesellschaft klar positionieren. Zu Letzterem schreibt er:

> *Ich habe beschlossen, mich dem Elend des Alkoholmissbrauchs entgegenzustellen, indem ich das Produkt grundsätzlich ablehne. Wenn Menschen in den Hungerstreik treten, um eine politische Aussage zu machen; wenn sie die Produkte von bestimmten Lebensmittelmarken boykottieren, um gegen die gegenwärtige Form der Kleinkinderernährung und die Ausbeutung der Dritten Welt zu protestieren; wenn Menschen aus Solidarität mit den Landarbeitern in Südkalifornien auf Salat verzichten oder auf weißes Brot und raffinierten Zucker, ist es da wirklich so prüde und engstirnig, sich von einem Mörder auf unseren Autobahnen, einem Zerstörer von Familien und Unternehmen abzuwenden?*[10]

Wir alle wissen, dass Alkoholismus in unserer Gesellschaft grassiert, ob wir darauf nun wie John Piper mit völliger Abstinenz reagieren oder nicht. Wenn wir unsere biblische Freiheit, hin und wieder ein Glas zu genießen, in Anspruch nehmen, dürfen wir das nur so weit, wie wir noch die Freiheit haben, es auch nicht zu tun. Wenn wir irgendwann nicht mehr in der Lage sind, uns selbst einen Genuss zu versagen – Alkohol oder Essen oder Fernsehen oder Einkaufen oder eine Liebesbeziehung –, und uns weigern, den Tatsachen ins Auge zu sehen und etwas dagegen zu unternehmen, werden wir am Ende erfahren, wie wahr die folgende Aussage ist:

Wer gern in Freuden lebt, wird Mangel haben;
und wer Wein und Salböl liebt, wird nicht reich. (Sprüche 21,17)

4. Mangel an Selbsterkenntnis

Bist du dir der Dinge bewusst, die dir ein Bein stellen? Weißt du, welche Versuchungen dich immer wieder in den Abgrund der Schuld hinunterziehen? Manchmal wissen wir etwas nicht, weil wir es nicht wissen wollen. Aber im Hinblick auf die Selbstbeherrschung ist diese Weigerung ein Todeskuss. Und wir verhalten uns stolz. Frauen, die eine starke Selbstbeherrschung entwickeln, sind Frauen, die zugleich demütig ihre individuellen Schwächen anerkennen. Nur die Demütigen können ihre Schwächen erkennen und zugeben. Solche demütigen Menschen finden die Gnade, um von Selbstgenügsamkeit abzulassen und sich auf Christus zu verlassen, damit sie eine anhaltende Selbstbeherrschung lernen. Paulus hat gesagt: „Darum, wer meint, er stehe, mag zusehen, dass er nicht falle" (1. Korinther 10,12).

Statt zu unserem Fehlverhalten und unserer Versuchung zu stehen, weisen wir manchmal jedoch lieber auf unsere „suchtgefährdete Persönlichkeit" hin. Ein schwaches Argument. Wir alle haben mehr oder weniger eine suchtgefährdete Persönlichkeit, weil wir alle eine fehlerhafte Natur haben. Und sie schreit danach, dass unsere menschliche Selbstsucht befriedigt wird. Damit wir nicht mehr von unserem alten Ich bestimmt werden, müssen wir wissen, wo wir schwach sind, denn nur dann können wir eine effektive Strategie dagegen entwickeln. Diese Form der Selbsterkenntnis ist ein grundlegender Bestandteil der Weisheit.

Weise Frauen lernen, ihre eigenen Auslöser zu erkennen. Treibt Langeweile dich zum Essen? Treibt Stress dich zum Alkohol oder zu Schmerzmitteln? Lässt Einsamkeit dich stundenlang gedankenlos vor dem Fernseher versinken? Treiben Sorgen dich aus der Tür und führen dich ins Einkaufszentrum? Was immer es ist, bezeichne es als den Ersatz für Gott, der es nun mal ist, und entschließe dich, dich davon abzuwenden.

5. Wir denken, dass Selbstbeherrschung leicht sein sollte

Wir haben manchmal auch deshalb keine Selbstbeherrschung, weil wir denken, dass es leicht sein sollte, schließlich sind wir ja Christen. Ein Motto bei den Anonymen Alkoholikern lautet: „Lass los und lass Gott ran", aber der Slogan ist theologisch nicht korrekt. „Moment mal", sagen dann einige, „sollen wir nicht in allem von Gott abhängig sein?" In der Tat. Und eines der Dinge, bei denen wir von ihm abhängig sind, ist die Anwendung der Selbstbeherrschung in unserem Leben. Viel zu oft wollen wir, dass alles ganz mühelos ist, und suchen gar nicht nach Stärke. Mit der Stärke, die Gott gibt, können wir Dinge überwinden, aber diese Fähigkeit wird von uns wahrscheinlich trotzdem harte Arbeit erfordern. Paulus schrieb: „Dafür mühe ich mich auch ab und ringe in der Kraft dessen, der in mir kräftig wirkt" (Kolosser 1,29). Außerdem schrieb er: „Schaffet, dass ihr selig werdet, mit Furcht und Zittern. Denn Gott ist's, der in euch wirkt beides, das Wollen und das Vollbringen, nach seinem Wohlgefallen" (Philipper 2,12-13). Und im Galaterbrief haben wir gesehen, dass wir unsere selbstsüchtige Natur ans Kreuz nageln sollen, was ja nicht ganz der Vorstellung von einem schnellen und schmerzlosen Tod entspricht. Wir haben im Galaterbrief auch gesehen, wie wir das bewerkstelligen sollen: „Lebt aus der Kraft, die der Geist Gottes gibt; dann müsst ihr nicht euren selbstsüchtigen Wünschen folgen" (Galater 5,16; GNB). So lautet der theologisch korrekte Slogan. Die Version der Anonymen Alkoholiker lässt Christus außen vor, aber nur in ihm haben wir den Geist, aus dem wir leben sollen.

Christus ist der Schlüssel

Die Frucht des Geistes, die sich in uns durch unsere Verbindung mit Christus entfaltet, schließt die Selbstbeherrschung mit ein. Haben wir also eine enge Beziehung zu Christus, dann haben wir alles, was wir brauchen, um selbstbeherrschte Frauen zu sein. Über die Frucht des Geistes, zu der auch die Selbstbeherrschung gehört, schreibt Don Matzat:

> *Unser „religiöser" Fokus soll sich nicht auf Geistesgaben und Segnungen richten, sondern auf die Person Jesus Christus. Wenn wir Vergebung der Sünden und eine Gerechtigkeit haben wollen, die vor Gott bestehen kann, dann* gibt Gott uns Jesus. *Wenn wir nach Frieden, Freude und Liebe suchen, dann* gibt Gott uns Jesus. *Wenn wir Trost inmitten von Sorgen suchen, Hoffnung, wenn die Dinge hoffnungslos scheinen, Sicherheit, wenn Zweifel uns plagen, und Zufriedenheit in den Höhen und Tiefen des Lebens, dann* gibt Gott uns Jesus. *Alle Geistesgaben sind nur Zeichen des neuen Lebens von Christus, der in uns wohnt, und wirken sich spontan aus, während wir im Bewusstsein des Heiligen Geistes leben und unsere Aufmerksamkeit auf Jesus richten."*

Alles in allem sind es vier Faktoren, die zur Selbstbeherrschung weiser Frauen beitragen. Erstens leben sie für etwas, das größer ist als sie selbst – Christus –, und folglich haben sie den Wunsch, ihm ähnlicher zu werden. Wer für Christus lebt, erfährt, dass er es ist, der das Leben lebenswert macht.

Zweitens vertrauen weise Frauen Christus, dass er sie ihm immer ähnlicher machen wird. Sie leben die Worte Jesu: „Bleibt in mir und ich in euch. Wie die Rebe keine Frucht bringen kann aus sich selbst, wenn sie nicht am Weinstock bleibt, so auch ihr nicht, wenn ihr nicht in mir bleibt" (Johannes 15,4). Drittens bemühen sich weise Frauen ständig, ihr Fehlverhalten ganz aufzugeben. Viertens beten sie für einen Geist der Mäßigung in Anlehnung an die Sprüche:

Falschheit und Lüge lass ferne von mir sein;
Armut und Reichtum gib mir nicht;
lass mich aber mein Teil Speise dahinnehmen, das du mir beschieden hast.
Ich könnte sonst, wenn ich zu satt würde, verleugnen
und sagen: Wer ist der Herr?
Oder wenn ich zu arm würde, könnte ich stehlen
und mich an dem Namen meines Gottes vergreifen. (Sprüche 30,8-9)

Gott möchte uns durch Christus helfen, dass unsere Mauern stark sind und dass wir unsere drei Gegner abhalten können: die Verlockungen dieser Welt, unsere selbstsüchtige Natur und den Satan. *Ja, das ist möglich!*

Die Welt …

„Es klingt zwar irgendwie billig, aber eine Haltung des *Que sera, sera* hat mir schon durch vieles hindurchgeholfen – und ich bin jedes Mal munterer und lebendiger auf der anderen Seite angekommen."

Maridel Reyes, Glamour Magazin

Das Wort …

Wo man nicht mit Vernunft handelt, da ist auch Eifer nichts nütze; und wer hastig läuft, der tritt fehl. *Sprüche 19,2*

Kapitel 6

Weise Frauen wissen, wie sie gut mit ihren Gedanken, Gefühlen und Wünschen umgehen

Es gibt drei Dinge, die den Kurs unseres Lebens entscheidend mitbestimmen: was wir denken, was wir fühlen und was wir wollen. Wie wir mit unseren Gedanken, Gefühlen und Wünschen umgehen, bestimmt nicht nur die Richtung, in die wir gehen, sondern auch, ob dieser Weg erfüllend und voller Freude oder von Unzufriedenheit belastet ist.

Gott hat uns als denkende und fühlende Wesen geschaffen, und daher gehört beides zu seinem Bilde, nach dem wir geschaffen sind. Deswegen sind Gedanken und Gefühle auch wichtige Bestandteile wahren Glaubens. Einem rein intellektuellen Verständnis Gottes und des Evangeliums fehlt es an der Freude der Beziehung, die Gott sich für uns wünscht. Wenn sich unser Glaube aber andererseits in erster Linie daraus speist, wie wir *fühlen*, dass Gott ist, und nicht aus der intensiven Beschäftigung mit der Bibel, dann wird unser Bild von Gottes Charakter am Ende nicht stimmen. Vor diesem Hintergrund ergibt sich aus der Bibel eindeutig, dass die Gefühle sich den Gedanken unterordnen sollen und nicht umgekehrt.

Ich denke, Frauen sind noch stärker als Männer in der Gefahr, von ihren Gefühlen bestimmt zu werden. Vielleicht liegt das daran, dass wir grundsätzlich unsere Gefühle viel offener zeigen. Es kommt jedenfalls viel seltener vor, dass ein Mann an einem schlechten Tag vor lauter Frustration in Tränen ausbricht. Weil wir nun mal emotionale Wesen sind, hegen und pflegen weise Frauen ihre Gedankenwelt mit so viel Sorgfalt, wie eine Gärtnerin ihre Rosen pflegt. So gewinnen ihre Gefühle nicht die Oberhand, und ihre Wünsche entstehen auf der Grundlage biblischer Prinzipien.

Denken

Die Sprüche stellen eine Verbindung zwischen einem gerechten Leben und einem geordneten Denken her.

> *Mit frechem Gesicht tritt der gottlose Mann auf;*
> *der Aufrichtige aber, er achtet auf seinen Weg. (Sprüche 21,29; ELB)*

Ebenso machen die Sprüche deutlich, dass wir gefährliche Naivität überwinden können, indem wir unseren Verstand gebrauchen.

> *Der Einfältige glaubt jedem Wort,*
> *aber der Kluge achtet auf seinen Schritt. (Sprüche 14,15; ELB)*

An einer späteren Stelle im Buch der Sprüche gibt es jedoch einen anderen Vers zu unserer Gedankenwelt, der allem zu widersprechen scheint, was wir uns bis hierher angesehen haben.

> *Wer sich auf seinen Verstand verlässt, ist ein Tor;*
> *wer aber in der Weisheit wandelt, wird entrinnen. (Sprüche 28,26)*

Behauptet Salomo hier, dass zu viel Denken nicht weise ist? Das tut er nicht. Was er sagen will, hat mit Demut zu tun. Nachzudenken ist weise, und es gefällt Gott, wenn wir sorgfältig auf unseren Weg achten, aber es ist unvernünftig, wenn wir uns auf unser Denken als Richtschnur verlassen. Mit anderen Worten: Wir sollen bei allem, was wir tun und planen, unseren Verstand gebrauchen, und gleichzeitig sollen wir bei all diesen Gedanken, Handlungen und Plänen fragen, was Gott davon hält, und seine Vorstellungen über unsere stellen. Das ist der Weg, um „in Weisheit zu wandeln". Oft ist das jedoch ein Kampf, weil auch wir Christen dazu neigen, uns auf uns selbst zu verlassen. Von Natur aus wollen wir alle die Kontrolle über unser eigenes Leben haben, und weil das so ist, sehen wir nicht den Gegensatz, den Salomo hier aufstellt. Wir können entweder auf unseren eigenen Verstand vertrauen oder in Weisheit durchs Leben gehen. Diese beiden Möglichkeiten schließen sich gegenseitig aus.

Ein gut ausgebildeter Verstand kann auch zu Beliebtheit und Erfolg führen.

> *Jeder bewundert einen Menschen mit Verstand,*
> *wer aber ein verkehrtes Herz hat, wird verachtet. (Sprüche 12,8; NLB)*

Die Ironie ist, wenn wir die Früchte sorgfältigen Denkens genießen (dass das ganze Leben einfach besser läuft), können wir in die Versuchung kommen, uns weniger auf Gott und mehr auf uns selbst zu verlassen – bewusst oder unbewusst. Wir gehen dieser Gefahr aus dem Weg, wenn wir uns klarmachen, dass unser Verstand dazu gemacht ist, Gott zu dienen und nicht unserem persönlichen Glück. Paulus erklärte das so: „Ich ermahne euch nun, liebe Brüder, durch die Barmherzigkeit Gottes, dass ihr eure Leiber hingebt als ein Opfer, das lebendig, heilig und Gott wohlgefällig ist. Das sei euer vernünftiger Gottesdienst. Und stellt euch nicht dieser Welt gleich, sondern ändert euch durch Erneuerung eures Sinnes, damit ihr prüfen könnt, was Gottes Wille ist, nämlich das Gute und Wohlgefällige und Vollkommene" (Römer 12,1-2).

Eine weise Frau strebt nach einer klaren Ausrichtung in ihrem Leben. Sie will also die Ehre und die Freude Gottes zu ihren wichtigsten Anliegen machen. Eine unvernünftige Frau hingegen ist wankelmütig und auch ganz zufrieden damit. An solche Frauen richtet Jakobus ein paar sehr deutliche Worte: „Naht euch zu Gott, so naht er sich zu euch. Reinigt die Hände, ihr Sünder, und heiligt eure Herzen, ihr Wankelmütigen" (Jakobus 4,8). Das Wort, das Jakobus hier gebraucht, bedeutet „zweifach beseelt". Wankelmütig zu sein heißt also, gleichzeitig in zwei Richtungen gezogen zu werden. Eine wankelmütige Frau ist in ihrem Denken, ihren Gefühlen und Wünschen ständig zwischen konkurrierenden Zielen hin und her gerissen. Anders dagegen die Frau mit einer klaren Ausrichtung, die genau ein Ziel, eine Absicht, einen alles andere überragenden Wunsch verfolgt.

Weise Frauen mögen diese absolut klare Ausrichtung noch nicht erreicht haben, aber sie streben danach und nehmen sich die Aufforderung von Jakobus zu Herzen, indem sie bewusst ihre Hände reinigen (ihr Tun) und ihre Herzen heiligen (ihr Denken, Fühlen und Wollen). In jedem von uns gibt es Dinge, die die Reinheit unseres Herzens mindern. Was ist es bei dir? Überlege dir doch mal, was deine Gedanken beschäftigt, wenn du mitten in der Nacht wach liegst, oder wohin deine Gedanken wandern, wenn du deinen Stress schnell loswerden willst, oder was dich ständig beschäftigt.

Wir denken, wenn unsere Gedanken ständig um etwas Bestimmtes kreisen, dann würden wir uns einfach nur auf ein wünschenswertes Ziel oder Objekt konzentrieren, aber es gibt dabei auch eine dunkle Seite, die unseren Glauben beeinflusst. Über ein solches Gedankenkarussell kann der Satan einen Fuß in die Tür bekommen. Zwanghafte Gedanken nehmen von uns Besitz, wir können darin gefangen werden und können sie scheinbar nicht mehr loslassen, selbst wenn wir wollten. Auch wenn wir oft die Wurzel des Problems nicht erkennen, können wir uns sicher sein, dass zwanghaftem Denken der außer Kontrolle geratene Wunsch zugrunde liegt, etwas oder jemanden zu beherrschen. Dieser Wunsch entspringt aus Zweifeln daran, dass Gott die Situation unter Kontrolle hat. Vielleicht verspüren wir diesen Wunsch auch, weil wir an Gott selbst zweifeln. In einem Beitrag über Zwanghaftigkeit, in ihrer schlimmsten Ausformung Zwangsstörung genannt, schreibt Michael Emlet:

> *Zwänge sind „wiederkehrende Vorstellungen, Gedanken, Impulse oder Bilder, die als unangemessen und aufdringlich erfahren werden und deutliche Anspannung oder Stress erzeugen". Einfacher ausgedrückt sind Zwänge „anhaftende Gedanken" – Gedanken, die eine Person einfach nicht mehr aus dem Kopf bekommt. … Wer an einer Zwangsstörung leidet, möchte in einer Welt leben, in der es möglichst nur Schwarz und Weiß gibt. Umfassendes Wissen, völlige Kontrolle und Sicherheit lassen keinen Raum für Mehrdeutigkeit. Entweder bin ich mir sicher oder nicht; entweder habe ich die Kontrolle oder nicht; entweder habe ich recht oder nicht. Dennoch müssen wir uns eingestehen, dass wir in einer Welt voller „Grautöne" leben. Gott offenbart uns genug, damit wir ein Leben mit einem gesunden Glauben leben können, aber er gibt uns keinen uneingeschränkten Zugang zu seinem Denken (vgl. Hiob 38–41). Gott gibt uns die Fähigkeit, frei zu wählen und zu handeln, aber wir können nicht alle Details unserer Welt erfassen und beherrschen. Gott zeigt uns durch sein Wort den Weg, aber auf viele Fragen gibt es keine eindeutigen Antworten. Hier zeigt sich, wie wichtig die Eigenschaft der Weisheit ist. Es ist „sicherer", in einer Welt zu leben, die nur schwarz-weiß ist, denn dann ist kein Vertrauen nötig! Vertrauen und Weisheit gehen Hand in Hand.*[12]

Weise Frauen schützen ihren Verstand vor zwanghaften Gedanken, indem sie Gott und seiner souveränen Macht jederzeit und unter allen Umständen vertrauen.

Intelligent über das Denken denken

In den 1970er-Jahren übernahm der *United Negro College* Fonds ein Zitat von Malcolm X: „Es ist schrecklich, einen Verstand zu verschwenden." Einen großen Teil unserer Zeit ist unser Verstand mit den Aufgaben beschäftigt, die zu unserer von Gott geschenkten Berufung gehören. Doch was lesen, sehen oder hören wir in den wenigen Stunden Auszeit pro Tag oder Woche? Es ist nur zu einfach, anzunehmen, dass alles mit einem bestimmten Etikett – ein christlicher Song, ein jugendfreier Film – Gott schon gefallen wird. Eigentlich ist es doch eine faule Ausrede, wenn wir uns einfach auf Etiketten verlassen, die von unserer Kultur oder auch von anderen Christen vergeben werden. Wir müssen dann gar nicht mehr selbst denken. Und es ist nun mal eine Tatsache, dass vieles von dem, was heute als jugendfreie Unterhaltung verkauft wird, einfach nur oberflächlich und belanglos ist.

Gott hat uns durch den Apostel Paulus ein Bewertungssystem für die Wahl unserer Unterhaltung gegeben, das viel weiter geht als die Einstufungen der Freiwilligen Selbstkontrolle der Filmwirtschaft: „Was wahrhaftig ist, was ehrbar, was gerecht, was rein, was liebenswert, was einen guten Ruf hat, sei es eine Tugend, sei es ein Lob – darauf seid bedacht!" (Philipper 4,8).

Dieser Vers sagt uns, dass Gott durch hervorragende Qualität die Ehre bekommt, die er verdient. Daher entsprechen wir vielmehr dem, was Paulus lehrt, wenn wir unsere Ohren einem wundervoll komponierten säkularen Musikstück aussetzen als einem schlecht gemachten Lobpreislied mit banalem Text. Das Gleiche gilt für Literatur und Filme. James Boice schreibt dazu:

> *Nach diesem Vers soll ein Christ sich im Zweifel für das Beste entscheiden. Das schließt die besten Dinge in unserer Gesellschaft nicht aus, ob sie nun ausdrücklich christlich sind oder nicht. Denn der wahre Gehalt dieses Verses liegt in der*

> *Tatsache (was von Theologen nicht immer gesehen wird), dass die hier genannten Werte säkulare Werte sind. ... Im Großen und Ganzen stammen sie aus der griechischen Ethik und den Schriften der griechischen Philosophen. Indem er sie verwendet, heiligt Paulus im Grunde die allgemein akzeptierten Werte der säkularen Moral. ... Die Dinge, die von den besten Menschen überall in der Welt als ehrenhaft anerkannt werden, sind es auch wert, von Christen kultiviert zu werden. Dementsprechend können Christen alles, was wahrhaftig, ehrbar, gerecht, rein, liebenswert ist und einen guten Ruf hat, lieben, wo immer sie es finden.*[13]

Daher engt Paulus' Anweisung die Bandbreite dessen, was wir als christliche Frauen genießen dürfen, in Wirklichkeit nicht ein, sondern erweitert sie sogar. Aber es erfordert Überlegung und Umsicht. Man muss schon seinen Verstand einsetzen, um zu entscheiden, ob das jeweilige Buch, der Film oder die Fernsehsendung wirklich den Kriterien entspricht, die Paulus aufstellt. Weise Frauen prüfen sorgfältig, ehe sie entscheiden, was sie in ihre Gedanken hineinlassen. Und dieser Aspekt der Weisheit ist nicht so schwer umzusetzen, „denn Gott hat uns nicht gegeben den Geist der Furcht, sondern der Kraft und der Liebe und der Besonnenheit" (2. Timotheus 1,7).

Der Segen des Denkens im biblischen Sinn

Es gibt ganz besondere Segnungen für Frauen, die gelernt haben, weise zu denken. Der Frau, die ihr Denken ganz auf Gott ausrichtet, wird ungetrübter Friede zuteil: „Herr, du gibst Frieden dem, der sich fest an dich hält und dir allein vertraut!" (Jesaja 26,3; HFA). Zum Frieden kommt die Verheißung wahren Lebens hinzu: „Geistlich gesinnt sein ist Leben und Friede" (Römer 8,6).

In einem Vers, den wir an anderer Stelle schon betrachtet haben, finden wir eine weitere Verheißung: Wenn wir unseren Verstand von Gottes Wort verändern lassen, werden wir entdecken, dass Gottes Wege mit uns wunderbar sind: „Ändert euch durch Erneuerung eures Sinnes, damit ihr prüfen könnt, was Gottes Wille ist, nämlich das Gute und Wohlgefällige und Vollkommene" (Römer 12,2). Auch hier hilft uns James Boice, das besser zu verstehen:

> *Wenn Paulus uns anspornt zu prüfen, ob Gottes Wille ein wohlgefälliger Wille ist, dann meint er offensichtlich, dass er für uns wohlgefällig sein soll. Das heißt: Wenn wir uns entschließen, Gottes Wegen zu folgen, uns nicht den Ansichten in dieser Welt anzupassen und uns durch die Erneuerung unseres Sinnes verändern zu lassen, brauchen wir nicht zu befürchten, dass wir am Ende unseres Lebens unzufrieden oder verbittert zurückblicken und unser Leben als verschwendet ansehen. Im Gegenteil: Wir werden zurückblicken und zu dem Schluss kommen, dass es ein gutes Leben war, mit dem wir zufrieden sein können.*[14]

Gefühle

Denk nur an die Achterbahn der Gefühle, die wir im Verlauf einer einzigen Woche durchmachen können (einige von uns erleben sie sogar an einem einzigen Tag): Wut, Liebe, Frustration, Freude, Sorge, Verärgerung, Irritation, Furcht, Anspannung, Frieden, Zufriedenheit, Jubel, Entmutigung, Glück, Erfüllung, Unzufriedenheit, Erwartung. Die Liste könnte man noch beliebig erweitern. Im Laufe der Jahre bin ich einigen wirklich ausgeglichenen Frauen begegnet, und ich habe das immer einem angeborenen Temperament zugeschrieben. Mit der Zeit habe ich allerdings erkannt, dass diese Ausgeglichenheit genauso viel mit Reife zu tun hat wie mit natürlicher Veranlagung.

Wir sind schnell bereit, die Umstände oder die Hormone für solche Stimmungsschwankungen verantwortlich zu machen, und es ist ja auch zweifellos richtig, dass die Belastungen durch unser

Leben und unseren Körper einen weitreichenden Einfluss auf unsere Gefühle haben. Trotzdem müssen wir nicht Opfer unserer Gefühle werden, und wir sollten das auch nicht zulassen. Das wilde Spiel unserer Hormone zu bestimmten Zeiten mag unsere Geduld mit anderen auf eine harte Probe stellen oder uns den Blick auf die Zukunft verstellen, doch an keiner Stelle gibt die Bibel uns einen hormonellen Freibrief von der Aufforderung zur Freundlichkeit, Geduld, Zufriedenheit, Freude und Liebe. Statt zum Opfer dessen zu werden, was negative Emotionen in uns hervorruft, können wir diese Anlässe so betrachten, wie Paulus es tat: als einen Stachel im Fleisch. Wenn Gott diesen Stachel auf unsere Bitten hin nicht entfernt, können wir mitten in der Achterbahn der Gefühle erfahren, dass Christus genügt.

Natürlich wird keine von uns ihre Emotionen je völlig in den Griff bekommen. Schließlich hat Gott uns nicht als Roboter geschaffen. Er hat uns so gemacht, dass wir diese Höhen und Tiefen empfinden. Außerdem sind es oft gerade die Zeiten, in denen wir niedergeschlagen sind, und die Herausforderungen in diesen Zeiten, die die größte Frucht in unserem Glauben hervorbringen. Daher leben weise Frauen ihre Gefühle nicht einfach aus, sie bringen sie vielmehr unter Kontrolle. Elisabeth Elliot rät uns:

> *Versuche nicht, dich vor Gefühlen zu schützen. Erkenne sie an, nenne sie beim Namen, wenn das hilfreich ist, und dann breite sie vor dem Herrn aus, damit er deine Reaktionen darauf schulen kann. Emotionen im Zaum zu halten bedeutet, dass unsere Reaktionen geschult werden.*[15]

Die „Schulung von Reaktionen“ ist nichts anderes als gelebte Weisheit, und das ist es, was weise Frauen ausmacht. Wir werden uns nun anhand zweier konkreter Gefühle – Zorn und Trauer – ansehen, wie wir weise mit unseren Gefühlen umgehen können. Dabei werden wir einen Eindruck davon bekommen, wie die Weisheit aus den Sprüchen auf das ganze Spektrum unserer Emotionen angewendet werden kann.

Zorn

Mancher Zorn ist gut. Schließlich war auch Jesus zornig auf die Leute, die den Tempel für ihre Gier und ihren Gewinn missbrauchten (Matthäus 21,12-13). Aber wir sind nicht Jesus. Ein weiser Pastor hat mal gesagt, dass wir auf dieser Seite der Herrlichkeit niemals völlig gerechten Zorn erleben werden. Wir sind dazu einfach nicht fähig, weil alles an uns von unserer fehlerhaften Natur verunreinigt ist. Das heißt aber nicht, dass jeder Zorn, den wir empfinden, falsch ist oder dass wir nie wütend werden sollten. Schließlich schrieb Paulus auch: „Zürnt ihr, so sündigt nicht; lasst die Sonne nicht über eurem Zorn untergehen" (Epheser 4,26). Brian Chapell schreibt dazu:

> *Es gibt Fälle, in denen gerechter Zorn berechtigt ist. Ungerechtigkeit, Grausamkeit und unsensibles Verhalten gegenüber anderen erregen auch Gottes Zorn und machen uns, die wir nach seinem Bild geschaffen sind, zu Recht wütend. ... Manchmal schaden Christen ihrer eigenen emotionalen Gesundheit und der Entwicklung ihrer Beziehungen, indem sie die Ursache ihrer Spannungen nicht zum Ausdruck bringen, weil sie fälschlicherweise annehmen, jede Art von Zorn sei falsch. Wir dürfen Zorn angemessen, direkt und in biblischem Sinn zum Ausdruck bringen (Markus 3,5; Matthäus 18,34). Der Apostel verbietet nicht den Zorn an sich, sondern nur den sündhaften Ausdruck desselben.*[16]

Eine Frau, die an Weisheit zunehmen will, ist auch mehr und mehr in der Lage, die Anweisungen von Paulus in ihrem Leben umzusetzen. Die Sprüche zeigen uns einen Weg, wie wir das tun können. Wir lernen aus den Sprüchen, dass Zorn, der von Weisheit bestimmt ist, Zurückhaltung beinhaltet.

Wer seinen Zorn zügelt, besitzt viel Verstand;
wer aber jähzornig ist, begeht große Dummheiten. (Sprüche 14,29; NLB)

Besser ein Langmütiger als ein Held,
und besser, wer seinen Geist beherrscht, als wer eine Stadt erobert.
(Sprüche 16,32; ELB)

In Bezug auf den Zorn wird uns in den Sprüchen mehrfach empfohlen, den Zorn zu zügeln, geduldig oder langmütig zu sein, und zwar häufiger als jeder andere Umgang mit dieser mächtigen Emotion (vgl. Sprüche 10,11; 14,29; 15,18; 16,32).

An anderer Stelle schrieb Salomo: „Lass dich nicht schnell zum Ärger reizen; denn der Ärger wohnt in der Brust der Toren." (Prediger 7,9; SCH). Hier unterstreicht er nicht nur, was er bereits in den Sprüchen geschrieben hat, sondern er ergänzt noch den Hinweis, dass Zorn in einem gären kann. Ein solcher Zorn setzt sich in deinem Herzen fest. Wir können nicht mehr aufhören, uns damit zu beschäftigen; wir wälzen uns nachts hin und her und halten uns immer wieder den Grund für unseren Zorn vor Augen. Wir können nicht aufhören, darüber zu reden; wir lassen anderen gegenüber unsere Wut einfach raus oder wir posten es anonym in Großbuchstaben in irgendeinem Blog. Zorn, der uns leicht befällt und sich dann in unseren Herzen festsetzt, ist ein Hinweis auf Unvernunft (Fehlverhalten). Wenn wir so zürnen, dann werden wir schuldig (vgl. Epheser 4,26).

Es kann sehr schwer sein, unsere zornigen Gefühle in den Griff zu bekommen, besonders wenn der Zorn gerechtfertigt erscheint. Wie also schaffen wir das? Die Sprüche zeigen uns dazu einige konkrete Schritte. Noch wichtiger ist aber ein übergeordnetes Prinzip aus den Sprüchen, denn wir werden nicht weise, indem wir Techniken zum Umgang mit Zorn anwenden – auch nicht durch die, die uns in den Sprüchen gezeigt werden. Unseren Zorn zu beherrschen ist nicht etwas, was wir tun; es geht vielmehr darum, etwas zu werden. Eigentlich ist es eine Frucht der Weisheit.

> *Klugheit macht den Mann langsam zum Zorn,*
> *und es ist seine Ehre, dass er Verfehlung übersehen kann. (Sprüche 19,11)*

Wir sehen hier auch, dass es empfehlenswert ist, über ein Fehlverhalten hinwegzusehen und es einfach auf sich beruhen zu lassen. So zum Beispiel, wenn dein Mann oder eine Freundin oder eine Kollegin irgendetwas Unpassendes gesagt oder deine Motive falsch eingeschätzt hat oder jemand anders die Anerkennung erhält, die dir zugestanden hätte. Ist es nicht so, dass der Zorn meistens durch das Gefühl entsteht, jemand habe uns beleidigt oder nicht respektiert oder uns nicht das gegeben, was uns zugestanden hätte? Wie oft regen wir uns denn auf, weil Jesus beleidigt oder nicht respektiert wurde oder weil er nicht bekam, was *ihm* zugestanden hätte? Es könnte sein, dass es da ein gewisses Ungleichgewicht in unseren Herzen gibt.

Natürlich gibt es auch Fälle, in denen wir einfach nur kneifen, wenn wir über ein Ärgernis hinwegsehen. Es ist schließlich unangenehm, jemanden mit seinem Fehlverhalten zu konfrontieren, und oft fürchten wir die Folgen. Aber wenn Gottes Name in den Schmutz gezogen wird oder wenn ein Christ einfach nicht sein Fehlverhalten aufgeben will oder wenn jemand immer wieder keine Rücksicht auf das Wohlbefinden anderer nimmt, dann könnte es für alle Beteiligten eher unvernünftig als weise sein, über das Ärgernis hinwegzusehen.

Trauer

Ein anderes Gefühl, das wir nur sehr schwer in den Griff bekommen, ist Trauer. Wenn wir eine sorgenvolle Zeit durchleben, kann ein Gefühl der Trauer manchmal wie aus dem Nichts auftauchen und uns geradezu überwältigen. Natürlich ist an Trauer nichts Unvernünftiges. Sie gehört einfach zum Menschsein dazu, wie uns auch die Sprüche bestätigen.

> *Ein fröhliches Herz macht das Gesicht heiter;*
> *aber beim Kummer des Herzens ist der Geist niedergeschlagen.*
> *(Sprüche 15,13; ELB)*

Weil Trauer den Geist niedergeschlagen macht, profitieren wir selbst und alle in unserer Umgebung davon, wenn wir lernen, mit Trauer in biblischem Sinn umzugehen. Wichtig ist: Die Sprüche bieten keine persönliche Trauerberatung. Es geht mehr darum, in uns ein Bewusstsein für die Gefühle anderer zu kultivieren. Wir können daher festhalten: Laut der Sprüche erfassen weise Frauen intuitiv den Schmerz anderer.

Wenn es um den Umgang mit unserer eigenen Trauer geht, können wir eine ganze Menge von König David lernen. Während Davids Regierungszeit wandte sich sein Sohn Absalom irgendwann gegen ihn und versuchte ihn umzubringen, weil er sich selbst auf Davids Thron setzen wollte. Er scharte eine Gruppe von Rebellen um sich, und gemeinsam planten sie, Terroranschläge auf seinen Vater, den König, und die königliche Armee zu verüben. Kannst du dir vorstellen, wie sehr David das geschmerzt haben muss? Sein eigenes Kind wollte ihn tot sehen. Wohlhabende Eltern bekommen womöglich einen kleinen Geschmack von dem, was David fühlte, wenn ihre Kinder als Erwachsene wenig Interesse am Wohlergehen der Eltern zeigen, dafür aber umso größeres Interesse am Inhalt ihres Testaments.

Für eine Weile war Davids Leben in Gefahr, doch letztlich war Absaloms Truppe dem König nicht gewachsen. David sandte seine Armee aus, um den Aufstand niederzuschlagen, der von seinem

Sohn angeführt wurde. Als die Armee sich zur Schlacht bereit machte, äußerte David jedoch diese Bitte: „Verfahrt mir schonend mit meinem Sohn Absalom“ (2. Samuel 18,5). Hier sprach das Herz eines Vaters. Auch wenn sein Sohn ihn umbringen wollte, wünschte David sich, dass das Leben seines Sohnes verschont wurde. Aber das funktionierte nicht. Die Armee hatte keinerlei Bedenken, Absalom zu erschlagen. Sie mussten das Wohl des ganzen Reiches berücksichtigen und nicht nur die Gefühle des Königs. Absalom wurde in der Schlacht getötet, und als David die Nachricht erreichte, dass sein Sohn tot war, schrie er: „Mein Sohn Absalom! Mein Sohn, mein Sohn Absalom! Wollte Gott, ich wäre für dich gestorben! O Absalom, mein Sohn, mein Sohn“ (2. Samuel 19,1).

Trotz Absaloms Verrat war David von Trauer überwältigt, als er die Nachricht vom Tod seines Sohnes erhielt. Falls du selbst Kinder hast, kannst du mit Davids Reaktion sicher mitfühlen. Eigentlich können wir das alle, denn der Tod eines geliebten Menschen bricht einem das Herz, selbst (vielleicht sogar besonders) wenn die Beziehung vor dem Tod zerbrochen war. Ob mächtige Gefühle wie Trauer in uns aufkommen, ist keine Frage der Weisheit oder des Mangels an Weisheit; aber wie wir damit umgehen, hat sehr wohl mit Weisheit zu tun. Davids Reaktion jedenfalls entmutigte die Männer, die ihr Leben für ihn eingesetzt hatten.

> *So wurde aus dem Sieg an diesem Tag eine Trauer unter dem ganzen Kriegsvolk; denn das Volk hatte an diesem Tage gehört, dass sich der König um seinen Sohn gräme. Und das Kriegsvolk stahl sich weg an diesem Tage in die Stadt, wie sich Kriegsvolk wegstiehlt, das sich schämen muss, weil es im Kampf geflohen ist. (2. Samuel 19,3-4)*

Als die Nachricht von Davids Trauer sich wie eine Wolke der Entmutigung in der ganzen Stadt ausbreitete, ging Davids Ratgeber Joab zum König und wies ihn zurecht:

Du hast heute schamrot gemacht alle deine Knechte, die dir heute das Leben gerettet haben und deinen Söhnen, deinen Töchtern, deinen Frauen und Nebenfrauen, weil du lieb hast, die dich hassen, und hasst, die dich lieb haben. Denn du lässt heute merken, dass dir nichts gelegen ist an den Obersten und Kriegsleuten. Ja, ich merke heute wohl, wenn nur Absalom lebte und wir heute alle tot wären, das wäre dir recht. (2. Samuel 19,6-7)

Joabs Worte drangen durch Davids Trauer hindurch, und um seines Volkes willen raffte er sich wieder auf. Trotzdem haben wir in David ein Beispiel für Gefühle, die Amok laufen. Er hielt sowohl die Liebe zu seinem Sohn als auch die Trauer über seinen Tod schlecht im Zaum, und dass es ihm nicht gelang, „seinen Geist zu beherrschen" (Sprüche 16,32), hatte weitreichende Konsequenzen. Arthur Pink schreibt dazu: „Das exzessive Ausleben jeder Leidenschaft (Trauer ist da auf keinen Fall ausgeschlossen) beleidigt nicht nur Gott, sondern verführt uns Menschen auch zu großer Unbesonnenheit in unseren täglichen Angelegenheiten."[17]

Daher …

Betrachtet man all dies unter dem Gesichtspunkt, dass wir uns laut der Sprüche auf die Gefühle anderer einstellen sollen, dann können wir die Weisheit emotionaler Zurückhaltung so zusammenfassen: „Emotionen nur so weit freien Lauf lassen, wie sie anderen Menschen nicht schaden oder Gottes Namen verachten".

Wünsche

Unsere Wünsche – das, was wir wollen – neigen dazu, unser Leben und unsere Entscheidungen zu bestimmen. Aus diesem Grund ist es wichtig, dass unsere Wünsche nach biblischen Maßstäben geformt werden. Gerade jetzt, in diesem Moment, wünscht sich jede von uns etwas. Es mag ein Wunsch sein, den wir schon seit Jahren in unserem Herzen tragen, vielleicht aber auch etwas Aktuelleres. Vielleicht ist es etwas, das unserer weiblichen Natur entspringt – ein Ehemann, ein Kind, ein eigenes Haus. Einige von uns verlangt nach Heilung, sei es von einer Krankheit oder für eine Beziehung. Es kann der Wunsch nach einer großen Veränderung sein, zum Beispiel nach einem anderen Job oder einem Umzug. Vielleicht ist es auch etwas Einfacheres wie zwei Wochen Auszeit am Strand oder mal ein oder zwei Abende nicht in der Küche stehen zu müssen. Doch hoffentlich ist unsere Sehnsucht nach Gott größer als die nach der Erfüllung all unserer Wünsche.

Manchmal versuchen wir mit einem bestimmten Wunsch nur, ein tieferes Verlangen in unserem Herzen, das wir nicht benennen können, eine Gestalt zu geben. Mit unserem Wunsch nach Ehe, Eigenheim und Familie könnten wir zum Beispiel auszudrücken, dass uns nach Liebe, Zugehörigkeit und der Überwindung der Einsamkeit verlangt. Unabhängig von den Details unserer Wünsche oder unserer spezifischen Ausdrucksweisen sind all unsere Sehnsüchte ein Hinweis auf die Tatsache, dass wir noch nicht in unserem echten Zuhause angekommen sind. Wir sind unvollendete Frauen in einer unvollendeten Welt, und deshalb werden wir keine umfassende Zufriedenheit erfahren, bis wir in unser ewiges Zuhause kommen, bis wir durch Christus vollkommen sind und mit ihm im Himmel leben. Bis dahin werden wir Frauen bleiben, die sich nach etwas sehnen.

Viele der Dinge, nach denen wir uns sehnen, sind fest in uns angelegt. Gott hat uns so gemacht, dass wir ein Zuhause und eine Familie wollen, dazu Nahrung, Kleidung und ein sicheres Leben; und an diesen Wünschen ist nichts verkehrt. Das Problem ist, dass wir diese Dinge oft zu sehr wollen. Wenn das geschieht, verwandeln sich gute Wünsche in Sklaventreiber. Wir sind Sklavinnen jedes

Verlangens, von dem wir glauben, dass es erfüllt werden muss, damit wir zufrieden sein können. Aus diesem Grund tun wir gut daran, zu bedenken, was die Sprüche über unsere Wünsche zu sagen haben.

Die Sprüche unterscheiden zwischen guten und schlechten Wünschen und dann noch zwischen guten, besseren Wünschen und solchen, die am besten sind. Dabei stellen sie die Weisheit an die Spitze der wünschenswerten Errungenschaften.

> *Denn Weisheit ist besser als Perlen,*
> *und alles, was man wünschen mag, kann ihr nicht gleichen. (Sprüche 8,11)*

Das Wort Gottes sagt uns hier, dass sich nichts als so lohnend und befriedigend erweisen wird wie das Erlangen von Weisheit, ganz gleich wie wertvoll und gut unsere Wünsche ansonsten auch sein mögen. Demnach sollte man annehmen, dass wir das Ziel, Weisheit zu erlangen, mit weit mehr Leidenschaft verfolgen würden, als wir es bisher tun. Wenn wir so sehr nach Weisheit verlangen würden wie nach Dingen und Beziehungen und Erfolg, wären wir weit zufriedener, als wir oft sind. Gott möchte uns mit Weisheit ausstatten, aber es muss nicht unbedingt zu seinem Plan gehören, uns beliebig viele der anderen Dinge zu geben, die wir uns von Herzen wünschen. Daraus entsteht der größte Teil unserer Unzufriedenheit.

Tatsächlich könnte Gott uns sogar etwas, das wir wollen, vorenthalten, weil unser Verlangen danach so stark ist, dass es schädlich für uns wäre, wenn wir es bekämen. David Powlison sagt: „Unsere Wünsche nach guten Dingen greifen nach dem Thron und werden zu Götzen, die den König verdrängen. Gott lehnt es ab, unseren instinktiven Sehnsüchten zu dienen. Stattdessen fordert er uns auf, von anderen Sehnsüchten angetrieben zu werden. Und wenn Gott uns zu etwas herausfordert, gibt er auch die Kraft, es zu erreichen.“[18] Als Erstes lernen wir also aus den Sprüchen über unsere Wünsche, dass der beste Wunsch – der, der uns mit Sicherheit erfüllt wird – der Wunsch nach Weisheit ist.

Die Sprüche weisen sogar darauf hin, dass wir viel zuversichtlicher sein können, dass Gott unsere Wünsche erfüllt, wenn sie mit Gottes Maßstäben übereinstimmen.

> *Was der Gottlose fürchtet, das wird ihm begegnen;*
> *und was die Gerechten begehren, wird ihnen gegeben. (Sprüche 10,24)*

> *Der Gerechten Wunsch führt zu lauter Gutem;*
> *aber der Gottlosen Hoffen führt zum Tage des Zorns. (Sprüche 11,23)*

Der Psalmist drückt es so aus: „Habe deine Lust am Herrn; der wird dir geben, was dein Herz wünscht“ (Psalm 37,4).

Die Sprüche beschäftigen sich auch mit der *Kraft* der Wünsche.

> *Hingezogene Hoffnung macht das Herz krank,*
> *aber ein eingetroffener Wunsch ist ein Baum des Lebens.*
> *(Sprüche 13,12; ELB)*

> *Wenn kommt, was man begehrt, tut es dem Herzen wohl;*
> *aber das Böse meiden ist den Toren ein Gräuel. (Sprüche 13,19)*

Betrachte den Gegensatz in diesem letztgenannten Vers aus den Sprüchen. Wahrscheinlich hat jede von uns schon einmal erlebt, wie schön es ist, wenn ein Traum wahr wird. Unvernünftige Menschen erleben diese Schönheit jedoch, indem sie einem Fehlverhalten nachgeben. Doch das bringt bestenfalls eine vorübergehende Erfüllung und ist nie für einen längeren Zeitraum schön.

Die Sprüche zeigen uns auch, was geschieht, wenn wir unseren Wünschen erlauben, unser Leben zu bestimmen.

Wer sich absondert, geht nur seinen eigenen Wünschen nach;
er verweigert alles, was heilsam ist. (Sprüche 18,1; NLB)

Hier ist eine Person beschrieben, die so sehr darauf fixiert ist, ihren Wünschen nachzujagen, dass sie nicht mehr auf den Rat oder die Anleitung anderer hört. Mit der Zeit geht sie jedem aus dem Weg, der ihr Streben nach dem, was sie will, infrage stellt. Wahrscheinlich muss sie aber am Ende feststellen, dass diese Schwarzmaler von Anfang an recht hatten. Wir können die Wahrheit dieses Verses aus den Sprüchen jeden Tag beobachten; oft bei Liebesbeziehungen, die Gott nicht gefallen und nicht mit seinen Vorstellungen übereinstimmen.

Die Sprüche sagen uns, dass wir weise mit unseren Wünschen umgehen, wenn wir den Rat anderer willkommen heißen, mit dem sie uns gegen die Macht des Verlangens schützen wollen. Diese Weisheit wird hier noch einmal bestätigt:

Schon unvernünftige Begierde ist nicht gut,
und wer hastig rennt, tritt fehl. (Sprüche 19,2)

Die Sprüche machen auch deutlich, dass wir als gefallene Geschöpfe uns nach unvernünftigen Dingen oder nach zu viel von etwas Gutem sehnen können. Wenn wir dem nachgeben, hat das Konsequenzen.

Der Faule stirbt über seinem Wünschen;
denn seine Hände wollen nichts tun. (Sprüche 21,25)

Faule Menschen haben ein unangemessenes Verlangen nach Bequemlichkeit und Vergnügen, ohne dafür arbeiten zu müssen. Wenn wir an einen faulen Menschen denken, entsteht vor unserem geistigen Auge das Bild von jemandem, der bis mittags schläft und sich dann mit Fernbedienung und Chipstüte aufs Sofa setzt. Aber solche „Couch-Potatos“ sind nicht die einzigen Faulen; auch körperlich aktive Menschen können faul sein.

Bethany, eine arbeitslose Achtundzwanzigjährige, sucht einen Job. Sie braucht auch dringend einen, denn sie ist schon über ein Jahr arbeitslos. Bethany ist aber nicht bereit, einfach jeden Job anzunehmen. Nein, sie will ihren Traumjob. Freunde und Familie haben Bethany ermutigt, sich auf Stellen zu bewerben, die sie mit der Zeit zu ihrem Traumjob führen könnten, aber Bethany gefallen diese Vorschläge nicht und sie ist nicht einmal bereit, darüber nachzudenken.

Als ich Kommunikationswissenschaften studierte, hatte ich das Glück, eine wirklich erstklassige Universität besuchen zu können. Doch ich werde nie vergessen, was einer der Professoren uns Studenten (Mensch, ist das lange her) – trotz des guten Rufs der Hochschule – gegen Ende des letzten Semesters sagte: „Erwarten Sie nicht, dass Sie diese Hochschule verlassen und sofort mit dem genau auf Sie zugeschnittenen Job bei einer Zeitung, einem Verlag oder einem Fernsehsender beginnen werden. Nein, wenn Sie den irgendwann bekommen wollen, werden die Damen unter Ihnen als Sekretärinnen anfangen und die Herren unter Ihnen im Verkauf.“ Er sprach von den Lehrjahren. Und er hatte recht. Bethany will aber keine Lehrjahre durchlaufen, und sie denkt auch nicht, dass sie das nötig hätte, denn sie ist ja attraktiv und hat einen Uniabschluss. Wenn wir unser Leben darauf aufbauen, dass wir auf irgendetwas einen Anspruch haben, dann leben wir als Faulenzer. Demut, die Hand in Hand mit der Weisheit geht, erkennt und akzeptiert, dass Lehrjahre zum Leben dazugehören.

Wenn unsere Wünsche von der Furcht des Herrn geprägt sind, dann werden wir erleben, dass sie auch Wirklichkeit werden: „Er tut, was die Gottesfürchtigen begehren“ (Psalm 145,19). Zudem sind Menschen, die den Herrn fürchten, auch Menschen, die nach dem

Herrn verlangen. Der Psalmist wusste das nicht nur, sondern er lebte es auch mit jedem Atemzug: „Wen habe ich im Himmel? Und außer dir habe ich an nichts Gefallen auf der Erde“ (Psalm 73,25; ELB). Dies ist genau der Weg, den du gehen solltest, wenn du die Freude erfüllter Wünsche erleben möchtest. Wenn wir nach Gott selbst verlangen, haben wir die Garantie, ihn in Christus auch zu finden. Und im gleichen Maß, wie wir ihn kennenlernen, wird unser Verlangen nach anderen Dingen abnehmen, denn nichts ist erfüllender als Gott in Christus. Hast du das schon erlebt? Wenn ja, weißt du genau, wovon der Psalmist spricht. Falls nicht, bist du dann bereit zu beten, dass Gott dies zu deinem größten Verlangen macht? Wenn du dazu bereit bist, darfst du dir sicher sein, dass auch du die Freude erfüllter Wünsche erleben wirst.

Wohl dem Menschen, der Weisheit erlangt,
und dem Menschen, der Einsicht gewinnt!
Denn es ist besser, sie zu erwerben, als Silber,
und ihr Ertrag ist besser als Gold.
Sie ist edler als Perlen,
und alles, was du wünschen magst, ist ihr nicht zu vergleichen.
(Sprüche 3,13-15)

Die Welt ...

Manche Menschen haben das Gefühl, dass sie es nicht verdienen, wohlhabend zu sein, oder dass der Kuchen für Millionäre schon aufgeteilt ist. Doch jeder kann Wohlstand erlangen und sich finanzielle Freiheit verschaffen. Es ist unser Recht, wohlhabend zu sein, und ich hoffe, dass die Menschen sich ihren Teil nehmen und wissen, dass sie es verdienen.

Loral Langmeier, „8 Myths About Money"
The Millionaire Maker

Das Wort ...

Das Vermögen des Reichen ist seine feste Stadt
und wie eine hochragende Mauer – in seiner Einbildung.

Sprüche 18,11 (ELB)

Kapitel 7

Weise Frauen sind in finanziellen Dingen geschickt

„Ich hab keine Ahnung, wie unsere finanzielle Situation ist", sagte Natalie. „Mein Mann kümmert sich um das alles, und ich bin froh darüber, denn Rechnungen und Steuern und Sparpläne, das ist mir alles zu hoch." Natürlich ist es ihr zu hoch – sie hat ja auch weder Zeit noch Energie investiert, um etwas darüber zu lernen. Und auch wenn in vielen, wenn nicht den meisten Familien die Männer das Geld verwalten, liegt doch sehr viel Weisheit darin, einen Überblick über die Finanzen der Familie zu haben. Es ist hilfreich zu wissen, wo die Belege aufbewahrt werden und welches die wichtigen Kontakte sind. Wenn eine Frau unerwartet ihren Mann verliert, wird die emotionale und praktische Katastrophe noch größer, sollte sie den Stand ihrer finanziellen Angelegenheiten nicht kennen oder nicht verstehen. Andersherum ergeht es Frauen, die über die finanziellen Angelegenheiten der Familie auf dem Laufenden sind, nicht nur besser, wenn sie plötzlich alleine gelassen werden, sie können die Familie auch viel besser aktiv unterstützen, wenn ihr Mann noch bei ihnen ist.

Wir finden solch eine Frau in Sprüche 31 (eine Frau, die wir uns später noch genauer ansehen werden). Die Frau aus Sprüche 31,10-31 ist ein Bild für die Weisheit. Sie steht am Ende der Sprüche als ein

Beispiel dafür, wonach ein junger Mann Ausschau halten sollte, wenn er eine Ehefrau sucht. Und eine der Qualitäten, für die sie gelobt wird, ist ihr Verständnis von finanziellen Dingen. Sie nahm sich die Zeit, nach einer guten Investitionsmöglichkeit zu suchen, und sie machte diese Investition profitabel (vgl. Sprüche 31,16). Sie kannte auch den Wert der Handelswaren ihrer Zeit und nutzte dieses Wissen, um Einkommen zu erzielen (vgl. Sprüche 31,18.24).

Von ihr lernen wir, dass es im Sinne der Bibel ist, wenn eine Frau geschäftstüchtig ist und sich in finanziellen Dingen auskennt. In unseren wohlmeinenden Bemühungen, den Schaden zu begrenzen, den der Feminismus an Gottes Ordnung für die Ehe angerichtet hat, bewegen wir uns heute zu oft zu weit in die andere Richtung. Wir wollen an der Führungsrolle des Mannes in der Familie festhalten und machen gleichzeitig einen großen Bogen um Dinge wie Finanzen. Doch das ist die falsche Art, damit umzugehen. In Wirklichkeit können wir unseren Ehemännern sogar besser helfen, wenn wir wissen, was auf unseren Bankkonten los ist, denn dann sind wir eine gut informierte Gesprächspartnerin und leisten einen intelligenten Beitrag zu finanziellen Entscheidungen, statt unseren Mann damit völlig allein zu lassen.

Ob verheiratet oder Single, wir alle sind dazu berufen, zum finanziellen Wohlergehen unseres Haushalts beizutragen. Der Beitrag einer verheirateten Frau kann direkt oder indirekt sein, während er bei einer alleinstehenden Frau fast immer direkt ist. Abgesehen davon, dass sie sich Wissen aneignen muss, wie man Geld spart und anlegt, muss eine unverheiratete Frau auch das notwendige Geld verdienen. In jedem Fall bleiben die Prinzipien finanzieller Weisheit aber gleich. Zunächst stellen die Sprüche einen direkten Zusammenhang zwischen Wohlstand und harter Arbeit einerseits und Faulheit und Armut andererseits her.

Lässige Hand macht arm;
aber der Fleißigen Hand macht reich. (Sprüche 10,4)

Wo man arbeitet, da ist Gewinn;
wo man aber nur mit Worten umgeht, da ist Mangel. (Sprüche 14,23)

Wer seinen Acker bebaut, wird Brot genug haben;
wer aber nichtigen Dingen nachgeht, wird Armut genug haben. (Sprüche 28,19)

Sprüche 14,23 ist ein Vers für Bethany, die wir im letzten Kapitel kennengelernt haben. Er zeigt, dass wir gesegnet werden, auch wenn wir nur die einfachsten Tätigkeiten verrichten. Diese Segnungen können sich unmittelbar einstellen oder erst später auf unserem Weg. Im Hinblick auf Finanzen gilt dieser Vers sowohl für unsere Bemühungen, Geld zu *verdienen*, als auch für unsere Bemühungen, zu *lernen*. An anderer Stelle schrieb Salomo: „Am Morgen säe deinen Samen, und lass deine Hand bis zum Abend nicht ruhen; denn du weißt nicht, was geraten wird, ob dies oder das oder ob beides miteinander gut gerät" (Prediger 11,6).

Die Macht finanzieller Kontrolle

Die Sprüche bieten uns auch Weisheit an, wie wir mit dem Leihen von Geld umgehen sollen. Sie machen deutlich, dass damit immer, wenn auch oft unsichtbare, Bindungen entstehen.

Der Reiche herrscht über die Armen;
und wer borgt, ist des Gläubigers Knecht. (Sprüche 22,7)

Manchmal ist es unvermeidlich, aber es ist immer eine riskante Angelegenheit, sich einem Menschen oder einer Institution gegenüber zu verschulden. Mitunter ist es auf lange Sicht für unser eigenes oder für das Wohlergehen unserer Familie durchaus sinnvoll, dass wir uns Geld leihen. Schließlich können nur die Wenigsten das Geld für ein Haus oder selbst ein Auto einfach so bar auf den Tisch blättern. Falls wir aber mit der Rückzahlung der Schulden in Rückstand geraten, sind wir schlechter dran, als bevor wir die Schulden aufgenommen haben. Und um die Konsequenzen zu vermeiden – die Knechtschaft, von der in den Sprüchen die Rede ist –, ist es weise, so gut wie möglich einzuschätzen, ob der zu leihende Betrag für uns auch tragbar ist. Es ist weise, die Kosten jeder Unternehmung im Voraus zu überschlagen, wie Jesus deutlich machte, als er die Frage stellte: „Denn wer ist unter euch, der einen Turm bauen will und setzt sich nicht zuvor hin und überschlägt die Kosten, ob er genug habe, um es auszuführen?" (Lukas 14,28).

Aber lassen wir diese Grundlagen, die man in jedem Ratgeber zum Thema Finanzen nachlesen kann, einmal beiseite. Unser Leben kann auf viel subtilere Weise von einem Gläubiger erdrückt werden. Wenn wir das Darlehen zum Beispiel von den Schwiegereltern nehmen, könnte es dann nicht sein, dass wir uns für die nächsten zehn Jahre verpflichtet fühlen, jeden Urlaub mit ihnen zu verbringen? Wenn wir unseren Ehemann ermuntern, finanzielle Hilfe von unserem eigenen Vater anzunehmen, wird er sich dann vielleicht genötigt sehen, auch in Bereichen, die mit dem Darlehen gar nichts zu tun haben, den Wünschen unseres Vaters nachzukommen, und dabei vielleicht einen Groll gegen ihn entwickeln? Es ist weise, immer auch das langfristige Bindungspotenzial zu berücksichtigen, wenn wir uns Geld leihen wollen.

Vor einiger Zeit lieh sich meine Freundin Linda zinsfrei Geld von einem Familienmitglied, um damit ihre Studienkosten zu bezahlen. Das stellte sich wirklich als großer Segen heraus. Sie zahlte das Darlehen so schnell wie möglich zurück, weil sie sich jedes Mal schuldig fühlte, wenn sie einen Dollar für etwas ausgab, das nicht unbedingt notwendig war. Der Mann, von dem sie sich das Geld geliehen hatte, machte nie auch nur die geringste Andeutung, dass sie sich mit der Rückzahlung beeilen sollte oder dass es ihn interessierte, wofür sie ihr Geld ausgab. Außerdem wäre es ihm sicher gar nicht recht gewesen, wenn er gewusst hätte, wie Linda sich wegen des Darlehens fühlte. Trotzdem befand sie sich in einer Form der Knechtschaft gegenüber dem Gläubiger. Manchmal ist es wirklich unvermeidlich, sich etwas zu leihen. Doch in anderen Fällen könnten wir der Gefahr, die in Sprüche 22,7 beschrieben wird, aus dem Weg gehen, wenn wir unsere wirklich dringenden Bedürfnisse von unseren Wünschen trennen könnten.

Die Last des Wohlstands und die Kraft Gottes

Doch selbst Geld, das wir durch unsere eigene Leistung erworben haben, kann zu einer Belastung werden.

Mit Reichtum muss mancher sein Leben erkaufen;
aber ein Armer bekommt keine Drohung zu hören. (Sprüche 13,8)

Je mehr du hast, desto mehr kann dir auch genommen werden, und umso mehr gibt es, worum du dir Sorgen machen könntest. Wir fahren durch die Alleen, wo die Villen weit von der Straße zurückgesetzt stehen, und bewundern – vielleicht sogar mit etwas Neid – diese perfekt geschnittenen Rasenflächen und stellen uns vor, wie prächtig die Einrichtung und die Möbel des Hauses wohl sein müssen. Aber denken wir auch daran, welchen Aufwand es erfordert, solch einen Rasen zu haben? Entweder steht er für die Anstrengungen von Vater und Sohn an jedem Samstag im Sommer oder für die regelmäßige Arbeit eines teuren Gartenpflegeservice. Was die Einrichtung angeht: Das ganze Silber muss poliert werden – und versichert. Hohe Decken können nur von professionellen Malern gestrichen werden, und teure Polster brauchen eine Spezialreinigung. Je mehr man hat, desto mehr gibt man auch aus. „Trotzdem", sagen wir, „würde ich sofort die Unannehmlichkeiten eines ‚Nicht-genug' gegen die Unannehmlichkeiten eines ‚Zuviel' eintauschen."

Weil wir zu einem solchen Denken neigen, sind wir auch anfällig für die verschiedensten Taktiken, die versprechen, unser Bankkonto zu füllen. Unser Verlangen nach der Erleichterung, die wir mit der Vorstellung von viel Geld verbinden, kann unser Urteilsvermögen schmälern. Aus diesem Grund unterstreichen die Sprüche die Wahrheit des Sprichworts: „Wenn es so klingt, als sei es zu gut, um wahr zu sein, dann ist es das auch." Systeme für schnellen Reichtum funktionieren nicht, und wer es trotzdem immer wieder damit versucht, lässt zu, dass die Gier die Stimme der Weisheit erstickt. Das schließt auch Menschen ein, die mit ihrem dringend benötigten Einkommen Lotterielose kaufen oder in hochriskante Aktien oder Geschäfte investieren, statt die Hypothekenrate oder die Stromrechnung zu bezahlen.

Das Planen eines Emsigen bringt Überfluss;
wer aber allzu rasch handelt, dem wird's mangeln. (Sprüche 21,5)

Hastig errafftes Gut zerrinnt;
wer aber ruhig sammelt, bekommt immer mehr. (Sprüche 13,11)

Als der Immobilienmarkt in den USA 2008 zusammenbrach, konnten die Leute die Schuld gar nicht schnell genug auf andere schieben. Der Geisteshaltung unserer Gesellschaft entsprechend richtete sich die Wut der Medien überwiegend auf die Wall Street, die amerikanische Regierung und die Hypothekenbanken, aber es war nur sehr wenig die Rede von der individuellen Verantwortung. Obwohl es richtig ist, dass all diese Institutionen zum Platzen der Immobilienblase beigetragen haben, waren die vielen Tausend, die Hypotheken aufgenommen hatten, ebenso verantwortlich, denn sie konnten sich die Hypotheken gar nicht leisten. Es war nicht im biblischen Sinne, als die Regierung behauptete, dass jeder Amerikaner das „Recht" auf ein eigenes Haus hätte. Und es war nicht im biblischen Sinne, als die Hypothekenverleiher den Leuten erzählten, dass sie ihr Traumhaus ohne Anzahlung haben könnten. Doch ebenso war es nicht im biblischen Sinne, wie sich jene verhielten, die ihr Haus unbedingt kaufen wollten: Sie schoben jeden Gedanken daran, dass sie sich vielleicht finanziell weit übernehmen könnten, beiseite und unterschrieben einfach den Vertrag. Hätten die Menschen sich nur eingehend informiert und sich weisen Rat geholt, hätten zahllose Zwangsversteigerungen vermieden werden können. Es war die Gier, die zum Problem wurde und quer durch die amerikanische Gesellschaft die Weisheit ausgestochen hat.

Der Schatz unseres Herzens

Wenn es um Finanzen geht, liegt der Schwerpunkt in den Sprüchen weniger auf dem intellektuellen Verstehen finanzieller Zusammenhänge als auf dem Raum, den sie in unserem Herzen einnehmen. Zum großen Teil ist es das Herz, das im Leben eines Menschen über Reichtum oder Armut entscheidet. Gottes Vorsehung ist dem natürlich noch übergeordnet, aber genau diese Vorsehung hat bestimmt, dass unsere Herzen eine Rolle für unser finanzielles Wohlergehen spielen. Trotzdem will Gott nicht, dass wir die Sprüche so verwenden, als wären sie unser persönlicher Finanzberater. Nein, in all unserem Wohlstand oder unserer Armut, ob nun durch Weisheit oder Unvernunft erlangt, möchte er uns abgewöhnen, uns um Geld überhaupt übermäßig viele Gedanken zu machen. Gott möchte uns zu verstehen geben, dass wir uns für all unsere Bedürfnisse – unser Bedürfnis nach Weisheit eingeschlossen – von ihm abhängig machen sollen. Agur, der die Aussprüche in Kapitel 30 der Sprüche geschrieben hat, betete:

> *Falschheit und Lüge lass ferne von mir sein;*
> *Armut und Reichtum gib mir nicht;*
> *lass mich aber mein Teil Speise dahinnehmen, das du mir beschieden hast.*
> *Ich könnte sonst, wenn ich zu satt würde, verleugnen*
> *und sagen: Wer ist der Herr?*
> *Oder wenn ich zu arm würde, könnte ich stehlen*
> *und mich an dem Namen meines Gottes vergreifen.* (Sprüche 30,8-9)

Was sollen wir aber dann von dem folgenden Vers aus den Sprüchen halten?

> *Die Habe des Reichen ist seine feste Stadt;*
> *aber das Verderben der Geringen ist ihre Armut.* (Sprüche 10,15)

Aus diesen speziellen Versen können wir etwas Wichtiges über das Buch der Sprüche lernen. Seine Gedanken sind nicht so sehr Verheißungen, sondern eher Beobachtungen darüber, wie das Leben nun mal funktioniert. Wenn wir das begriffen haben, können wir auch lernen, seine Ratschläge korrekt anzuwenden. Sprüche 10,15 ist dafür ein gutes Beispiel. Der Schreiber macht die Beobachtung, dass Menschen mit Geld es in mancher Hinsicht eher leichter haben als Menschen ohne Geld. Niemand von uns würde dem widersprechen wollen, weshalb wir ja so sehr in Versuchung sind, unsere Herzen darauf zu richten, reich zu werden. Wenn eine Renovierung notwendig wird, erspart uns Geld auf der Bank die Sorge darum, wie wir das bezahlen sollen. Wenn unser Sohn an dem kostspieligen

Sommerferienlager teilnehmen will, schenkt uns ein gut gefülltes Bankkonto die Freude, Ja sagen zu können. Wenn eine Freundin uns fragt, ob wir für eine Woche mit nach Gran Canaria fliegen wollen, erlaubt uns unser Geld, ohne schlechtes Gewissen echte Vorfreude zu empfinden, wenn wir auf der Internetseite des Reiseveranstalters auf „Buchen" klicken. Geld kann tatsächlich ein Segen sein, und genau das bestätigt uns Sprüche 10,15.

Trotzdem werden wir in der Bibel immer wieder vor dem Trugschluss gewarnt, dass Geld uns Sicherheit verleihen würde. Paulus schrieb: „Denn eine Wurzel alles Bösen ist die Geldliebe" (1. Timotheus 6,10). Die Gefahr liegt genau in dem Segen, den Geld spendet – dem Gefühl der Sicherheit. Und das ist deshalb gefährlich, weil Gott allein unser Vertrauen verdient. Außerdem haben wir letztlich ohnehin keine Kontrolle über unsere persönliche Sicherheit. Daher heißt es in den Sprüchen auch:

> *Versuche nicht, mit aller Kraft reich zu werden;*
> *sei klug und vergeude deine Zeit nicht damit.*
> *Denn der Reichtum kann plötzlich verschwinden –*
> *er bekommt Flügel wie ein Adler und fliegt davon.* (Sprüche 23,4-5; NLB)

Das ist tatsächlich eine gute Nachricht, denn die meisten von uns werden ohnehin nie richtig reich werden. Es ist eine gute Nachricht, weil uns etwas so viel Besseres angeboten wird, worauf wir vertrauen können – auf Gott selbst. Jesus hat gesagt: „Darum sage ich euch, sorgt nicht um euer Leben, was ihr essen und trinken werdet; auch nicht um euren Leib, was ihr anziehen werdet. Ist nicht das Leben mehr als die Nahrung und der Leib mehr als die Kleidung? Seht die Vögel unter dem Himmel an, sie säen nicht, sie ernten nicht, sie sammeln nicht in die Scheunen; und euer himmlischer Vater ernährt sie doch. Seid ihr denn nicht viel mehr als sie?" (Matthäus 6,25-26). Und der Verfasser des Hebräerbriefs schrieb: „Seid nicht geldgierig, und lasst euch genügen an dem, was da ist. Denn der Herr hat gesagt (Josua 1,5): ,Ich will dich nicht verlassen und nicht von dir weichen'" (Hebräer 13,5).

Es ist auch deshalb eine gute Nachricht, weil viele von uns bei der Verwaltung ihres Geldes ein ziemliches Chaos angerichtet haben und nun gerade mit den Konsequenzen leben müssen. Aber Gott baut unser Leben nicht darauf auf, wie geschickt wir mit Geld umgehen können oder wie viel Erfolg oder Misserfolg wir dabei haben. Er baut es auf seine eigenen Pläne auf, und diese Pläne schließen sogar das Chaos mit ein, das wir anrichten. J. I. Packer schreibt dazu:

> *Die Bibel erinnert uns deshalb so oft daran, dass Gott ein starker Fels, eine feste Burg und ein sicherer Zufluchtsort für die Schwachen ist, weil Gott uns immer wieder vor Augen führen muss, dass wir sowohl geistlich wie auch moralisch schwache Menschen sind und uns deshalb nicht auf uns selbst verlassen dürfen, wenn es darum geht, den richtigen Weg zu finden oder ihm zu folgen. ... Gott möchte uns spüren lassen, dass unser Weg durch dieses Leben steinig und beschwerlich ist, damit wir lernen, uns dankbar auf ihn zu stützen. ... Diese Wahrheit hat viele Aspekte. Einer der erstaunlichsten ist, dass Gott unsere Sünden und Irrtümer zu diesem Zweck benutzt. Er verwendet sehr häufig unser Versagen und unsere Fehler zu unserer Erziehung. ... Gott vermag selbst aus den größten Torheiten unseres Lebens Gutes hervorzubringen. Gott kann die Jahre ersetzen, die die Heuschrecken gefressen haben (vgl. Joel 2,25). ... Sind deine Probleme auf dein Versagen zurückzuführen? Bist du zu der Erkenntnis gelangt, dass du einen entsetzlichen Fehler begangen hast? Dann kehre um zu Gott. Seine wiederherstellende Gnade gilt auch dir.*[19]

Aus Gottes Perspektive gibt es viel wichtigere Dinge als Geld – Dinge wie Gerechtigkeit und der Segen, wenn man einen Ruf erwirbt, der ihm Ehre macht.

Wer sich auf seinen Reichtum verlässt, der wird untergehen;
aber die Gerechten werden grünen wie das Laub. (Sprüche 11,28)

Ein guter Ruf ist köstlicher als großer Reichtum
und anziehendes Wesen besser als Silber und Gold. (Sprüche 22,1)

Weil Gott mit uns andere Absichten hat als die Welt, sind wir weise, wenn wir bei der Wahl unseres Berufes oder unseres Ehepartners nicht einen möglichen Spitzenverdienst zum wichtigsten Kriterium machen. Und unser Bedauern über finanzielle Fehler der Vergangenheit können wir auch aufgeben und uns auf das konzentrieren, was wirklich wichtig ist. Bedauerst du gerade irgendeine Entscheidung bezüglich deines Geldes? Wenn ja, erzähle Gott davon und bitte ihn, dich durch diesen Fehler zu verändern und etwas Gutes daraus zu machen. Er wird das tun. Wie auch immer unsere Vergangenheit oder Gegenwart in finanzieller Hinsicht aussehen mag, die Zukunft kann von Weisheit geprägt sein. Ein guter erster Schritt in diese Richtung ist, wenn wir uns das Gebet von Agur zu eigen machen. Möchtest du das tun?

Die Welt ...

Ich bezweifle, dass Treue für eine Beziehung zwingend nötig ist.
Weder Brad noch ich haben jemals behauptet,
dass unser Zusammenleben bedeuten soll,
aneinandergekettet zu sein.

Angelina Jolie in einer Zeitschrift

Das Wort ...

Trink Wasser aus deiner eigenen Zisterne,
Wasser, das aus deinem Brunnen quillt.
Sollen deine Quellen auf die Straße fließen,
auf die freien Plätze deine Bäche?
Dir allein sollen sie gehören,
kein Fremder soll teilen mit dir.
Dein Brunnen sei gesegnet;
freu dich der Frau deiner Jugendtage.

Sprüche 5,15-18 (EÜ)

Kapitel 8

Weise Frauen schützen ihre Sexualität

In einer Gesellschaft, in der darüber diskutiert wird, ob Ehen unter Homosexuellen und praktizierte Pädophilie rechtmäßig sein sollen, kann man kaum glauben, dass Ehebruch in einigen Staaten der USA immer noch illegal ist. Folgendes finden wir unter den Gesetzen des Staates Minnesota:

> *Wenn eine verheiratete Frau sexuellen Verkehr mit einem anderen Mann als ihrem Ehemann hat, unabhängig davon, ob dieser verheiratet ist oder nicht, sind beide des Ehebruchs schuldig und können zu einer Gefängnisstrafe von nicht mehr als einem Jahr oder zur Zahlung einer Geldstrafe von nicht mehr als 3.000 Dollar oder zu beidem verurteilt werden.*[20]

Derartige Gesetze sind uns nicht bekannt, weil sie nicht durchgesetzt werden. Sie dienen in erster Linie als Verhandlungsargument in Scheidungsprozessen.[21]

Uns interessiert aber auch nicht so sehr das, was die Gesetzbücher über sexuelle Verhaltensweisen zu sagen haben, sondern vielmehr, was Gottes Wort sagt.

Sex ist eines der Hauptthemen im Buch der Sprüche. Die ursprüngliche Absicht hinter dieser Aufklärung bestand darin, jungen Männern beizubringen, was für eine Frau sie sich suchen und welche sie lieber meiden sollten. Obwohl die ursprüngliche Zielgruppe männlich war, können auch wir Frauen eine Menge davon lernen. Als Erstes werden wir uns ansehen, was die Sprüche über den Unterschied zwischen den netten Frauen und nicht so netten zu sagen haben. Am Anschluss daran können wir unsere eigenen Herzen prüfen, ob wir tatsächlich zu den netten Frauen gehören. Weil wir in einer Gesellschaft leben, in der Frauen eine Freiheit genießen wie nie zuvor in der Geschichte, sind die Ratschläge in den Sprüchen, wovor wir uns hüten sollten, heute nicht nur auf Männer anwendbar.

Als die Sprüche damals zusammengestellt wurden, waren Frauen längst nicht so unabhängig, wie sie es heute sind. Im Grunde gingen sie aus dem Haus ihrer Eltern direkt in das Haus ihres Ehemannes, ohne – wie viele junge Frauen heute – die Zwischenphase in einem Studentenwohnheim oder einer eigenen Wohnung zu erleben. Darüber hinaus waren die unmittelbaren Konsequenzen sexueller Verfehlungen im alten Israel bedeutend strenger als heute. Dieses harte Vorgehen sollte als Abschreckung dienen. Wir genießen zwar heute eine größere Unabhängigkeit, aber mit dieser Freiheit gibt es für uns auch mehr Gelegenheiten für Versuchungen und sexuelle Verfehlungen.

Wir werden uns nun in das vertiefen, was die Sprüche zu dem Thema zu sagen haben. Dabei sollten wir uns selbst hinterfragen, wie wir eine solche Frau sein können, nach der die jungen männlichen Leser der Sprüche suchen sollten. Auch im Hinblick auf unsere eigenen sexuellen Versuchungen sollen wir weise werden und verstehen, wo und wie sie aufkommen und wie wir damit fertig werden können.

Warum ist Sex außerhalb der Ehe überhaupt schlimm?

Sexuelle Verfehlungen haben, wie jedes andere Fehlverhalten, ihren Ursprung im Herzen, und von dort können sie schlagartig aktiv werden und unsere Gedanken, Worte und Taten infizieren. Eine unvernünftige Frau gestattet der in ihrem Herzen verborgenen Unmoral, sich zu einem offensichtlichen sexuellen Fehlverhalten zu entwickeln. Aber sind sexuelle Verfehlungen denn wirklich so schlimm? Diese Frage stellt sich jedem irgendwann, nicht nur Menschen, die keine persönliche Beziehung zu Gott haben. Schließlich sind Nichtchristen auch nicht die Einzigen, die Affären haben oder die die Alleingültigkeit heterosexueller Ehen infrage stellen. Es gibt bekennende Christen, die an ihrem Fehlverhalten festhalten, diese Frage auch gestellt und negativ beantwortet haben.

Sexuelle Verfehlungen sind schlimm. Wirklich schlimm. Zum einen sind sie eine Verletzung von Gottes Schöpfungsordnung. Gott hat die Ehe nicht nur für Christen eingerichtet; er begründete sie, als er alles geschaffen hat, für alle Menschen. Die Ehe – die Vereinigung eines Mannes und einer Frau in einer lebenslangen Verbindung – wurde von Gott für die gesamte Menschheit ins Leben gerufen. Für Christen im Besonderen gibt es aber gerade bei der sexuellen Verfehlung etwas, das unsere Einheit mit Christus verletzt. Das können wir aus dem entnehmen, was Paulus an die Korinther schrieb:

> *Der Leib aber ist nicht für die Unzucht, sondern für den Herrn, und der Herr für den Leib. Gott aber hat den Herrn auferweckt und wird auch uns auferwecken durch seine Kraft. Wisst ihr nicht, dass eure Leiber Glieder des Christus sind? Soll ich nun die Glieder des Christus nehmen und Hurenglieder daraus machen? Das sei ferne! Oder wisst ihr nicht, dass, wer einer Hure anhängt, ein Leib mit ihr ist? „Denn es werden", heißt es, „die zwei ein Fleisch sein." (1. Korinther 6,13-17; SCH)*

Auf geheimnisvolle Weise werden wir eins mit jedem, mit dem wir sexuellen Verkehr haben. Und Paulus scheint hier zu sagen, dass dieses Einswerden mehr ist als nur eine körperliche Vereinigung; es hat auch Auswirkungen auf unseren Glauben.

Die Folgen sexueller Verfehlungen unterstreichen das. Sexuelles Fehlverhalten wirkt auf irgendeine Weise immer destruktiv, manchmal körperlich, manchmal für Beziehungen, aber immer für den Glauben. Wie wir früher schon festgestellt haben, verdeutlicht Paulus in Römer 1, dass sexuelles Fehlverhalten immer aus einem Herzen hervorgeht, das Gott ablehnt. Wer es nicht aufgibt, dessen sexuelle Begierden werden immer abartiger. Letztendlich werden wir im Glauben unzurechnungsfähig.

Sexuelles Fehlverhalten ist auch deshalb schlecht, weil es den Prozess unserer Heiligung behindert.

> *Denn das ist der Wille Gottes, eure Heiligung, dass ihr meidet die Unzucht und ein jeder von euch seine eigene Frau zu gewinnen suche in Heiligkeit und Ehrerbietung, nicht in gieriger Lust wie die Heiden, die von Gott nichts wissen. Niemand gehe zu weit und übervorteile seinen Bruder im Handel; denn der Herr ist ein Richter über das alles, wie wir euch schon früher gesagt und bezeugt haben. Denn Gott hat uns nicht berufen zur Unreinheit, sondern zur Heiligung. Wer das nun verachtet, der verachtet nicht Menschen, sondern Gott, der seinen Heiligen Geist in euch gibt. (1. Thessalonicher 4,3-8)*

Wir lesen nirgendwo in der Bibel, dass Sex in Ordnung ist, wenn du jemanden nur genug liebst. Und wir finden auch keine Verse, die die oft gestellte Frage beantworten: „Wie weit kann ich gehen, ehe es zu einer Verfehlung wird?“

Schon die Frage allein zeigt, dass derjenige ein geteiltes Herz hat. Hätte er ein ungeteiltes Herz, würde er gar nicht erst in diese Richtung denken. Jemand mit einem ungeteilten Herzen fragt eher: „Wie heilig kann ich sein?“

Die Kapitel 5 und 7 in den Sprüchen warnen leicht beeinflussbare junge Männer, sich nicht von einem bestimmten Typ Frau verführen zu lassen. Solche Frauen sind gefährlich, auch wenn sich ihre Gefährlichkeit hinter charmanten Lügen verbirgt.

Denn von Honig triefen die Lippen der Verführerin,
und glatter als Öl ist ihr Gaumen. (Sprüche 5,3; SCH)

Mit anderen Worten: Sie weiß, wie man einen Mann anmacht, und sie hat keinerlei Skrupel, sich den Mann zu angeln, den sie will. Menschen – und das gilt für jeden von uns – können sich leicht geschmeichelt fühlen, wenn jemand sie attraktiv findet, und der Satan weiß, wie sehr dies unser Ego anspricht. Verführung zu sexuellem Fehlverhalten trifft uns fast immer mitten ins Ego, ganz gleich, ob wir nun Männer oder Frauen sind, und es hat schreckliche Konsequenzen, wenn wir dem nachgeben:

- Verlust an Ehre (Sprüche 5,9),
- das Lebenswerk wird genommen und gehört dann anderen (Sprüche 7,22-23+26),
- Verlust an Stärke und Charakter (Sprüche 5,11),
- anhaltende körperliche Folgen (Sprüche 5,11),
- Reue (Sprüche 5,12-14),
- Tod (Sprüche 7,26-27),
- Gottes Gericht (Sprüche 5,21).

Ja, sexuelle Verfehlungen sind wirklich so schlimm.

Die unmoralische Frau

Hinweise auf den Charakter der unmoralischen Frau, auch „die fremde Frau“, „die Verführerin“ und „die Ehebrecherin“ genannt, finden sich an verschiedenen Stellen in den Sprüchen. Es gibt im Buch zwei größere Abschnitte, die ein umfassenderes Bild zeichnen:

Denn von Honig triefen die Lippen der Verführerin,
und glatter als Öl ist ihr Gaumen,
aber zuletzt ist sie bitter wie Wermut,
scharf wie ein zweischneidiges Schwert.
Ihre Füße steigen hinab zum Tod,
ihre Schritte streben dem Totenreich zu.
Den Pfad des Lebens erwägt sie nicht einmal;
sie geht eine unsichere Bahn, die sie selbst nicht kennt.
Und nun hört auf mich, ihr Söhne,
und weicht nicht von den Worten meines Mundes!
Bleibe fern von dem Weg, der zu ihr führt,
und nähere dich nicht der Tür ihres Hauses,
damit du nicht anderen deine Ehre opferst
und deine Jahre dem Grausamen,
damit sich nicht Fremde von deinem Vermögen sättigen
und du dich nicht abmühen musst für das Haus eines anderen,
damit du nicht seufzen musst bei deinem Ende,
wenn dir dein Leib und Leben hinschwinden,
und sagen musst: „Warum habe ich doch die Zucht gehasst,
warum hat mein Herz die Zurechtweisung verachtet?
Ich habe nicht gehört auf die Stimme meiner Lehrer
und meinen Lehrmeistern kein Gehör geschenkt!
Fast wäre ich gänzlich ins Unglück geraten
inmitten der Versammlung und der Gemeinde!“ (Sprüche 5,3-14; SCH)

Denn am Fenster meines Hauses
guckte ich durchs Gitter
und sah einen unter den Unverständigen
und erblickte unter den jungen Leuten
einen törichten Jüngling.
Der ging über die Gasse zu ihrer Ecke
und schritt daher auf dem Wege zu ihrem Hause
in der Dämmerung, am Abend des Tages,
als es Nacht wurde und dunkel war.
Und siehe, da begegnete ihm eine Frau
im Hurengewand, listig,
wild und unbändig,
dass ihre Füße nicht in ihrem Hause bleiben können.
Jetzt ist sie draußen, jetzt auf der Gasse
und lauert an allen Ecken.
Und sie erwischt ihn und küsst ihn,
wird dreist und spricht:
„Ich hatte Dankopfer zu bringen,
heute habe ich meine Gelübde erfüllt.
Darum bin ich ausgegangen, dir entgegen,
um nach dir zu suchen, und habe dich gefunden.
Ich habe mein Bett schön geschmückt
mit bunten Decken aus Ägypten.
Ich habe mein Lager mit Myrrhe besprengt,
mit Aloe und Zimt.
Komm, lass uns kosen bis an den Morgen
und lass uns die Liebe genießen.
Denn der Mann ist nicht daheim,
er ist auf eine weite Reise gegangen.
Er hat den Geldbeutel mit sich genommen;
er wird erst zum Vollmond wieder heimkommen."
Sie überredet ihn mit vielen Worten
und gewinnt ihn mit ihrem glatten Munde. (Sprüche 7,6-21)

Ein genauer Blick auf die unmoralische Frau aus den Sprüchen lehrt uns auch eine Menge über unser eigenes Herz. Wir werden wahrscheinlich entdecken, dass mehr von ihr in uns steckt, als wir wahrhaben wollen. Zunächst sehen wir, dass sie eine *unzufriedene* Frau ist. Sie ist …

> *wild und unbändig,*
> *dass ihre Füße nicht in ihrem Hause bleiben können. (Sprüche 7,11)*

Eine unzufriedene Frau sucht immer nach etwas anderem als dem, was sie gerade hat. Sie will etwas, von dem sie glaubt, dass Gott es ihr nicht gegeben hat. Wir finden eine solche Unzufriedenheit bei der alleinstehenden Frau, die sich verzweifelt nach einem Ehemann sehnt, und bei der verheirateten Frau, die einen anderen Ehemann oder eine bessere Ehe will. Wie auch immer unsere eigene Situation sein mag, wir können uns sicher sein, dass Unzufriedenheit sich breit gemacht hat, sobald wir anfangen zu denken: „Gott hat mich hier nicht gut behandelt, also beschaffe ich mir jetzt selbst, was ich will." Wir denken oder sagen das natürlich nicht genau mit diesen Worten. Aber wie immer wir es auch drehen, wir tun es, wann immer wir auf unsere eigene Weise und mit unseren eigenen Mitteln nach Befriedigung suchen.

Zweitens stellen wir an der unmoralischen Frau fest, dass sie *ihre Lust noch anheizt.*

> *Komm, lass uns kosen bis an den Morgen*
> *und lass uns die Liebe genießen. (Sprüche 7,18)*

Wir betrachten Lust oft als ein typisch männliches Phänomen, aber das stimmt so nicht. Lust ist keine Frage des Geschlechts, es ist eine Frage der *Gelegenheit.* Männer oder Frauen, die sexuellen Reizen ausgesetzt werden oder sich selbst diesen aussetzen, empfinden

Lust. Wenn die Schutzmauern weggenommen werden oder wir selbst sie wegnehmen, empfinden wir Lust. Und wenn wir die lustvollen Gedanken und Wünsche nähren, wird es nicht lange dauern, bis wir ganz offen zu unmoralischen Handlungen übergehen.

Drittens offenbaren die Sprüche, dass die unmoralische Frau *durch ihr Reden versucht zu bekommen, was und wen sie will.* Den jungen Männern wird geraten, die Weisheit zu ergreifen, damit sie „nicht geraten an die Frau eines andern, an eine Fremde, die glatte Worte gibt" (Sprüche 2,16). Solch eine Frau hat keinerlei Bedenken, die Aufmerksamkeit der Männer anderer Frauen auf sich zu lenken. Vielleicht hast du auch schon den Stachel der Eifersucht gespürt, weil eine andere Frau irgendwie versucht hat, die Aufmerksamkeit deines Mannes zu erregen. Ein schreckliches Gefühl! Aber haben wir uns nicht auch schon mal so verhalten und uns damit schuldig gemacht? Das kann manchmal sogar geschehen, ohne dass wir es selbst bemerken.

Eine besondere Gefahr besteht hier unter Umständen in Bürogemeinschaften, wo Männer und Frauen Seite an Seite arbeiten und einen größeren Teil ihrer Zeit mit ihren Kollegen verbringen als mit ihrem Ehepartner. Sind wir arbeitenden Frauen vorsichtig, wie wir mit solch einer großen Nähe umgehen? Man darf hoffen, dass wir das Flirten mit unseren verheirateten Kollegen bewusst vermeiden, aber tun wir auch alles in unserer Macht Stehende, um unsere verheirateten Kollegen vor Versuchungen zu schützen? Bürogeplänkel kann gefährliches Terrain sein, genau wie Unterhaltungen über unser Privatleben – oder das der anderen. Zusammenzuarbeiten verbindet, und natürlich entstehen daraus auch Freundschaften. Weil das so ist, haben wir umso mehr Anlass, am Arbeitsplatz auf unsere Worte zu achten.

Die „glatten Worte" aus Sprüche 2,16 kann man vielleicht am besten als schmeichelnde Worte bezeichnen. Wie wir schon gesehen haben, sind alle Menschen, Männer wie Frauen, besonders anfällig für solche Unterhaltungen, weil Schmeichler ihre Worte direkt auf die wahrgenommenen Schwächen der anderen abstimmen. Schmeichler wollen immer etwas von denen, denen sie schmeicheln. Wenn wir unsere Zufriedenheit nicht in dem finden, was Gott gibt, und nicht in Gott selbst, können die Worte eines Schmeichlers der Stein sein, über den wir in sexuelle Verfehlungen fallen. Wie ist es mit dir? Bist du empfänglich für die Schmeicheleien eines Mannes, mit dem du nicht verheiratet bist? Wir sind wahrscheinlich dann besonders empfänglich für die Schmeicheleien von Männern, die für uns tabu sind, wenn ihre Worte uns in einem Bereich treffen, wo wir unzufrieden sind oder versagt haben, oder in einem Bereich, in dem wir von unserem Ehemann enttäuscht sind.

Ein weiterer Charakterzug der unmoralischen Frau ist *ihre Weigerung, ernsthaft über das Leben nachzudenken.*

> *Den Pfad des Lebens erwägt sie nicht einmal;*
> *sie geht eine unsichere Bahn, die sie selbst nicht kennt. (Sprüche 5,6; SCH)*

Dieser Vers aus den Sprüchen sagt nicht, dass Menschen, die leichten Herzens durchs Leben gehen, zur Unmoral neigen. Er stellt vielmehr eine Verbindung her zwischen Unmoral und einer Frau, die sich grundsätzlich weigert, ihren Verstand zu gebrauchen. „Die grundlegende Bedeutung ist, dass ihre Wege *verschlagen* und *schlüpfrig* sind …, um ernsthafte Überlegungen außen vor zu lassen“, schreibt Derek Kidner.[22] Es gibt viele Dinge, mit denen wir uns nur ungern beschäftigen – schmerzhafter Verlust, schwierige Entscheidungen und anhaltende Probleme, die sich nie zu ändern scheinen –, und die Plackerei des Alltags kann einem manchmal wirklich zu schaffen machen. Doch weise Frauen, die demütig Gott vertrauen, können den Herausforderungen des Alltags mit Zufriedenheit begegnen. Auf diesem Weg entdecken sie immer neue Aspekte von Gottes gutem Charakter. Wer sich aber weigert, sich mit den harten Realitäten des Lebens auseinanderzusetzen, weist damit Gott zurück und wendet sich in diesem Prozess meist einem selbst gemachten Gott zu, um auf diese Weise den Schwierigkeiten zu entkommen.

Sexuelles Vergnügen ist eine beliebte Fluchtmöglichkeit. Frag nur die Frauen, die ihren Mann während einer schwierigen Phase ihrer Ehe betrogen haben. Oder frag die Single-Frau Mitte zwanzig, die schon mit mehr Männern geschlafen hat, als sie zählen kann, weil ihr Vater sie als Kind verlassen hat. Oder frag den Pornosüchtigen, dessen Sucht damit angefangen hat, dass er als Flucht vor seiner Einsamkeit ziellos durchs Internet gesurft ist. Sie beachten nicht den Pfad des Lebens, und ihr Weg ist unsicher.

Wir sehen auch, dass die unmoralischen Handlungen der Frau aus den Sprüchen *im Dunkeln geschehen.*

> *Denn am Fenster meines Hauses*
> *guckte ich durchs Gitter*
> *und sah einen unter den Unverständigen*
> *und erblickte unter den jungen Leuten*
> *einen törichten Jüngling.*
> *Der ging über die Gasse zu ihrer Ecke*
> *und schritt daher auf dem Wege zu ihrem Hause*
> *in der Dämmerung, am Abend des Tages,*
> *als es Nacht wurde und dunkel war. (Sprüche 7,6-9)*

Unmoralisches Verhalten geschieht im Dunkeln. Mit anderen Worten: Es ist immer ein hohes Maß an Geheimhaltung damit verbunden. In diesem Bereich sollte es nicht allzu schwierig sein, sich selbst zu prüfen. Jede Begegnung oder Aktivität, bei der wir das Gefühl haben, sie verbergen zu müssen, oder bei der wir die Wahrheit auch nur ein wenig verdrehen müssen, ist wahrscheinlich nichts Gutes. Wenn etwas lobenswert und richtig ist, kann das jeder mitbekommen, ohne dass wir in unseren Herzen auch nur die geringsten Skrupel empfinden müssen. Immer wenn wir versucht sind, etwas zu verbergen, weist das darauf hin, dass etwas nicht richtig ist.

Wie verhindern wir, dass wir wie sie werden?

Wie verhindern wir also, dass wir wie die unmoralische Frau werden? Oder falls wir festgestellt haben, dass wir ihr bereits ähnlich sind, wie können wir uns ändern?

Zunächst können wir lernen zu erkennen, was unser Herz zu Versuchungen hinzieht. Für einige von uns ist es der Wunsch, begehrt zu werden oder attraktiv zu erscheinen – die Lust daran, Lust zu erwecken. Unsere Versuchung ist vielleicht nicht so sehr der Sex selbst, sondern der Wunsch zu sehen, dass andere auf uns anspringen. Für andere von uns ist es vielleicht schlicht die herkömmliche Lust. Die Strategie, ihr aus dem Weg zu gehen, ist hierbei ganz einfach: Tu es einfach nicht. Denk nicht daran. Gib dich nicht deinen Fantasien hin. Für wieder andere entsteht die Versuchung vielleicht aus dem starken Verlangen, einem unangenehmen Alltag zu entfliehen. Mit etwas moralisch Zweifelhaftem herumzuspielen wirkt dann wie ein vernünftiger Weg, mit der Anspannung fertig zu werden, bis die Situation sich bessert. Was uns hier zu Fall bringen kann, ist die Versuchung – die Lüge –, dass eine Flucht mithilfe einer unangemessenen Unterhaltung oder eines unerlaubten Flirts sicher ist, weil es ja niemand erfahren wird. Das ist genau das, was sich die unmoralische Frau aus Sprüche 7 auch gesagt hat:

> *Komm, lass uns kosen bis an den Morgen*
> *und lass uns die Liebe genießen.*
> *Denn der Mann ist nicht daheim,*
> *er ist auf eine weite Reise gegangen.* (Sprüche 7,18-19)

Wir sollten wachsam gegenüber allem sein, mit dem wir schnell und unbemerkt unsere Bedürfnisse in einem Teilbereich unseres Lebens befriedigen könnten, von dem wir uns selbst vormachen, dass es in den anderen Bereichen ja keinen Schaden anrichten wird. Egal, was es ist – es wird immer auch anderen Bereichen schaden, und nicht nur ein bisschen.

Wir können auch verhindern, wie die unmoralische Frau aus den Sprüchen zu werden, indem wir uns die Macht sexueller Verfehlungen vor Augen halten. In diesem Wissen liegt wertvolle Weisheit, und die muss nicht (und wird hoffentlich nicht) aus eigener Erfahrung stammen. Wir müssen nur bereit sein zu akzeptieren, wie absolut falsch solche Verfehlungen sind und dass wir in diesem Leben niemals darüber hinwegkommen werden.

Denn zahlreich sind die Erschlagenen, die sie gefällt hat,
und viele sind, die sie getötet hat. (Sprüche 7,26)

Auch diejenigen unter uns, die die destruktive Wirkung sexueller Verfehlungen nicht am eigenen Leib erfahren haben, kennen sie sicherlich von anderen – wenn nicht in der Familie oder bei Freunden, dann gewiss aus den Medien. Herzen und Familien werden dadurch zerbrochen, Karrieren ruiniert, Leben zerstört. Angesichts der äußerst greifbaren und offensichtlichen Konsequenzen verdeutlicht die Tatsache, dass ihr trotzdem so viele zum Opfer fallen, welch große Macht sie hat. Der Sexualtrieb ist wahrscheinlich der stärkste Antrieb im Menschen.

Aber der Drang nach sexuellem Erleben ist nicht der einzige Grund, warum so viele in sexuelle Verfehlungen hineingezogen werden. „Denn zahlreich sind die Erschlagenen, die sie gefällt hat", heißt es in den Sprüchen. In einer anderen Übersetzung heißt es: „Sie hat viele verwundet und zu Fall gebracht" (SCH). Menschen, die in moralischen Bereichen zu Fall kommen, sind in der Regel

Opfer ihrer grundlegend fehlerhaften menschlichen Natur und ihrer natürlichen Triebe, doch manche sind auch die Opfer der Fehlverhalten anderer. Viele junge Frauen, die häufig ihre Partner wechseln, sind von ihren Eltern vernachlässigt oder missbraucht worden. Das gilt auch für den Großteil der Frauen in der Pornobranche. Die „Erschlagenen" aus Vers 26 sind Menschen, bei denen Verfehlungen Schaden angerichtet haben, seien es nun ihre eigenen Verfehlungen oder die anderer.

Am wirksamsten können wir verhindern, dass wir wie die unmoralische Frau werden, wenn wir *vor der Versuchung fliehen* und die Dinge, die sich zu einem Geschwür auswachsen können, von vornherein meiden. Das musste auch Josef tun, als er von der Frau des Potiphar bedrängt wurde, die „ihre Augen auf Josef warf und sprach: Lege dich zu mir!" (1. Mose 39,7).

Josef war in einer Lage, wo Weglaufen ihn das Leben kosten konnte (was bei uns wahrscheinlich nicht der Fall sein wird). Doch er hatte den Eindruck, keine andere Wahl mehr zu haben, denn die Frau ließ in ihrem Drängen nicht nach (vgl. Vers 10), und so rannte er weg. Die Bibel sagt uns nicht, warum Josef weglief, aber es ist gut möglich, dass diese laszive Frau dabei war, seinen Widerstand zu überwinden. Ob er nun tatsächlich in Versuchung war oder nicht, er floh jedenfalls aus der Situation und riskierte damit sein Leben. Tatsächlich musste er für seinen Gehorsam Gott gegenüber ja später einiges erleiden. Sicherlich hat er es aber auf lange Sicht nicht bereut.

Paulus lässt hier keinen Zweifel aufkommen: „Flieht die Unzucht" (1. Korinther 6,18; ELB). Wie genau also fliehen wir vor unserer eigenen speziellen Versuchung zu sexuellem Fehlverhalten? Indem wir anderen gegenüber gar nicht erst den Eindruck erwecken, dass wir für die Möglichkeit offen wären. Sexuelle Signale sind nicht schwer zu bemerken. Es gibt eine Art sexuelles Radar, das in allen Menschen angelegt zu sein scheint, Männern wie Frauen.

Eine andere Möglichkeit ist, aufreizende Formen der Unterhaltung im Fernsehen zu meiden. Können wir nicht vorspulen, dann können wir bestimmte Filme vielleicht ganz weglassen. Was kann schon Gutes dabei herumkommen, wenn wir uns diese leidenschaftliche Kussszene oder unverhüllte Sexszene ansehen?

Es ist auch weise, im Hinblick auf unseren Umgang mit anderen Menschen wählerisch zu sein. Erscheint da in der Gesellschaft eines bestimmten Menschen ein unangemessener Eindruck auf unserem sexuellen Radar? Wenn das so ist – und ganz besonders, wenn wir merken, dass wir schon in den Reaktionsmodus geschaltet haben –, dann ist klar, was wir zu tun haben: nichts wie weg. Verlass das Zimmer oder gib die Beziehung notfalls sogar ganz auf. Wenn wir in diesem Stadium schon vorbeugen, kann es sich unmöglich auswachsen.

Wenn wir uns vorgenommen haben, aus so einer verfänglichen Situation zu fliehen, können uns unter Umständen aber die negativen Folgen einer solchen Flucht davon abhalten, an die wir denken. Wir machen dann lieber keinen radikalen Schritt, sondern entschließen uns einfach, die Versuchung auszublenden. Gelegentlich funktioniert das, oft aber auch nicht. Wir können nichts falsch machen, wenn wir Paulus' Anweisung folgen, ganz gleich wie die Konsequenzen sein mögen. Denk an Josef.

> *Bleibe fern von dem Weg, der zu ihr führt,*
> *und nähere dich nicht der Tür ihres Hauses.* (Sprüche 5,8; SCH)

In solchen Situationen bedeutet Weisheit mehr, als nur zu wissen, was die Bibel dazu sagt. Schließlich *wissen* Christen, die in diesem Bereich scheitern, normalerweise ganz genau, was die Bibel dazu sagt. Trotzdem geben sie der Versuchung nach. Um zu verhindern, dass wir in sexuelle Verfehlungen geraten, brauchen wir die Furcht des Herrn. Wir können der Versuchung am effektivsten fliehen, wenn wir ein tiefes Vertrauen zu Gott entwickeln, das in der Überzeugung verankert ist, dass der für uns vorgesehene Weg der Heiligung zu geistigem, emotionalem und geistlichem Wohlergehen führen wird. Das ist angewandte Furcht des Herrn.

Die Ehe schützen

Weise Frauen, ob verheiratet oder Single, sind sich darüber bewusst, dass sexuelle Verfehlungen eine Ehe verletzen, und aus diesem Grund versuchen sie nicht nur ihre eigene Ehe, sondern auch die Ehen anderer zu schützen.

Der erste Schutz besteht darin, *anzuerkennen, dass Schutz notwendig ist.* Schließlich ist niemand davor gefeit, in sexuelle Verfehlungen zu geraten. Sowohl Männer als auch Frauen sind verführbar, da sind christliche Männer und Frauen keine Ausnahme. Es ist der Gipfel der Unvernunft, anzunehmen, dass uns das nicht beträfe, weil wir Christen sind oder wir uns erfolgreich in der Gemeinde einbringen. Tatsächlich werden diejenigen, die überzeugt sind, dass sie niemals in diesem Bereich einen Fehler machen, am wahrscheinlichsten scheitern. „Darum, wer meint, er stehe, mag zusehen, dass er nicht falle", schrieb Paulus (1. Korinther 10,12). Wie oft haben wir jemand sagen hören, wenn die Affäre eines Christen oder einer Christin ans Licht kam: „Wie konnte das nur geschehen? Ich dachte, sie sei Christ!" In Wahrheit gehen wir einfach davon aus, dass Christen weniger versucht sind, auf diesem Gebiet falsch zu handeln. Wenn das wahr wäre, dann wäre die Bibel – die ja für die Menschen geschrieben wurde, die zu Gott gehören – nicht voller Warnungen zu diesem Thema.

Ehebruch greift eine Ehe direkt an und verletzt sie nicht nur. Es wird ganz bewusst eine von Gott gestiftete Einheit zerstört. Und die Folgen eines Ehebruchs sind immer bitter. Hast du je von einer ehebrecherischen Beziehung gehört, die nicht zu Bitterkeit geführt hat? Wir wissen aus dem, was wir um uns herum beobachten können, und aus eigener Erfahrung, wie wahr das ist. Und Gottes Wort bestätigt es:

> *Aber wer mit einer Verheirateten die Ehe bricht, der ist von Sinnen;*
> *wer sein Leben ins Verderben bringen will, der tut das.*
> *Schläge und Schande treffen ihn,*
> *und seine Schmach ist nicht zu tilgen. (Sprüche 6,32-33)*

Nichts schadet einer Ehe so sehr wie Ehebruch. Jesus sagte dazu: „Wer sich von seiner Frau scheidet, ausgenommen wegen Unzucht, der macht, dass sie die Ehe bricht. Und wer eine Geschiedene heiratet, der bricht die Ehe“ (Matthäus 5,32; SCH). Seine Worte laufen darauf hinaus, dass sexuelle Verfehlungen eine Ehe völlig ruinieren können. Und wenn es in der Folge zur Scheidung kommt, betrübt das Gott. Jesus mag einem betrogenen Ehepartner hier einen Ausgang gewiesen haben, aber das heißt nicht, dass Gott glücklich darüber ist, wenn man diesen Ausgang nimmt. Er freut sich nie über eine Scheidung, ganz gleich, was die Ursache war. Dadurch gerät der betrogene Ehepartner in ein schreckliches Dilemma: Entweder muss er in einer zerbrochenen Ehe ohne Vertrauen ausharren oder die Ehe aufgeben und Gott betrüben. Unabhängig davon, ob die Ehe bestehen bleibt, ist das Ergebnis eines Ehebruchs immer bitter.

Die Eltern von König Salomo, dem Hauptverfasser der Sprüche, kamen in einer ehebrecherischen Beziehung zusammen. Salomos Mutter, Batseba, war mit einem Mann namens Uria verheiratet, aber sie schlief mit König David, dem Vater Salomos, während Uria seinen Militärdienst leistete. Batseba wurde daraufhin schwanger, und David ersann eine List, damit Uria das nicht herausfand. Aber der Plan schlug fehl, und so sorgte David schließlich dafür, dass Uria in einer Schlacht umkam. Doch das alles brachte gar nichts.

Gott bestrafte den ehebrecherischen Akt, indem er Batsebas Baby sterben ließ. Du kannst das alles in 2. Samuel 11 nachlesen. Ehebruch führt immer zu Lüge und Verlust – in 100 Prozent der Fälle. Niemand von uns ist darüber erhaben, und deshalb können wir uns am besten davor schützen, indem wir demütig eingestehen, dass wir nicht darüber erhaben sind.

Darüber hinaus können wir uns schützen, wenn wir uns *eine Haltung der Dankbarkeit für unsere Ehe* und die Ehe im Allgemeinen aneignen.

> *Dein Brunnen sei gesegnet;*
> *freu dich der Frau deiner Jugendtage,*
> *der lieblichen Gazelle, der anmutigen Gämse!*
> *Ihre Liebkosung mache dich immerfort trunken,*
> *an ihrer Liebe berausch dich immer wieder! (Sprüche 5,18-19; EÜ)*

„Leichter gesagt als getan", denkst du jetzt vielleicht. „Du bist ja auch nicht mit *meinem* Mann verheiratet." Aber darum geht es gar nicht. Sehr wahrscheinlich waren viele der Männer, die die Anweisungen in den Sprüchen befolgen wollten, nicht mit einer lieblichen Gazelle oder einer anmutigen Gämse verheiratet. Der Lehrer hier ist kein idealistischer Optimist mit einer rosaroten Brille. Höchstwahrscheinlich wollte er seinen Schülern zeigen, wie wichtig es ist, seinen Ehepartner in einem bestimmten Licht zu sehen, und genau das können wir auch tun. Vielleicht ist dein Ehemann nicht der Prinz auf dem weißen Pferd, für den du ihn am Anfang gehalten hast, aber du hattest deine Gründe, ihn zu heiraten. Welche Gründe waren das? Halte dir seine guten Eigenschaften vor Augen und konzentriere dich lieber darauf statt auf die Enttäuschungen und die Eigenschaften, die du jetzt so störend findest.

Bereitet dir das Mühe? Das geht den meisten Verheirateten irgendwann so. Doch Gott liebt es, zu segnen, was er gestiftet hat.

Deshalb wird er dir helfen, die Freude an deiner Ehe zu erneuern, sofern du bereit bist, dir helfen zu lassen.

Ich habe folgende Erfahrung gemacht: Der Weg aus der Unzufriedenheit beginnt damit, dass ich bewusst dankbar bin. In letzter Zeit hatte ich meine Mühe mit meinem Wohnumfeld. Ich lebe in einem Mehrparteienhaus und der Nachbar über mir hat einen sehr schweren Tritt. Außerdem ist er noch ziemlich jung und hat daher die Energie, am Freitag und Samstag und dazu noch ein oder zwei Mal während der Woche bis zwei Uhr morgens wegzubleiben. Ich dagegen habe einen sehr leichten Schlaf, bin nicht mehr ganz so jung, und um 22 Uhr ins Bett zu gehen bedeutet für mich schon, dass ich lange aufbleibe. Unsere unterschiedlichen Lebensstile könnten sehr leicht zu Streit unter Nachbarn führen, aber durch Gottes Gnade kommen wir gut miteinander aus. Ich sage Gott, wie dankbar ich dafür bin. Und ich erinnere mich daran, dass mein Nachbar meine Post aufbewahrt hat, als ich einmal vor einer Reise vergessen hatte, die Poststelle über meine Abwesenheit zu informieren. Und ich denke auch daran, dass er meinen abgeschmückten Weihnachtsbaum nach den Feiertagen runter an die Straße getragen hat. Ich erinnere mich, dass er als Marinesoldat zweimal im Irak war. Ich bete für ihn, und ich habe festgestellt, dass der größte Ärger sich auflöst, wenn ich bete. Für jemanden zu beten ist ein Akt der Liebe, und Gereiztheit verschwindet gewöhnlich, wenn Liebe in Aktion tritt.

Wenn all das jetzt ein bisschen sehr fromm klingt, dann lass mich Folgendes schnell hinzufügen: Die Erinnerung an positive Eigenschaften und das Beten füreinander überwindet bei zwischenmenschlichen Schwierigkeiten Unzufriedenheit nur, weil es in der Furcht des Herrn geschieht. Mit anderen Worten: Es ist eine Folge davon, dass wir inmitten der Schwierigkeiten an Gott festhalten und in diesem Prozess verwandelt werden. Durch unsere enge Verbindung mit Christus erleben wir, wie wir uns immer mehr an denen freuen können, über die wir uns ärgern, ob es sich dabei nun um Nachbarn, Freunde oder den Ehepartner handelt. Im Hinblick auf den Ehepartner gilt zusätzlich, dass Gott sein Siegel auf diese Beziehung gedrückt hat. Der, der die Ehe im Allgemeinen gestiftet hat, hat auch deine im Besonderen gewollt, und ihm liegt mehr an der Beschaffenheit deiner Ehe als an jeder anderen deiner Beziehungen. Er ist dabei nicht blind für die vielen großen und kleinen Schwierigkeiten. Er ist sich durchaus bewusst, dass du den Respekt für deinen Mann verloren hast oder dass du leidest, weil er aufgehört hat, mit dir zu reden. Worum es auch gehen mag, du wirst in Frieden leben und deine Ehe wertschätzen können – selbst wenn du keine Veränderung siehst –, wenn du an Christus festhältst statt an deinen Idealen für deinen Ehemann und deine Ehe. Auch wenn du es schwer hast in deiner Ehe, halte sie trotzdem in Ehren, weil Gott sie in Ehren hält.

Ob verheiratet oder alleinstehend, wir alle sind berufen, die Ehe in Ehren zu halten, weil Gott sie in Ehren hält. Das kann nicht nur für Frauen in einer angespannten Ehe schwierig sein, sondern auch für alleinstehende Frauen, die gern verheiratet wären. Die bloße Vorstellung, dass sie etwas in Ehren halten und schützen sollen, das sie gar nicht haben können, kann Unmut hervorrufen. Trotzdem halten weise Frauen, ob verheiratet oder nicht, die Ehe in Ehren.

Wir können die Ehe – unsere eigene und die anderer – drittens schützen, indem wir *uns in Gottes Wort vertiefen.*

> *Denn das Gebot und die Lehre sind ein Licht, das deinen Weg erhellt.*
> *Die Korrektur durch die Zurechtweisung ist der Weg zum Leben.*
> *Diese Gebote und Lehren werden dich vor der Frau eines anderen Mannes,*
> *vor der verführerischen Zunge der Ehebrecherin bewahren.*
> *(Sprüche 6,23-24; NLB)*

Es erfordert Demut, zu erkennen und zuzugeben, dass wir ohne die Hilfe des Heiligen Geistes und der Bibel in diesen Bereichen scheitern können. Wir sind nicht stark genug, um bestimmten Versuchungen auf uns allein gestellt zu widerstehen. Das gilt auch für die beste aller Ehen.

Viertens können wir uns schützen, wenn wir der Lüge, dass schon niemand verletzt werden wird, nicht glauben.

> *Kann auch jemand ein Feuer unterm Gewand tragen,*
> *ohne dass seine Kleider brennen?*
> *Oder könnte jemand auf Kohlen gehen,*
> *ohne dass seine Füße verbrannt würden?*
> *So geht es dem, der zu seines Nächsten Frau geht;*
> *es bleibt keiner ungestraft, der sie berührt.* (Sprüche 6,27-29)

Wenn es zum Ehebruch kommt, wird immer jemand verletzt. Auf kurze Sicht ist es normalerweise der betrogene Ehepartner und sind es die Kinder aus einer zerbrochenen Ehe. Auf lange Sicht ist es aber auch der Partner, der betrügt, und seine neue Partnerin oder ihr neuer Partner, denn diese Beziehung basiert nicht nur auf einer verbotenen Grundlage, sie ist auch von zwei Menschen mit offensichtlich unmoralischem Charakter eingegangen worden. Unterm Strich gilt Folgendes: Wenn eine Frau ihren Mann verlässt, weil sie das Gefühl hat, ihn nicht mehr zu lieben, ist das unmoralisch. Wenn sie dann noch behauptet, dass Gott ihr Verhalten gutheißt, weil Gott will, dass sie glücklich ist, dann verletzt das Gott.

Fünftens schützen wir uns, wenn wir in unserer Ehe ein gesundes und aktives Sexualleben haben.

Trink Wasser aus deiner eigenen Zisterne,
Wasser, das aus deinem Brunnen quillt.
Sollen deine Quellen auf die Straße fließen,
auf die freien Plätze deine Bäche?
Dir allein sollen sie gehören,
kein Fremder soll teilen mit dir.
Dein Brunnen sei gesegnet;
freu dich der Frau deiner Jugendtage,
der lieblichen Gazelle, der anmutigen Gämse!
Ihre Liebkosung mache dich immerfort trunken,
an ihrer Liebe berausch dich immer wieder! (Sprüche 5,15-19; EÜ)

Die Bibel ist nicht prüde. In Wirklichkeit spricht sie an manchen Stellen sogar sehr anschaulich und direkt über Sex, zum Beispiel im Hohelied. Und der Apostel Paulus fordert Ehemänner und -frauen ganz offen auf, sich einander nicht zu entziehen: „Der Mann leiste der Frau, was er ihr schuldig ist, desgleichen die Frau dem Mann" (1. Korinther 7,3). Und er erklärt auch gleich warum: „Aber um Unzucht zu vermeiden, soll jeder seine eigene Frau haben und jede Frau ihren eigenen Mann" (Vers 2). Sprüche 5,15-19 gibt uns genau die gleiche Anweisung, was aus dem nächsten Vers deutlich wird: „Warum solltest du dich an einer Fremden berauschen, den Busen einer andern umfangen?" (Vers 20; EÜ). Derek Kidner schreibt dazu: „Es ist absolut wichtig, die sexuelle Freude in einer Ehe als ein Geschenk Gottes zu sehen; und die Geschichte zeigt uns, dass immer dann, wenn die Ehe in erster Linie als eine Versorgungsvereinbarung gesehen wird, nicht nur Gottes Großzügigkeit missachtet wird, sondern sich die menschliche Leidenschaft auch andere Ventile (vgl. Vers 20) sucht."[23] Du kannst Versuchungen auf sexuellem Gebiet vermeiden, wenn du den Sex mit deinem Ehepartner genießt. Eine solche Anweisung kann für manche Menschen ziemlich entmutigend wirken, wenn sie aus irgendeinem Grund gerade eine

Phase durchmachen, in der sie Sex eher über sich ergehen lassen und in der sie keine Freude daran haben. Das ist für Frauen, die erschöpft von der Erziehung der Kinder sind oder die gerade die Wechseljahre durchmachen, nichts Ungewöhnliches. Jedes Paar macht Phasen durch, wo Sex nur noch die immer gleiche Routine ist. So ist das Leben, nicht nur in deiner Ehe, sondern in jeder Ehe. Vielleicht hatte Gott nie vorgesehen, dass diese heiße, brennende, atemlose Leidenschaft aus dem ersten Jahr eurer Ehe für immer andauern sollte. Hätte sie gehalten, wärt ihr vielleicht nie aus dem Bett gekommen, um euch den Aufgaben des Alltags zu widmen. Weil wir Menschen von Natur aus so selbstbezogen sind, hat Gott diese anfängliche Leidenschaft vielleicht nur dazu gedacht, dass wir eine Ehe überhaupt eingehen. Ohne diese sexuelle Spannung wären viele wohl nie bereit, vor den Altar zu treten und den Egoismus aufzugeben, wie es eine Ehe erfordert.

Wenn das aber der Fall ist, ist diese spezielle Schutzmaßnahme für die Ehe dann nicht ein wenig zu idealistisch? Nein, denn Gottes Wort beschreibt sie als Schutz. Vielleicht müssen wir es nur mal aus einer anderen Perspektive betrachten. Möglicherweise stellen wir uns bei dem „Berauschen" aus Sprüche 5,19 Gefühle intensiver sexueller Leidenschaft vor, aber warum sollten wir dabei stehen bleiben? Haben nicht das Einssein und die Intimität und die Tatsache, dass dank Gott Sex die Liebe fördert, an sich etwas Berauschendes? Gäbe es nur eine erfüllende Ehe, wenn zwei Menschen die Finger einfach nicht voneinander lassen können, dann hätten sich weder die Sprüche noch Paulus veranlasst gesehen, Ehepartner darauf hinzuweisen, dass sie nicht aufhören sollen, sich auf der sexuellen Ebene zu begegnen. Wir erleben Freude und Erfüllung, wenn wir Wasser aus unserer eigenen Zisterne trinken, mit oder ohne atemlose Leidenschaft.

Manchmal gibt es natürlich echte Stolpersteine, und manche Frauen haben überhaupt keine Zisterne, aus der sie schöpfen könnten. Aber keine von uns ist ganz ohne Brunnen, weil Jesus unser bester und nie versiegender Brunnen ist. Jesus sagte zu der Frau, die nacheinander fünf Ehemänner und noch einen Lebensgefährten hatte und die nie fand, wonach sie suchte: „Wenn du erkenntest die Gabe Gottes …, du bätest ihn und er gäbe dir lebendiges Wasser" (Johannes 4,10). Er ist unser lebendiges Wasser, von dem wir so viel trinken können, wie wir wollen, ganz gleich wie unser Familienstand ist. In ihm können wir ruhen, wenn unsere Ehe hinter unseren Erwartungen zurückbleibt. In ihm können wir auch ruhen, wenn wir überhaupt keinen Ehepartner *haben*. Wenn wir aus diesem Brunnen trinken, finden wir alles, was wir brauchen, damit wir nicht an den falschen Orten nach Liebe suchen.

Der sechste Schutz besteht darin, eine *Eifersucht zu kultivieren, die Gott gefällt*. Mit anderen Worten: Beschütze deine Ehe. Lass nicht zu, dass andere in die Intimität eindringen, die du mit deinem Mann teilst. Wir halten Eifersucht für ein Fehlverhalten. Das ist sie auch, wenn sie dadurch zustande kommt, dass wir nach etwas verlangen, das jemand anderem gehört. Sie ist aber kein Vergehen, wenn sie dazu dient, etwas zu beschützen, was Gott uns gegeben hat. Eine Eifersucht, die Gott gefällt, funktioniert wie eine Warnlampe am Armaturenbrett, die rot aufleuchtet, wenn mit dem Motor etwas nicht stimmt. Eifersucht für unsere Ehe ist ein Spiegel von Gottes Eifersucht für sein Volk. Im gesamten Alten Testament sehen wir, dass Gott rasend eifersüchtig wird, wenn sein Volk ihn mit anderen Göttern betrügt (vgl. z. B. 5. Mose 32,16; 1. Könige 14,22; Psalm 78,58; Hesekiel 5,13). Sein Zorn darüber, betrogen zu werden, spiegelt sich im Zorn des betrogenen Ehemanns in den Sprüchen.

Denn Eifersucht erweckt den Grimm des Mannes,
und er schont nicht am Tage der Vergeltung. (Sprüche 6,34)

Ein junger Pastor und seine Frau boten einer junge Frau an, die in einer Lebenskrise steckte, für eine unbestimmte Zeit bei ihnen zu wohnen. Aber sie war eine attraktive junge Frau, und auch wenn die Absichten bei dem Angebot durchaus gut waren, war die ganze Konstellation keine gute Idee. Nachdem das Arrangement bereits einen Monat lief, erzählte mir die Ehefrau, wie unwohl sie sich dabei fühlte. Ich schlug ihr vor, nach Hause zu gehen und ihrem Mann sofort zu erzählen, wie unwohl ihr dabei war. Das tat sie auch, und ehe die Woche vorbei war, halfen sie gemeinsam der jungen Frau, eine neue Bleibe zu finden. Die Eifersucht der Frau war gut und richtig, genau wie die Reaktion des Mannes. Zusammen lernten sie eine weise und praktische Lektion. Außer in Fällen, wo es wirklich keine andere vernünftige Lösung gibt (nicht unbedingt ideal, aber vernünftig), sollte eine junge attraktive Frau nicht mit einem verheirateten Paar zusammenleben.

Ich kenne ein anderes Paar, das eine wirklich schwierige Zeit in ihrer Ehe durchmachte. Ein paar Monate zuvor erklärte die Frau ihrem Ehemann, dass sie mit homosexuellen Empfindungen zu kämpfen habe, und seitdem versuchen sie nun, irgendwie mit diesem beunruhigenden Eingeständnis zurechtzukommen. Kürzlich hat sich eine enge Freundschaft zwischen der Ehefrau und einer anderen Frau entwickelt, die mit der gleichen Herausforderung zu kämpfen hat. Der Ehemann ist zu Recht eifersüchtig, hat aber Angst, das zu sagen, weil die neue Freundschaft die Stimmung seiner Frau deutlich verbessert hat. Er würde weise handeln, wenn er seine Eifersucht schnellstens und sehr deutlich zum Ausdruck brächte.

Unmoral ist immer eine Rebellion gegen Gott, ganz gleich, ob vor, während oder nach einer Ehe, ob geistig, emotional oder körperlich. Christen können scheitern, und sie tun es auch. In Wirklichkeit sind wir alle in unterschiedlichem Maße schuldig. Denkst du, dass das für dich nicht gilt? Dann schau dir einmal folgende Worte von Jesus an: „Ihr habt gehört, dass gesagt ist (2. Mose 20,14):

‚Du sollst nicht ehebrechen.‘ Ich aber sage euch: Wer eine Frau ansieht, sie zu begehren, der hat schon mit ihr die Ehe gebrochen in seinem Herzen“ (Matthäus 5,27-28). Hast du noch nie jemand mit begehrlichen Blicken angeschaut? Vielleicht bist du die seltene Ausnahme, die das tatsächlich noch nie gemacht hat. Aber sieh dir an, was der Große Westminster Katechismus dazu zu sagen hat, und prüfe, ob du nicht mehr mit der unmoralischen Frau gemeinsam hast, als dir bisher bewusst war:

> *Die Pflichten, die im siebenten Gebot gefordert werden, sind Keuschheit an Leib, Geist, Gemütsbewegungen, Worten und Benehmen sowie ihre Bewahrung in uns selbst und andern, Wachsamkeit über die Augen und alle Sinne, Mäßigkeit, keuscher Umgang, Schicklichkeit bei der Kleidung, eheliches Leben bei denen, die nicht die Gabe der Enthaltsamkeit haben, eheliche Liebe und Gemeinschaft, fleißige Arbeit in unseren Berufen, Meidung aller Gelegenheiten zur Unreinheit und Widerstand gegen die darauf gerichteten Versuchungen. Abgesehen von der Vernachlässigung der geforderten Pflichten gehören zu den Verfehlungen, die im siebenten Gebot verboten werden, Ehebruch, Hurerei, Vergewaltigung, Blutschande, Sodomie und alle widernatürlichen Lüste, alle unreinen Vorstellungen, Gedanken, Vorsätze und Gemütsbewegungen, alle verderbten oder unanständigen Unterhaltungen oder deren Anhören, lüsterne Blicke, schamloses oder leichtfertiges Benehmen, unschickliche Kleidung, Verhinderung rechtmäßiger und Erlaubnis unrechtmäßiger Ehen, das Erlauben, Dulden, Halten von Bordellen und deren Besuch, das Verstricken in Gelübde eines ehelosen Lebens, ungebührlicher Aufschub der Ehe, das gleichzeitige Haben von mehr als einer Frau oder einem Ehemann, ungerechte Ehescheidung oder ungerechtes Verlassen, Müßiggang, Schlemmerei, Trunkenheit, unkeuscher Umgang, schlüpfrige Gesänge, Bücher, Bilder, Tänze, Schauspiele und alle anderen Anreizungen zur Unreinheit und alle Handlungen dieser Art entweder in uns oder in anderen.*[24]

Was sollen wir vor diesem Hintergrund denn nun tun? Wir alle sind oder waren auf die ein oder andere Weise wie die unmoralische Frau. Wenn irgendetwas in dieser Darstellung unseren gegenwärtigen Zustand beschreibt, sollten wir am besten daran denken, was Jesus der Ehebrecherin sagte, die zu ihm gebracht wurde: „Hat dich niemand verdammt? … So verdamme ich dich auch nicht; geh hin und sündige hinfort nicht mehr" (Johannes 8,10-11).

Vielleicht steht in dem Text aus dem Katechismus auch etwas, das auf einen Teil in unserer Vergangenheit passt; ein bestimmtes Fehlverhalten, das wir schon vor langer Zeit aufgegeben haben. Wenn das so ist, sollten wir an die Frauen denken, die Gott in den Stammbaum von Jesus aufgenommen hat. Da war Tamar, die vorgab, eine Prostituierte zu sein, und mit ihrem Schwiegervater schlief. Da war Rahab, die tatsächlich eine Prostituierte war. Und da war Batseba, die eine Affäre mit dem König hatte, während ihr Ehemann nicht zu Hause war. Sie alle hatten eine schmutzige Vergangenheit, doch später erhielten sie einen Ehrenplatz in der Heilsgeschichte.

Wenn du voller Reue über vergangene sexuelle Verfehlungen bist und glaubst, dass du zukünftige Segnungen verwirkt hast und du für die Mitarbeit in der Gemeinde unbrauchbar geworden bist, dann schau dir an, was Gott seinem Volk verheißen hat, wenn es sich wieder Gott zuwendet:

> *Und ich will euch die Jahre erstatten,*
> *deren Ertrag die Heuschrecken,*
> *Käfer, Geschmeiß und Raupen gefressen haben,*
> *mein großes Heer, das ich unter euch schickte.*
> *Ihr sollt genug zu essen haben*
> *und den Namen des Herrn, eures Gottes, preisen,*
> *der Wunder unter euch getan hat,*
> *und mein Volk soll nicht mehr zuschanden werden.* (Joel 2,25-26)

Über diese Stelle aus Joel schreibt James Boice:

> *Wir können nicht ungeschehen machen, was geschehen ist. Schuld ist Schuld, und die Folgen der Verfehlungen halten oft für eine lange Zeit an. Aber Gott kann erstatten, was die Heuschrecken gefressen haben. Vielleicht sind Gelegenheiten verpasst worden, aber Gott kann neue oder sogar bessere Gelegenheiten schenken. Freunde sind vielleicht auf Abstand gegangen, aber Gott kann neue Freunde schenken und vielleicht sogar einige der früheren Freundschaften erneuern. Gott kann die Macht der Verfehlungen brechen und eine persönliche Heiligkeit und Freude wiederherstellen, von der man nicht mal zu träumen gewagt hätte. Bist du jemand, dessen Leben von den Heuschrecken der Verfehlungen zerstört worden ist? Hat das Fehlverhalten alles Grün aus deinem Leben entfernt, sodass es wie eine geistliche Wüste wirkt? Wenn ja, musst du dich dem Einen wieder zuwenden, der allein das Leben wieder fruchtbar machen kann. Nur Gott kann die Jahre erstatten, die gefressen worden sind.*[25]

Teil 3

Ein Portrait der Weisheit

Eine tüchtige Frau, wer findet sie?
Sie übertrifft alle Perlen an Wert.
Das Herz ihres Mannes vertraut auf sie
und es fehlt ihm nicht an Gewinn.
Sie tut ihm Gutes und nichts Böses
alle Tage ihres Lebens.
Sie sorgt für Wolle und Flachs
und schafft mit emsigen Händen.
Sie gleicht den Schiffen des Kaufmanns:
Aus der Ferne holt sie ihre Nahrung.
Noch bei Nacht steht sie auf,
um ihrem Haus Speise zu geben
und den Mägden, was ihnen zusteht.
Sie überlegt es und kauft einen Acker,
vom Ertrag ihrer Hände pflanzt sie einen Weinberg.
Sie gürtet ihre Hüften mit Kraft
und macht ihre Arme stark.
Sie spürt den Erfolg ihrer Arbeit,
auch des Nachts erlischt ihre Lampe nicht.
Nach dem Spinnrocken greift ihre Hand,
ihre Finger fassen die Spindel.
Sie öffnet ihre Hand für den Bedürftigen
und reicht ihre Hände dem Armen.
Ihr bangt nicht für ihr Haus vor dem Schnee;
denn ihr ganzes Haus hat wollene Kleider.
Sie hat sich Decken gefertigt,
Leinen und Purpur sind ihr Gewand.
Ihr Mann ist in den Torhallen geachtet,
wenn er zu Rat sitzt mit den Ältesten des Landes.

Sie webt Tücher und verkauft sie,
Gürtel liefert sie dem Händler.
Kraft und Würde sind ihr Gewand,
sie spottet der drohenden Zukunft.
Öffnet sie ihren Mund, dann redet sie klug
und gütige Lehre ist auf ihrer Zunge.
Sie achtet auf das, was vorgeht im Haus,
und isst nicht träge ihr Brot.
Ihre Söhne stehen auf und preisen sie glücklich,
auch ihr Mann erhebt sich und rühmt sie:
Viele Frauen erwiesen sich tüchtig,
doch du übertriffst sie alle.
Trügerisch ist Anmut, vergänglich die Schönheit,
nur eine gottesfürchtige Frau verdient Lob.
Preist sie für den Ertrag ihrer Hände,
ihre Werke soll man am Stadttor loben. (Sprüche 31,10-31; EÜ)

Kapitel 9

Die Frau aus Sprüche 31

In der beliebten US-Fernsehserie *The Good Wife* ist die Hauptfigur Alicia Florrick, die von Julianna Margulies gespielt wird, die Frau eines korrupten Politikers aus Chicago. Man braucht nur eine Folge zu sehen, um zu verstehen, woher die Serie ihren Namen hat. Alicia Florrick hält zu ihrem Mann, als er wegen Korruption verhaftet und verurteilt wird. Doch in dem Maße, wie ihr Respekt für ihn nachlässt, verliert auch ihr Ehegelöbnis für sie an Kraft. Sie tut einem unwillkürlich leid. Die in der Serie präsentierte Ehe ist das genaue Gegenteil der Ehe, die wir in Sprüche 31 am Leben der Ehefrau dargestellt sehen.

Wer ist diese Ehefrau am Ende der Sprüche? Ich habe schon mit vielen Frauen gesprochen, die sie nicht mögen. Sie ist einfach zu perfekt, und perfekte Menschen wirken einschüchternd. Vielleicht gehörst du ja auch zu denen, die es vorziehen, diesen letzten Abschnitt der Sprüche einfach zu überblättern. Wenn ja, wird es dich freuen zu hören, dass sie keine reale Person war.

Sprüche 31,10-31 ist ein Gedicht in der Form eines Akrostichons, was bedeutet, dass jede Zeile mit einem anderen Buchstaben des Alphabets beginnt, in diesem Fall des hebräischen Alphabets. (Psalm 119, ein Gedicht über Gottes Wort, ist auf dieselbe Weise aufgebaut.) In poetischer Sprache stellt dieser Textabschnitt die ideale Frau dar, und in dem Gedicht geht es darum, jungen Männern zu zeigen, worauf sie bei einer Ehefrau achten sollten. Doug O'Donnell stellt das Gedicht in einer Struktur dar, die man „chiastisch“ nennt:

A. Der hohe Wert einer hervorragenden Frau (V. 10)
B. Die Vorteile für ihren Mann (V. 11-12)
C. Ihre fleißige Arbeit (V. 13-19)
D. Ihre gelebte Freundlichkeit (V. 20)
E. Furchtlos (in der Gegenwart) (V. 21a)
F. Organisiert ihren Haushalt und kümmert sich um sich selbst (V. 21b-22)
G. Das hohe Ansehen ihres Mannes (V. 23)
F. Kümmert sich um sich selbst und um andere (V. 24-25a)
E. Furchtlos (im Hinblick auf die Zukunft) (V. 25b)
D. Ihre Freundlichkeit, an der man sich ein Beispiel nehmen kann (V. 26)
C. Ihre fleißige Arbeit (V. 27)
B. Das Lob ihres Mannes (und ihrer Kinder) (V. 28-29)
A. Der hohe Wert einer hervorragenden Frau (V. 30-31)

Und dann beschreibt er das Gedicht so:

> *Erkennst du, wie der Dichter mehrere ähnliche Themen nimmt und sich dann von beiden Enden zum Zentrum hin vorarbeitet? Wenn wir an den Rändern beginnen, sind die Themen in den ersten und letzten Zeilen identisch, der hohe Wert einer hervorragenden Frau. Wenn wir dann weiter von außen nach innen gehen, sehen wir, wie das Thema eines früheren Abschnitts jeweils dem Thema eines späteren Abschnitts entspricht. Diese „Verengung“ auf das Hauptthema führt uns ins Zentrum, zur Hauptaussage des Gedichts aus poetischer und praktischer Sicht. Was ist die zentrale Aussage von Sprüche 31,10-31? Es ist Vers 23: „Ihr Mann ist in den Torhallen geachtet, wenn er zu Rat sitzt mit den Ältesten des Landes.“*

Nun denkst du vielleicht: „Ihr Mann? Wieso das denn? Wie kann es bei diesem Gedicht um ‚ihn' gehen? Das ergibt keinen Sinn. Schau doch nur, wie fast jeder Satz anfängt und worum es darin geht. Sieh doch die ganzen Verse, in denen es um ‚sie' geht – die Verse 12, 13, 14, 15, 16, 17, 18, 19, 20, 21, 22, 24, 25, 26, 27. In diesem Gedicht geht es nicht um den Mann, sondern um die Frau! Und dann Vers 23 ... na ja, vielleicht ist das eine poetische Abschweifung oder dieser ‚Ehemann' dient hier als Kontrastfigur. Ja, das wird es sein! Er ist ein Kontrast zu der starken, effektiven und erfolgreichen Frau. Was tut ‚er', während ‚sie' hin und her läuft und mit der ganzen Arbeit beschäftigt ist? Sitzen! Er sitzt im Tor der Stadt. Während sie sich die Hände wund arbeitet – pflanzt, kauft, verkauft, webt, sät –, scheint er nur auf seinem Hintern zu sitzen."

Es ist ganz natürlich, so zu denken. Doch ganz gleich, wie unser erster Eindruck auch sein mag, wir müssen verstehen, dass Vers 23 keine Abschweifung von der eigentlichen Absicht des Autors ist. „Sie" mag hier die Hauptrolle spielen, aber „er" ist die Zielgruppe des Autors. Er ist derjenige, der verstehen muss, worauf es dem Autor ankommt. Diese Frau, die in jedem Vers, mit Ausnahme von einem, beschrieben wird, ist „die Art von Ehefrau, die ein Mann braucht, um im Leben erfolgreich zu sein". In Vers 23 wird erklärt, welchen Respekt ihm die wichtigsten Leiter der Stadt – „die Ältesten" – entgegenbringen, und das ist kein Ausrutscher. Vielmehr ist der Vers das Zentrum der Zielscheibe, die dieses Gedicht bildet, und zielt genau auf das Herz der Zielgruppe, nämlich junge Männer. Das ist ein Buch für Jungs; und es ist auch ein Gedicht für Jungs.[26]

Ein Mann, der sich eine Frau sucht, die der in dem Gedicht entspricht, ist in der Tat weise, und deshalb wird auch seine Frau gesegnet sein. Im gesamten Buch der Sprüche gibt es mehr als genug deutliche Hinweise, dass die Wahl seiner Ehefrau einen Mann entweder fördern oder ruinieren kann.

Das gleiche Prinzip ist auch heute noch wahr – die Wahl seiner Ehefrau hat einen großen Einfluss darauf, wie das Leben eines Mannes verläuft. Gleiches gilt aber auch für uns Frauen. Wen wir heiraten, bestimmt zu einem großen Teil darüber, wo und wie wir unser Leben verbringen werden. Daher ist Weisheit insgesamt ganz entscheidend, wenn es um Liebe, Verliebtheit und Ehe geht. Dabei geht es nicht nur um unser persönliches Wohlergehen, sondern auch darum, die Güte und Herrlichkeit Gottes in unseren Familien und für die Menschen in unserer Umgebung widerzuspiegeln.

Vor diesem Hintergrund ist das Gedicht nicht nur für die gedacht, die sich mit dem Gedanken an eine Ehe tragen oder die bereits verheiratet sind. Obwohl die Frau in den Sprüchen eine Ehefrau ist, ist sie in erster Linie eine Frau, und dazu ist sie eine, die Gott gefallen möchte. Sie ist ein Porträt weiblicher Weisheit. Wenn wir uns also mit ihr beschäftigen, können wir uns nicht nur fragen, ob wir eine Frau sind, die ein Mann heiraten sollte. Darüber hinaus ist es noch viel wichtiger zu wissen, ob unser Herz und unser Leben ihre Weisheit widerspiegeln, und zwar unabhängig davon, ob wir verheiratet, alleinstehend, geschieden oder verwitwet sind.

Auch wenn sie uns als die ideale Frau dargestellt wird, werden wir sie nicht mehr so einschüchternd finden, wenn wir das, wofür sie steht, in der richtigen Weise auf unser Leben anwenden. Der falsche Weg wäre, Sprüche 31,10-31 als eine Vorlage für die Organisation unseres Alltags zu verstehen. Nur ein kurzer Überblick über die im Gedicht genannten Details zeigt, dass das schon rein physisch unmöglich wäre. Auch die Eröffnungszeile des Gedichts macht deutlich, dass ihr Standard nicht leicht zu erreichen ist.

Eine tüchtige Frau, wer findet sie?
Sie übertrifft alle Perlen an Wert. (Sprüche 31,10; EÜ)

Daher tun wir gut daran, das Gedicht als eine herausfordernde Einladung zu verstehen und nicht als eine Anklage, dass wir das alles noch nicht erreicht haben. Wir können von dieser Frau vor allem eine Herzenshaltung lernen. Was hat sie in ihrem Herzen, das sie befähigt, ein solches Leben zu führen? Ihr Leben ist ein Bild dafür, was geschieht, wenn wir Ratschläge aus den Sprüchen in unserem Leben umsetzen. Sie ist ein Musterbeispiel der Weisheit.

Wenn man das Gedicht durchliest, merkt man, dass sie ein wohlhabendes Leben führt. Das könnte uns in Versuchung bringen zu denken, es wäre ja leicht, wie sie zu sein, wenn wir nur so viel Geld hätten, dass wir nicht so hart arbeiten müssten und stattdessen uns nur mit der Weisheit beschäftigen könnten. Aber darum geht es gar nicht. Die Tatsache, dass sie als wohlhabend beschrieben wird, soll eine Schlüsselaussage der Sprüche veranschaulichen: Wer weise lebt, dem wird es normalerweise auch gut gehen. Mit anderen Worten: Weisheit führt zu Wohlstand, nicht Wohlstand zu Weisheit. Die Frau hier ist ein Bild dafür, wie ein Leben aussehen kann, wenn es so geführt wird, wie Gott es beabsichtigt und von dem im Buch der Sprüche die Rede ist.

Mit diesen Grundgedanken im Hinterkopf wollen wir nun sehen, was genau diese Frau zu einem Porträt der Weisheit macht.

Als Ehefrau

Das Gedicht als Ganzes zeigt, dass sie ihre Berufung als Ehefrau weise lebt. Dabei wird die Beziehung zu ihrem Ehemann nur in wenigen Versen ausdrücklich angesprochen. Einer dieser Verse sagt uns Folgendes:

> *Das Herz ihres Mannes vertraut auf sie*
> *und es fehlt ihm nicht an Gewinn. (Sprüche 31,11; EÜ)*

Sie ist vertrauenswürdig. Am weisesten verhält sich eine Ehefrau und tut ihrer Ehe Gutes, wenn sie jemand wird, der andere – insbesondere ihr Ehemann – ausdrücklich vertrauen können. In dem Wissen, dass die Angelegenheiten seines Haushalts in den Händen seiner Frau gut aufgehoben sind, kann der Ehemann dann hinausgehen und seiner Arbeit nachgehen. Mit ihren Bemühungen unterstützt sie seine.

Vertraut dein Ehemann dir? Wie sehr vertraut er dir, wenn es um die Finanzen der Familie geht? Kann er sich darauf verlassen, dass du angemessen mit seinen Geschäftspartnern und Kollegen umgehst? Vertraut er dir, dass du seine Geheimnisse bewahrst, die Dinge, die er nur dir und niemand anderem anvertraut? Fühlt er sich bei dir sicher, weil du ihn immer wieder in seinem Glauben aufbaust und ihn in seinen Bemühungen, die Familie zu leiten, ermutigst? Und wie gehst du mit seinen Fehlern und Schwächen um?

Wir können manchmal so darauf fixiert sein, ob unser Ehemann unseren Bedürfnissen gerecht wird und wie er unserer Ansicht nach sein sollte, dass wir ihn nicht mehr dabei unterstützen, das zu tun und all das zu sein, wozu *Gott* ihn berufen hat. Wir versuchen, unser Leben – und unsere Ehemänner – mehr nach unseren Vorstellungen zu formen als nach Gottes Wort. Eine vertrauenswürdige Frau ist jedoch mehr darum besorgt, ihm Gutes zu tun, als darum, wie viel Gutes er ihr tut.

Alleinstehende Frauen machen es im Hinblick auf ihren zukünftigen Ehemann genauso. Ich habe schon manche Single-Frau klagen hören: „Alle guten Männer sind schon vergeben!" Aber vielleicht haben sie dabei die Tatsache übersehen, dass eine Ehe nach Gottes Vorstellung viel dazu beiträgt, einen Mann in einen dieser „guten" Männer zu verwandeln. Wenn wir mögliche Partner gar nicht erst in Betracht ziehen, weil sie kein sechsstelliges Gehalt verdienen oder weil sie auch nicht annähernd die äußere Erscheinung von George Clooney haben oder weil sie keine griechischen Verben konjugieren können, dann sollten wir uns besser prüfen, warum wir überhaupt einen Partner haben wollen. Wollen wir nur, dass unsere Bedürfnisse befriedigt werden, oder suchen wir jemanden, dem wir unsere Liebe schenken können?

Wenn wir den Weg zur wahren Liebe bisher als frustrierend empfunden haben, ob nun in einer Ehe oder davor, dann sollten wir einmal innehalten und uns fragen, ob unsere persönlichen Erwartungen vielleicht dazu beigetragen haben. Gott verspricht, uns zu segnen, aber nirgendwo verspricht er, dass das zu unseren Bedingungen geschehen soll. Wir können unsere Prioritäten für einen Ehepartner neu sortieren, wenn wir zunächst einmal unsere Erwartungen beiseitelegen. Auch wenn der Mann in unserem Leben nicht der Liste guter Eigenschaften entspricht, die wir von einem guten Mann erwarten, kommt es letztlich nur darauf an, ob er danach strebt, ein Mann zu werden, wie ihn Paulus im Epheserbrief beschreibt: „Ihr Männer, liebt eure Frauen, wie auch Christus die Gemeinde geliebt hat und hat sich selbst für sie dahingegeben, um sie zu heiligen. Er hat sie gereinigt durch das Wasserbad im Wort, damit er sie vor sich stelle als eine Gemeinde, die herrlich sei und keinen Flecken oder Runzel oder etwas dergleichen habe, sondern die heilig und untadelig sei. So sollen auch die Männer ihre Frauen lieben wie ihren eigenen Leib“ (Epheser 5,25-28).

Auf diese Eigenschaften kommt es an. Alleinstehende Frauen sind weise, wenn sie Merkmale wie „blaue Augen“ oder „muss Katzen lieben“ von ihrer Liste notwendiger Eigenschaften streichen und dafür Dinge wie „zeigt hingebungsvolle Liebe“ und „wünscht sich ein gesundes Familienleben“ einsetzen. Gleichzeitig müssen sich weise Frauen darüber im Klaren sein – ob verheiratet oder Single –, dass sie niemals einen Mann haben werden, der zu 100 Prozent dem Bild in Epheser 5 entspricht. Der Ehemann, der uns dort präsentiert wird, ist genauso ein Ideal wie die Frau aus Sprüche 31. Wenn ein Mann nach einer Ehefrau Ausschau hält, die exakt so wie die Frau aus Sprüche 31 ist, dann kann es gut sein, dass er nie heiraten wird. Das Gleiche gilt für uns, wenn ein Mann, der nicht ständig und fehlerlos nach Epheser 5 lebt, für uns gar nicht infrage kommt. Dann werden wir allein bleiben. Und was hätte es schließlich für einen Sinn, eine Gehilfin zu sein – wozu Gott uns ja geschaffen hat –, wenn wir jemanden heiraten, der gar keine Hilfe mehr braucht?

Eine Frau, die sich in ihrer Ehe weise verhält, ist vertrauenswürdig, weil sie nicht dauernd um ihre selbstsüchtigen Erwartungen kreist. Sie sieht die Ehe nicht als ein eigennütziges Mittel, um ihre persönlichen Wünsche zu erfüllen. Dann wird Folgendes wahr:

Sie tut ihm Gutes und nichts Böses
alle Tage ihres Lebens. (Sprüche 31,12; EÜ)

Als Managerin ihres Haushalts

Die Art und Weise, wie sie das Leben in ihrem Haus organisiert, ist ein weiterer Aspekt, in dem sich die Weisheit dieser Frau erweist. Vor einigen Jahren las ich einen Artikel, in dem die Autorin sagte, dass alle Frauen dazu berufen seien, Hausfrauen zu sein. Das brachte mich sofort auf die Barrikaden. Was ist dann mit den Single-Frauen, fragte ich mich? So sehr wir das vielleicht auch wollen, aber wer bezahlt die Rechnungen, wenn wir einfach unsere Jobs aufgeben und zu Hause bleiben? Tagelang brütete ich über diesem Artikel. Erst später verstand ich, was die Autorin sagen wollte – und dass sie recht hatte. Sei betrachtete Haushaltsführung nicht als einen *Job*, sondern als einen *Lebensstil*.

Zunächst gilt: Wir leben alle irgendwo, egal ob wir Single oder verheiratet sind. Einige von uns leben allein; andere leben mit ihrer Familie oder in einer Wohngemeinschaft. Einige bewohnen ein großes Anwesen, andere nur eine kleine Wohnung. Doch wo immer wir leben, es ist ein Zuhause. Hinzu kommt noch, dass Gott uns als Versorgerinnen geschaffen hat, und ein Zuhause ist der natürliche Ort, dies auszuleben. Dabei kann sich unser Versorgungsinstinkt auf die richten, die mit uns unter einem Dach leben, oder ebenso gut auch auf die, die nebenan wohnen. Und dann haben einige von uns auch noch Haustiere, die sie versorgen müssen. Mir ist noch keine Frau begegnet – auch nicht unter Karrierefrauen –, die sich nicht in der Kunst der Häuslichkeit übt.

Wir leben unseren Versorgungsinstinkt aus, wann immer wir ein Bild aufhängen, ein neues Sofa aussuchen, einen Kuchen backen oder einen Garten anlegen. Wir tun es, wenn wir eine Fußmatte vor die Tür legen, und wir tun es, wenn wir Geld ausgeben, um die Haushaltsgeräte reparieren zu lassen. Frauen neigen von Natur aus mehr zu diesen Details. Ob es dir gefällt oder nicht, so sind wir von Gott ausgestattet worden. Mir persönlich gefällt es. Ich finde, es hat etwas zutiefst Befriedigendes, ein warmes und gemütliches Heim einzurichten und in Ordnung zu halten und dann andere einzuladen, damit sie es mit uns teilen können.

Für Ehefrauen und Mütter umfasst die Haushaltsführung nicht nur die Hausarbeit, sondern zusätzlich die Sorge um das Wohlergehen aller Familienmitglieder. So ist es auch bei der Frau aus Sprüche 31. Für sie war es ein Vollzeitjob mit einer Menge Überstunden.

Sie sorgt für Wolle und Flachs
und schafft mit emsigen Händen.
Sie gleicht den Schiffen des Kaufmanns:
Aus der Ferne holt sie ihre Nahrung. (Sprüche 31,13-14; EÜ)

Noch bei Nacht steht sie auf,
um ihrem Haus Speise zu geben
und den Mägden, was ihnen zusteht.
... auch des Nachts erlischt ihre Lampe nicht. (Sprüche 31,15-18; EÜ)

Nach dem Spinnrocken greift ihre Hand,
ihre Finger fassen die Spindel. (Sprüche 31,19; EÜ)

Sie achtet auf das, was vorgeht im Haus,
und isst nicht träge ihr Brot. (Sprüche 31,27; EÜ)

Sie war morgens, mittags und abends beschäftigt. Ein guter Anlass, uns noch einmal daran zu erinnern, dass wir das Gedicht nicht wortwörtlich auf unser Leben anwenden sollen. Nur weil sie vor Morgengrauen aufstand und bis tief in die Nacht arbeitete, heißt das nicht, dass wir es genauso machen müssen, damit Gott gefällt, wie wir den Haushalt managen. Es geht um die Prinzipien, die wir erkennen und anwenden sollen, und eines dieser Prinzipien betrifft den weisen Umgang mit der Zeit.

Sie nutzt ihre Zeit sinnvoll

Wie wir unsere Zeit *einsetzen,* hängt immer davon ab, wie wir unsere Zeit *bewerten.* Sehen wir sie als Gabe oder als Recht an? Wer die Zeit als Gabe sieht, kann mit dem Psalmisten sagen: „Lehre uns bedenken, dass wir sterben müssen, auf dass wir klug werden" (Psalm 90,12). So jemand realisiert, dass unsere Zeit in Wirklichkeit eine von Gott geschenkte Gabe ist, die es zu Gottes Ehre einzusetzen gilt. Eine solche Person ist sich der Tatsache bewusst, dass eine einmal verstrichene Stunde nie zurückgeholt werden kann.

Wer hingegen die Zeit als ein Recht ansieht, neigt dazu, die Stunden für selbstsüchtiges Vergnügen zu verwenden, und will seine Kraft nicht dafür einsetzen, anderen – Gott eingeschlossen – zu dienen. Vor einiger Zeit brach ich beschämt in Tränen aus, als mir klar wurde, wie rücksichtslos ich manchmal meine Zeit horte. Ich hatte ziemlich viele Vorträge zu halten, und darüber hinaus stand der Abgabetermin für ein neues Buch kurz bevor. Zudem wuchs auch die Verantwortung in meinem Vollzeitjob immer mehr. Ich hatte das Gefühl, dass mir das alles längst zu viel geworden war. Doch statt mich Christus anzuvertrauen und in der Kraft zu ruhen, die er so bereitwillig zur Verfügung stellt, fing ich an zu murren. Und mein Murren führte dahin, wo es immer hinführt – geradewegs vor die Wand. Ich war von der Vielzahl der Projekte auf meinem Schreibtisch wie gelähmt und sah mich nicht mehr in der Lage, auch nur mit einem von ihnen voranzukommen. So kam ich eines Tages nach Hause, warf mich aufs Bett und sagte Gott: „Ich schaff das alles nicht mehr, Herr!" Im Verlauf des nächsten Tages antwortete er auf meinen Hilferuf mit der Erkenntnis, dass meine Schwierigkeiten mehr mit meiner Einstellung als mit der Arbeitsbelastung zu tun hatten. Es war in Wirklichkeit gar nicht seine Kraft, die ich wollte. Ich wollte Freizeit. Ich wünschte mir mehr Zeit für Entspannung und für Dinge, die mir Freude machten. Dabei hatte ich den Blick dafür verloren, dass die Arbeit auf meinem Tisch ein Geschenk war, wie es jede haupt- oder ehrenamtliche Arbeit für Gott ist. Mit meinem Schreiben und meinen Vorträgen tue ich Gott keinen Gefallen; vielmehr segnet er mich mit dem Vorrecht, das alles tun zu dürfen. In meinem Herzen hatte sich der Anspruch festgesetzt, nach eigenen Vorstellungen über meine Zeit verfügen zu können. Als ich das erkannte, fing ich an zu weinen, weil ich Gott gegenüber, der so viel für mich getan hat, so selbstsüchtig gewesen war. Schließlich war ich wieder in der Lage, mein Arbeitspensum mit neuer Energie anzugehen.

Das Prinzip, das wir hier in den Sprüchen finden, besagt nicht, dass auch unsere Freizeit mit Arbeit gefüllt sein muss oder dass es falsch ist, Spaß zu haben. Im Gegenteil, Gott freut sich, wenn wir die Annehmlichkeiten des Lebens genießen können. Bei diesem Prinzip geht es um unsere Sichtweise. Setzen wir unsere Zeit bewusst ein bei allem, was wir tun, sei es Arbeit oder Freizeit? Arbeiten wir mit vollem Einsatz an unserem Arbeitsplatz und gehen dann auch unsere Freizeit bewusst an? Der Apostel Paulus schrieb: „Gebt also sorgfältig darauf Acht, wie ihr lebt! Verhaltet euch nicht wie unverständige Leute, sondern verhaltet euch klug. *Macht den bestmöglichen Gebrauch* von eurer Zeit, gerade weil wir in einer schlimmen Zeit leben" (Epheser 5,15-16; NGÜ) und: „Seid weise im Umgang mit den Außenstehenden, nutzt die Zeit!" (Kolosser 4,5; EÜ). Die Frau aus Sprüche 31 macht den bestmöglichen Gebrauch von ihrer Zeit und nutzt sie sinnvoll.

Unsere Zeit sinnvoll zu nutzen bedeutet aber nicht unbedingt, alles, was auf unserer To-do-Liste steht, abzuarbeiten. Es kann auch bedeuten, die To-do-Liste zu kürzen, damit wir uns mit mehr Sorgfalt den verbleibenden Aufgaben widmen können. Unsere Zeit sinnvoll zu nutzen, schließt aber in jedem Fall ein, unsere Unterhaltungsangebote mit Bedacht zu wählen. Wenn wir einen entspannenden Abend auf dem Sofa vor uns haben, nutzen wir die Zeit sinnvoll, indem wir eine Sendung oder einen Film bewusst auswählen und nicht gedankenlos durch die Sender zappen. John Piper schreibt dazu:

> *Das Fernsehen herrscht noch immer als der große Zeitverschwender. Das Hauptproblem des Fernsehens ist nicht die Menge an verfügbarem Schmutz, obwohl dies durchaus problematisch ist. Allein die Werbung reicht aus, um den Samen von Habsucht und Begierde zu säen, ganz gleich, welches Programm Sie sehen. Das größere Problem ist Banalität. Füttert man sich täglich mit Fernsehsendungen, verringert sich die Verstandeskraft. Sie haben Ihren Verstand, um Gott zu erkennen und ihn zu lieben. Übermäßiges Fernsehen zerstört die Fähigkeit, dieser großen Berufung gerecht zu werden. Der Inhalt ist so trivial und seicht, dass die Fähigkeit zu wertvollen Gedankengängen und tiefen Gefühlen abnimmt.*[27]

Wir sollten jetzt aber nicht denken, dass Freizeit in Wirklichkeit nur getarnte Arbeit ist. Sowohl Arbeit als auch echte Freizeit dienen einem Zweck in unserem Leben, der sich an Gott orientiert. Prediger 3,1-10 sagt uns, dass jede Zeit einen Sinn hat, und dann werden sowohl Arbeits- als auch Freizeitaktivitäten aufgezählt. Das ist noch etwas, woran wir festmachen können, dass die Frau aus Sprüche 31 keine reale Person gewesen sein kann – ihr Leben bestand nur aus Arbeit, sie hatte keine Freizeit! Wir können von ihr jedoch lernen, dass wir unseren Haushalt weise verwalten, wenn wir unsere Zeit sinnvoll einsetzen.

Sie versorgt die Menschen um sie herum

Als weise Verwalterin ihres Haushalts widmet sich die Frau aus Sprüche 31 dem Wohlergehen anderer.

> *Noch bei Nacht steht sie auf, um ihrem Haus Speise zu geben*
> *und den Mägden, was ihnen zusteht. (Sprüche 31,15; EÜ)*

> *Sie öffnet ihre Hand für den Bedürftigen*
> *und reicht ihre Hände dem Armen. (Sprüche 31,20; EÜ)*

> *Öffnet sie ihren Mund, dann redet sie klug*
> *und gütige Lehre ist auf ihrer Zunge. (Sprüche 31,26; EÜ)*

> *Sie achtet auf das, was vorgeht im Haus ... (Sprüche 31,27; EÜ)*

Ihre Achtsamkeit in Bezug auf das, was im Haus vorgeht, schließt nicht nur ein, was sie tut, sondern auch das, was sie sagt. Andere zu versorgen hat genauso viel mit unseren Worten zu tun wie damit, sich um eine warme Mahlzeit und saubere Kleidung zu kümmern. Die Weisheit in ihrem Herzen fließt über auf ihre Zunge. Damit stellt sie einen deutlichen Gegensatz zu der folgenden Ehefrau dar:

> *Besser im Winkel auf dem Dach wohnen*
> *als mit einer zänkischen Frau zusammen in einem Hause.*
> *(Sprüche 21,9; 25,24, vgl. 19,13)*

Wenn es in diesem Gedicht einen bestimmten Vers gibt, durch den viele Frauen sich besonders schuldig fühlen, dann ist es wohl Sprüche 31,26: „Öffnet sie ihren Mund, dann redet sie klug und gütige Lehre ist auf ihrer Zunge." Wir lesen es und sofort fällt uns ein, wie wir zuletzt laut rumgeschrien haben, weil jemand mit schmutzigen Schuhen über den frisch geputzten Boden gelaufen ist, oder wie wir eine Freundin in Nöten am Telefon mit einem schnellen „Nimm's nicht so schwer" abgefertigt haben, weil wir in Eile waren.

Ich finde es interessant, dass der Dichter hier von „gütiger Lehre" spricht. Das muss doch mehr bedeuten, als einfach nur etwas Nettes zu sagen. Es könnte bedeuten, dass sie *mit* Güte lehrt, es könnte aber auch bedeuten, dass sie anderen etwas über Güte beibringt. Beides wäre weise. Wir haben vielleicht noch einen langen Weg vor uns, aber wenn wir in einer engen Beziehung zu Christus leben, haben wir die Möglichkeit, sie in dieser Hinsicht nachzuahmen, denn Güte ist ein Teil der Frucht des Geistes (vgl. Galater 5,23). Wie wir in Kapitel 2 gesehen haben, geht es darum, wie es in unseren Herzen aussieht, wenn wir eine Frau mit weiser Zunge werden wollen. Und wie Jesus gesagt hat: „Wes das Herz voll ist, des geht der Mund über" (Matthäus 12,34).

Die Frau in Sprüche 31 ist ein Musterbeispiel der Fürsorge. Ganz gleich, womit sie beschäftigt ist, ihr übergeordnetes Ziel ist, für andere zu sorgen. Sie gibt den Menschen in ihrem Haus, einschließlich der Diener, zu essen (V. 15); sie reicht ihre Hand den Armen und Bedürftigen (V. 20), und sie achtet auf das, was in ihrem Haus vorgeht (V. 27). Wenn wir heutzutage darauf achten wollen, was in unserem Haus vorgeht, sollten wir auch ganz genau hinsehen, womit sich unsere Kinder beschäftigen, und zwar nicht nur, wenn sie sich mit Freunden treffen, sondern auch, wenn sie zu Hause sind. Bist du technisch so bewandert wie deine Teenager? Es gibt Wege, die Kinderschutzsoftware zu umgehen. Und kennst du alle Personen, mit denen deine Kinder auf Facebook befreundet sind (oder welches soziale Netzwerk gerade angesagt ist, wenn du das hier liest)? Die Technik entwickelt sich heute mit Lichtgeschwindigkeit. Wenn wir darauf achten wollen, was in unserem Haus vorgeht, sollten wir auch über diese Entwicklung auf dem Laufenden bleiben.

Als Jesus die zwölf Apostel aussandte, warnte er sie: „Siehe, ich sende euch wie Schafe mitten unter die Wölfe. Darum seid klug wie die Schlangen und ohne Falsch wie die Tauben" (Matthäus 10,16). Seine Worte sind aber nicht nur auf die Apostel anwendbar, sie gelten für alle Christen. Die Schlange im Garten Eden war ganz schön clever, wenn auch auf eine böse Weise. In jedem Fall war sie sehr scharfsinnig, was Menschen und ihre Umgebung angeht. Wir sollten aus diesen Versen die Erkenntnis mitnehmen, dass eine weise Frau zwar unschuldig, aber nicht naiv sein sollte, wenn es um Fehlverhalten geht. Und das gilt vielleicht nirgendwo so sehr wie im Hinblick auf unsere Kinder.

Meine Freundin Ruby fand kürzlich eine Schachtel Zigaretten in der Handtasche ihrer Teenagertochter Justine. Als sie ihre Tochter darauf ansprach, stritt Justine ab, dass ihr die Zigaretten gehörten, und behauptete, sie würde sie nur für eine Freundin aufbewahren. Weil Ruby ihre Tochter sehr liebt, fand sie die Worte von Paulus zum Thema Liebe natürlich sehr passend für diese Situation: „Die Liebe erträgt alles, *sie glaubt alles*, sie hofft alles, sie duldet alles" (1. Korinther 13,7; Hervorhebung der Autorin). Ruby entschloss sich, ihrer Tochter zu glauben. Aber ich bin skeptisch. Ich meine mich nämlich zu erinnern, dass ich meiner Mutter die gleiche Geschichte erzählt habe, als ich ein Teenager war. Vielleicht hat Justine auch tatsächlich die Wahrheit gesagt. Unser Wunsch, von unseren Lieben nur das Beste anzunehmen, sollte uns nicht von einem gesunden Misstrauen und einem etwas genaueren Nachforschen abhalten. Ich hoffe, dass meine Skepsis unbegründet ist. Ich hoffe, Justine hat nicht gelogen. Und ich hoffe, dass Ruby nicht das Herz gebrochen wird.

Möchten wir darauf achten, was in unserem Haus vorgeht, betrifft das immer unsere Arbeit, unsere Worte und unsere Herzen.

Als berufstätige Frau

Je nachdem, wie alt du bist, erinnerst du dich vielleicht an einen Werbespot im Fernsehen, in dem eine attraktive Frau durch die Küche tänzelt und dabei singt: „Ich verdien' die Brötchen und packe voll mit an, doch sollst du nicht vergessen, du bist hier der Mann."[28] Ich meine mich zu erinnern, dass es eine Parfumwerbung war. In gewissem Sinne versinnbildlicht die Frau aus der Werbung etwas von der Frau aus Sprüche 31. Sie organisierte ihren Haushalt und ging zugleich einer Arbeit außerhalb ihres Hauses nach.

> *Sie überlegt es und kauft einen Acker,*
> *vom Ertrag ihrer Hände pflanzt sie einen Weinberg. (Sprüche 31,16; EÜ)*

> *Sie webt Tücher und verkauft sie,*
> *Gürtel liefert sie dem Händler. (Sprüche 31,24; EÜ)*

Diese weise Frau kannte sich in geschäftlichen Dingen gut genug aus, um einen Acker zu kaufen.

Christen beziehen bei der Frage, ob Ehefrauen, insbesondere Mütter, im biblischen Sinn handeln, wenn sie einem Beruf nachgehen, normalerweise einen sehr klaren Standpunkt für die eine oder die andere Seite. In den Sprüchen sehen wir, dass es in der Tat biblisch ist, solange es im Rahmen dessen geschieht, was die Bibel ansonsten noch über Ehefrauen und Mütter zu sagen hat.

Im alten Israel war es zwar nicht üblich, aber auch nicht völlig ungewöhnlich, dass Frauen sich als Dienerinnen oder sogar Sklavinnen verdingten. In der Geschichte sind die Frauen immer wieder einem Beruf nachgegangen, um die Familie mit zu versorgen, ganz besonders natürlich in Notzeiten. Nun müssen wir hier gegen das abwägen, was Paulus an Titus schrieb: „Desgleichen den alten Frauen, dass sie sich verhalten, wie es sich für Heilige ziemt, nicht verleumderisch, nicht dem Trunk ergeben. Sie sollen aber Gutes lehren und die jungen Frauen anhalten, dass sie ihre Männer lieben, ihre Kinder lieben, besonnen seien, keusch, häuslich, gütig und sich ihren Männern unterordnen, damit nicht das Wort Gottes verlästert werde" (Titus 2,3-5). Paulus trägt den älteren Frauen auf, jüngere Frauen darin zu unterweisen, dass sie ihre Energie auf ihre häuslichen Pflichten konzentrieren.

Wenn wir das, was wir über arbeitende Frauen im alten Israel wissen und was wir bei der Frau aus Sprüche 31 sehen, nun neben das stellen, was Paulus hier im Titusbrief schreibt, ergibt sich daraus ein Gesamtbild der biblischen Maßstäbe, das wir auf unser eigenes Leben anwenden können. Wenn wir Kinder großziehen und durch unseren Ehemann finanziell gut versorgt sind und trotzdem darüber nachdenken, arbeiten zu gehen, können die Worte von Paulus als Warnsignal dienen, um unsere Motive zu überprüfen. Wenn wir arbeiten gehen wollen, tun wir gut daran, uns die folgenden Fragen zu stellen: 1. Suche ich das Wohl anderer? 2. Bekommt Gott durch die Art, wie sich meine Familie dann darstellt, mehr die Ehre, die er verdient? 3. Wird meine Arbeit meiner Familie insgesamt nutzen oder nur mir? Entscheide mithilfe dieser Fragen, ob es weise ist, arbeiten zu gehen.

Für viele von uns sind das vielleicht knifflige Fragen. Zunächst ist es in unserer Gesellschaft ja sehr leicht, finanzielle Bedürfnisse mit finanziellen Wünschen zu verwechseln. An anderer Stelle schrieb Paulus: „Die Frömmigkeit aber ist ein großer Gewinn für den, der sich genügen lässt. Denn wir haben nichts in die Welt gebracht; darum werden wir auch nichts hinausbringen. Wenn wir aber Nahrung und Kleider haben, so wollen wir uns daran genügen lassen“ (1. Timotheus 6,6-8). Paulus sagt damit nicht, dass wir auf das zweite Auto oder die teure Schule unbedingt verzichten müssen. Ihm geht es darum, mit dem Wesentlichen zufrieden zu sein. Mit anderen Worten: Wenn wir darüber nachdenken, wieder arbeiten zu gehen, um im Sommer den teuren Urlaub zu finanzieren oder um uns einen neuen Flachbildfernseher leisten zu können, sollten wir vielleicht noch einmal darüber nachdenken. Außerdem sollten wir uns vor Augen halten, dass unsere Kinder mehr davon haben, wenn wir zu Hause sind, wenn sie aus der Schule kommen, als von ein paar Extras in der Spielzeugkiste der Familie.

Zweitens können diese Fragen auch knifflig sein, weil wir uns Druck von außen ausgesetzt sehen. Die Gesellschaft erzählt uns, dass Frauen Versagerinnen sind, wenn sie nicht ihr ganzes Potenzial ausschöpfen oder wenn sie zum Wohle ihrer Familie Opfer bringen. Zu diesem Zweck lasst uns noch einmal genau überprüfen, in welchem Kontext die Frau aus Sprüche 31 ihre Fähigkeiten als berufstätige Frau einsetzte. Sie nutzte sie zum Wohle anderer, insbesondere ihrer Familie. Wir finden in diesem Abschnitt der Sprüche nirgendwo einen Hinweis darauf, dass sie arbeiten ging, um ihr Leben zu bereichern, ihr Potenzial zu nutzen oder persönliche Erfüllung zu finden. Wir lernen aus diesem Gedicht, dass es sehr wohl zusammenpassen kann, wenn wir berufstätig sind und gleichzeitig unserer einzigartigen Berufung nachkommen, für unsere Familie zu sorgen. Alles hängt davon ab, aus welchen Gründen, wie und wo wir diese Fähigkeiten einsetzen wollen.

Was ist aber mit unverheirateten Frauen, die ihren Lebensunterhalt zwangsläufig mit einer eigenen Arbeit verdienen müssen, weil sie nun mal Single sind? Die Prinzipien aus Sprüche 31 gelten für sie genauso, denn bei dem, was wir aus den Versen 16 und 24 entnehmen können, geht es nicht so sehr darum, für seinen Lebensunterhalt zu arbeiten, als das Beste aus seinen Gaben zu machen, ganz gleich wie unsere Berufung aussieht. Vor einiger Zeit fragte eine junge alleinstehende Frau in einem christlichen Blog, ob sie ihr Medizinstudium aufgeben sollte. Sie hoffte, eines Tages einen guten christlichen Mann zu treffen und dann zu heiraten, und sie fragte sich nun, ob ihr Streben nach einem Doktortitel in Medizin ihren Hoffnungen auf eine Ehe nicht zuwiderlaufen würde. Der Blogger riet der jungen Frau, das Studium aufzugeben, und begründete das damit, dass ihr ganzes Studium eine Verschwendung von Zeit und Geld sei, da die Studentin ja hoffte, eine Ehefrau, Hausfrau und Mutter zu werden. Ich glaube, dass es dieser Antwort entschieden an Weisheit fehlte.

Die junge Frau hoffte zwar zu heiraten, aber sie hatte zu dem Zeitpunkt, als sie ihre Frage stellte, noch nicht mal einen passenden jungen Mann in Aussicht. Da sie die Zukunft nicht kennt – ob oder wann sie heiraten wird –, scheint die Fortsetzung ihres Medizinstudiums – Eignung und Neigung vorausgesetzt – ein guter Weg zu sein, die Voraussetzungen zu schaffen, damit sie sich selbst versorgen kann, falls sie nicht heiraten oder im weiteren Verlauf ihres Lebens wieder allein sein sollte. Falls sie aber tatsächlich heiratet und infolgedessen ihre Karriere als Medizinerin nicht weiterverfolgt, kann sie ihre medizinischen Kenntnisse und Fähigkeiten sicherlich immer noch zum Wohle ihrer Familie, ihrer Gemeinde und ihres sozialen Umfelds einsetzen. Drittens sollte sie die Gaben und Talente entwickeln, die Gott ihr gegeben hat. Das hieße, verantwortungsvoll damit umzugehen, wie Gott sie geschaffen hat. Auf diese Weise bekommt Gott die Ehre, die er verdient, unabhängig davon, ob diese Gaben nun zu einem Einkommen führen oder nicht.

Wenn du Single bist und deinen Lebensunterhalt selbst verdienen oder dich zumindest darauf vorbereiten musst, dann ist es weise, eine Bestandsaufnahme deiner persönlichen Stärken zu machen und diese dann zu fördern. Es macht Gott keine Ehre, wenn du sie zugunsten eines Traumes vergräbst, von dem du nicht weißt, ob er wahr wird oder nicht. Manche Frauen versagen sich jede Weiterentwicklung ihres Wissens oder ihrer Fähigkeiten, während sie auf Mr. Right warten. In manchen Fällen heißt das nichts anderes, als dass die Vorstellung, sich in der Ehe gegenseitig zu ergänzen, Amok läuft. In anderen Fällen ist es sogar eine Art unbewusste Erpressung von Gott: „Gott *muss* mir einen Ehemann geben, wenn ich mich ausschließlich der Vorbereitung auf meine Rolle als Ehefrau widme und dafür auf alles andere verzichte."

In der Apostelgeschichte wird von Lydia berichtet, einer erfolgreichen Geschäftsfrau. So weit wir wissen, war sie Single. Aber ihr Erfolg hat weder ihre Weiblichkeit noch ihren Glauben negativ beeinflusst. Vielleicht hatte sie mal einen Ehemann gehabt oder vielleicht trat später noch einer in ihr Leben. Wir wissen es nicht. Wir wissen aber, dass sie erfolgreich ein Geschäft führte und dadurch in der Lage war, ihr Vermögen zum Wohle der jungen Gemeinde in Philippi einzusetzen. Aus Apostelgeschichte 16 wird deutlich, dass sie die Apostel in ihrem Haus beherbergen und sie mit dem ein oder anderen versorgen konnte.

Finanzielle Kenntnisse

Vielleicht steht für dich gar nicht zur Debatte, arbeiten zu gehen. Trotzdem gibt es auch für dich etwas, was du aus dem Geschäftssinn der Frau aus Sprüche 31 lernen kannst. Sie wird uns nämlich als eine Frau präsentiert, die über die finanzielle Gesamtsituation ihrer Familie auf dem Laufenden war. Können wir das auch von uns sagen? Wir haben in Kapitel 7 bereits darüber gesprochen, daher möchte ich hier nicht mehr viel dazu sagen, außer dass du dich noch einmal fragen solltest, ob du weißt, wie viel Geld ihr auf dem Sparbuch habt und wie der Stand eures Riester-Sparplans ist. Werden alle Rechnungen pünktlich bezahlt? Auch wenn wir das Geld nicht selbst verwalten, ist es gut, über die Details auf dem Laufenden zu bleiben.

Während ich das hier schreibe, fällt mir eine Bekannte namens Rachel ein. Vergangenes Jahr kam ihr Mann bei einem Unfall ums Leben, und in die Trauer über den plötzlichen Verlust mischte sich zusätzlicher Stress, weil in den folgenden Monaten immer mehr Nachrichten über überzogene Konten oder nicht bezahlte Rechnungen ins Haus flatterten. Da ihr Mann immer das Geld verwaltet hatte, wusste sie nicht, was wem gehörte und wann welche Rechnung fällig war. Das Wirrwarr von Rechnungen zu ordnen und sich über Versicherungsprämien und Steuerzahlungen zu informieren, war einfach zu viel für Rachel, und rückblickend sieht sie diesen Bereich als einen der schwierigsten Aspekte der Tragödie. Weißt du über die finanzielle Situation deiner Familie Bescheid?

Weise Frauen achten auch auf das zur Verfügung stehende Budget. Mit anderen Worten: Sie leben im Rahmen ihrer Möglichkeiten. An der Frau aus den Sprüchen können wir sehen, dass Weisheit im Umgang mit Geld nicht nur etwas mit Sparsamkeit zu tun hat.

> *Ihr bangt nicht für ihr Haus vor dem Schnee;*
> *denn ihr ganzes Haus hat wollene Kleider.*
> *Sie hat sich Decken gefertigt,*
> *Leinen und Purpur sind ihr Gewand. (Sprüche 31,21-22; EÜ)*

Wolle, Leinen und Purpur waren nicht gerade preiswerte Stoffe. Folgendes können wir von ihr lernen: Wenn wir auf das Budget achten wollen, ist es wichtig zu wissen, wann man ein paar Euro sparen sollte und wann ein bisschen Luxus eine gute Wahl ist. Wenn wir an die große Not in der Welt denken, fühlen wir uns manchmal schuldig, sobald wir unser Geld für schöne Dinge ausgeben, aber hier in den Sprüchen finden wir eine andere Einstellung. Unter normalen Umständen gehört es zu den Vorteilen eines weisen Lebensstils, sich schöne Dinge leisten zu können; so hat Gott sich das gedacht. Auch das sollen wir aus diesem Gedicht und aus dem Buch der Sprüche insgesamt lernen. Wenn du das Gedicht ganz liest, wirst du sehen, dass der Besitz schöner Dinge nicht zulasten anderer Prioritäten gehen muss. Die Frau war in der Lage, den Armen zu geben *und* für ihren ganzen Haushalt zu sorgen.

Ob nun also zu Hause oder auf der Arbeit, ob alleinstehend oder verheiratet – es ist weise, sich in finanziellen Dingen auszukennen.

Als starke Frau

Vor einigen Monaten zeigte ein bekanntes Frauenmagazin das Foto einer gut gekleideten, perfekt frisierten Frau, die in Bodybuilderinnen-Pose ihre Muskeln spielen ließ. Die Textzeile darunter lautete: „Frauen können stark, klug, sexy, Mütter *und* mächtig sein. Wir müssen keine Kompromisse machen." Doch das ist nicht die Stärke, die wir bei der Frau aus Sprüche 31 entdecken. Auch sie strahlt Stärke aus, aber ihre Stärke ist ganz anders.

> *Sie gürtet ihre Hüften mit Kraft*
> *und macht ihre Arme stark. (Sprüche 31,17; EÜ)*

Sie hält sich körperlich fit, wie wir aus Vers 17 entnehmen können. Es ist ein Zeichen von Weisheit, seine körperliche Fitness zu erhalten – dabei müssen wir nicht unbedingt an heutzutage angesagten Pilates- oder Zumbakursen teilnehmen, sondern wir können einfach auf die Art Sport treiben, die uns gesund erhält. Viele von uns haben den Mythos verinnerlicht, dass man dreimal in der Woche trainieren muss, damit man irgendetwas davon hat. Weil wir so viel Zeit aber nicht erübrigen können, tun wir am Ende gar nichts. Aus irgendeinem Grund haben viele von uns diese Alles-oder-nichts-Haltung, wenn es um sportliche Betätigung geht. Dabei geht es auch anders: Eine Freundin von mir hält zum Beispiel ihren Trizeps in Form, indem sie Suppendosen als Gewichte verwendet, und eine andere hat den Wischmopp weggestellt und putzt den Boden nun auf allen vieren. Wenn die gerade angesagten Formen des Fitnestrainings uns eher entmutigen, gibt es kreative Möglichkeiten, es trotzdem in unsere täglichen Abläufe einzubauen.

Abgesehen davon, dass sie ihre Arme stärkt, gürtet die Frau aus Sprüche 31 „ihre Hüften mit Kraft". Die Wortwahl hier scheint doch noch auf etwas mehr als nur körperliche Leistungsfähigkeit hinzudeuten. Wenn wir uns ihr Leben anschauen, dann sehen wir, dass sie in der Tat auch über mentale Stärke und Stärke im Glauben verfügt – das konnte sie erreichen, weil sie ihr Herz in der Furcht des Herrn bewahrt hat. Die Aussage von Vers 17 finden wir etwas anders formuliert auch bei Paulus: „Körperliches Training hat einen gewissen Wert, aber geistliches Training ist noch viel wichtiger, denn es verspricht Gewinn in diesem wie auch im zukünftigen Leben" (1. Timotheus 4,8; NLB).

Als attraktive Frau

So beschäftigt sie auch ist, sie findet genügend Zeit, hübsch auszusehen.

> *Sie hat sich Decken gefertigt,*
> *Leinen und Purpur sind ihr Gewand. (Sprüche 31,22; EÜ)*

Obwohl dies das einzige Mal im gesamten Gedicht ist, dass ihre äußere Erscheinung erwähnt wird, kann schon die bloße Erwähnung dieses Aspekts dazu führen, dass sich einige von uns völlig von dieser Frau abwenden. Wer hat schließlich auch noch Zeit, sich um seine äußere Erscheinung zu kümmern, wenn man vollauf damit beschäftigt ist, Kinder großzuziehen, sich um den Haushalt oder den Beruf zu kümmern und in der Gemeinde mitzuarbeiten? Irgendetwas muss man dabei vernachlässigen, und es scheint, dass von all den konkurrierenden Prioritäten das Äußere am ehesten infrage kommt. Und für manche Frauen war ihr Aussehen ohnehin immer ein schwieriges Thema. Es wirkt jedoch vielleicht viel weniger beunruhigend, wenn wir es einmal unter dem Gesichtspunkt der Liebe betrachten und nicht unter dem Gesichtspunkt, mit den Ansichten in dieser Welt Schritt halten zu wollen.

Nach den Maßstäben dieser Welt gut auszusehen, hat mehr mit Stolz als mit Liebe zu tun. Worum könnte es denn sonst gehen, wenn unser Ziel ist, mindestens so gut oder sogar besser auszusehen als unsere Nachbarinnen oder Kolleginnen? Das jedenfalls hatte der Dichter ganz bestimmt nicht im Sinn, als er die Kleidung der Frau aus Sprüche 31 beschrieb. Die Stoffe, die sie trug – Leinen und Purpur –, wurden üblicherweise nur von Wohlhabenden getragen. Daher können wir annehmen, dass der Dichter diese Details erwähnt hat, um uns die Verbindung zwischen Weisheit und Wohlstand zu zeigen. Dieser Punkt wird noch durch die Tatsache unterstrichen, dass ihre ganze Familie in teures Scharlach gekleidet ist (V. 21; SCH).

Wenn wir einmal überlegen, wo wir in der Bibel sonst noch auf purpurne Stoffe treffen, ist die Frage berechtigt, ob die Symbolik des Dichters hier nicht tiefer reicht. Im Tempel und im Allerheiligsten des Alten Bundes waren bestimmte Gegenstände aus purpurnem Garn gewoben, so zum Beispiel der leinene Schurz und die Brusttasche, die vom Priester getragen wurden (2. Mose 26; 28; 35). In die Brusttasche waren Edelsteine eingelassen, und in einigen Bibelübersetzungen finden wir auch in Sprüche 31,10 den Hinweis auf Edelsteine (andere Übersetzungen haben hier Perlen). Die Farbe Purpur verbindet man mit Königtum und Status, wie wir in Ester 8,15 sehen. Purpur wird auch mit Wohlstand verbunden, wie wir im positiven Sinne in unserem Gedicht in Sprüche 31 sehen und im negativen Sinne in dem Gleichnis vom reichen Mann und Lazarus in Lukas 16,19-31. Jesus wurde gezwungen, Purpur zu tragen, sodass die Leute sich über seinen Anspruch auf das Königtum lustig machen konnten (Markus 15,17+20), obwohl wir natürlich wissen, dass er in der Tat König war – er war *der* König. Andererseits ist Purpur in der Offenbarung auch ein Sinnbild für den verderblichen Einfluss des Geldes (17,4; 18,6). Mit der Farbe Karmesinrot sind in der Bibel sowohl positive als auch negative Assoziationen verknüpft; wir finden sie in einer ganzen Reihe von Versen, die mit Reinigung zu tun haben (z. B. 3. Mose 14,4; Hebräer 9,19-20).[29]

Wir wollen in dieses Gedicht gewiss nichts hineininterpretieren, was nicht dort steht, aber wir können aus den Farben, die wir an der Frau aus Sprüche 31 und in ihrem Zuhause finden, wenigstens ableiten, dass sie symbolisch für den Adel der Weisheit stehen.

Für die praktische Seite unserer Überlegungen können wir einfach festhalten: Sie hat erkannt, dass Weisheit darin liegt, ein attraktives äußeres Erscheinungsbild zu präsentieren. Sicher ist auch, dass ihr attraktives Äußeres ein gutes Licht auf ihren Ehemann wirft und dass es ihm zweifellos gefällt. Und wenn wir zurückdenken, welche Ratschläge den Ehemännern weiter vorne in den Sprüchen gegeben werden, dann wird deutlich: Ihre Bemühungen, ansprechend auszusehen, helfen ihm, die Ratschläge auch zu befolgen.

Dein Brunnen sei gesegnet;
freu dich der Frau deiner Jugendtage,
der lieblichen Gazelle, der anmutigen Gämse!
Ihre Liebkosung mache dich immerfort trunken,
an ihrer Liebe berausch dich immer wieder!
Warum solltest du dich an einer Fremden berauschen,
den Busen einer andern umfangen? (Sprüche 5,18-20; EÜ)

Wir können von ihr lernen, dass es ein Zeichen der Liebe gegenüber unserem Ehemann ist, wenn wir ein bisschen Aufwand betreiben, um attraktiv auszusehen. Zugleich ist es auch ein Zeichen der Liebe gegenüber Gott. Denn durch Frauen, die sich gehen lassen, bekommt er sicher nicht die Ehre, die er verdient. Es ist allerdings gar nicht so sehr das attraktive Äußere selbst, das ihm Ehre macht, sondern ganz allgemein der sorgsame Umgang mit sich selbst, worauf ihr Aussehen hindeutet.

Rachel Held Evans schreibt: „Ich habe in der Bibel nichts gefunden, das darauf hindeutet, dass Gott von Frauen erwartet, sie sollten schön sein … Während die junge Liebe in der Bibel ganz gewiss gefeiert wird (Hohelied, Sprüche 5,15-19), finden wir nirgendwo eine Andeutung, dass von einer Frau erwartet wird, ihr ganzes Leben lang einen gewissen Standard an Schönheit aufrechtzuerhalten, um ihrem Ehemann zu gefallen."[30] Evans hat zumindest in einer Hinsicht recht: Es gibt nirgendwo in der Bibel eine Aussage, die von einer Frau verlangt, auf ihr Aussehen zu achten. Wie wir jedoch von der Frau aus Sprüche 31 gelernt haben, ist es trotzdem ganz bestimmt weise, das zu tun. Evans schrieb ihren Artikel als Antwort auf die Bemerkungen einiger führender Evangelikaler in den USA, die Frauen dazu drängten, gut auszusehen, damit ihre Männer nicht auf Abwege geraten. Es ist wirklich bedauerlich, wenn Leiter die Schuld dafür, dass Männer fremdgehen, darauf schieben, dass ihre Frauen nicht genügend auf ihr Aussehen geachtet haben. Es kann auf keinen Fall richtig sein, hier die Schuld für die Untreue eines Ehemannes zu suchen. Eine Frau kann ihrem Mann jedoch ganz gewiss dabei helfen, Versuchungen aus dem Weg zu gehen, wenn sie sich ein bisschen Mühe mit ihrem Aussehen gibt. So betrachtet kann man das durchaus als Ausdruck der Liebe und nicht der Verzweiflung ansehen. Wenn eine Frau allerdings befürchtet, gut aussehen zu müssen, damit ihr Mann ihr treu bleibt, dann liegt das Problem doch eher im Gesamtzustand der Ehe als im Aussehen der Frau. Hübsch auszusehen ist ein Weg, unseren Männern unsere Liebe zu zeigen, aber es ist ein großer Unterschied zwischen ein bisschen Aufwand und einer Obsession. Es hat mit Weisheit nichts zu tun, wenn man sich zu viel mit seinem Aussehen beschäftigt, wie in unserem Gedicht deutlich wird:

Trügerisch ist Anmut, vergänglich die Schönheit,
nur eine gottesfürchtige Frau verdient Lob. (Sprüche 31,30; EÜ)

Dieser Vers will nicht sagen, dass Aussehen völlig bedeutungslos ist; vielmehr geht es darum, dass Aussehen, verglichen mit Gottesfurcht und allen anderen Aspekten der Weisheit, nicht übermäßig wichtig ist. Wenn wir uns Vers 30 im Licht der Aussagen des gesamten Gedichts ansehen, können wir einschätzen, wo unser äußeres Erscheinungsbild auf unserer Prioritätenliste zu finden sein sollte (weit unten) und welches Motiv hinter unseren Bemühungen um ein gutes Aussehen stehen sollten (Liebe). Mit anderen Worten: Eine Frau ist weise, wenn sie einen angemessenen Aufwand mit ihrem Aussehen betreibt und gleichzeitig dessen begrenzten Wert erkennt. Wir sehen im Fernsehen oder in der Stadt wunderschöne Frauen und bemerken ihre Schönheit, aber wir vergessen sie auch gleich wieder, sobald sie aus unserem Gesichtsfeld verschwunden sind. Im Gegensatz dazu erinnern wir uns in der Regel gut an Frauen, die etwas Nennenswertes für diese Welt geleistet haben, unabhängig davon, wie sie aussehen. Wir stellen fest, dass die Frauen, die in der Welt den meisten Respekt genießen, nicht unbedingt die Schönsten sind.

Als zuversichtliche Frau

Wenn wir ein einziges Wort wählen müssten, um die Frau aus Sprüche 31 zu beschreiben, wäre *zuversichtlich* sicher keine schlechte Wahl.

> *Ihr bangt nicht für ihr Haus vor dem Schnee;*
> *denn ihr ganzes Haus hat wollene Kleider. (Sprüche 31,21; EÜ)*

> *Kraft und Würde sind ihr Gewand,*
> *und sie lacht des kommenden Tages. (Sprüche 31,25)*

Zunächst ist sie zuversichtlich, weil für ihre Familie gut gesorgt ist (V. 21). Sie macht sich keine Sorgen, sie hätte nicht genug, um die Menschen in ihrem Hau zu ernähren und zu kleiden. Nun mögen wir vorschnell sagen: „Na, es wäre ja auch leicht, sich nicht zu sorgen, wenn ich so viel Geld hätte, wie sie hatte." Aber wenn wir bei dieser Einstellung landen, haben wir den eigentlichen Punkt verpasst. Im Wesentlichen geht es nämlich darum, dass es gerade die Weisheit war, die überhaupt zu dieser guten finanziellen Versorgung geführt hat. Auch hier haben wir wieder ein Beispiel für das Prinzip, das sich durch das gesamte Buch der Sprüche zieht: Ein weiser Lebensstil führt normalerweise zu den Segnungen, die viele von den Dingen, über die wir uns oft Sorgen machen, gar nicht erst aufkommen lassen.

Zweitens ist sie zuversichtlich, weil sie einen guten Ruf hat. Sie ist für ihre Kraft und Würde bekannt (V. 25). Wir sehen durch das ganze Gedicht hindurch, wie sie durch ihren guten Ruf gesegnet wird. Der gute Ruf hat ihr Türen für das Geschäft und den Einsatz für Gott geöffnet, und er hat ihr das Lob ihres Mannes und ihrer Kinder eingebracht.

Ihre Söhne stehen auf und preisen sie glücklich,
auch ihr Mann erhebt sich und rühmt sie,
Viele Frauen erwiesen sich tüchtig,
doch du übertriffst sie alle. (Sprüche 31,28-29; EÜ)

Das Gleiche gilt in unserem Leben. Unser Ruf bestimmt im Großen wie im Kleinen über den Verlauf unseres Lebens. Zum Beispiel spiegelt sich unser finanzieller Ruf in unserer Kreditwürdigkeit wieder, und je besser unsere Kreditwürdigkeit ist, desto mehr Möglichkeiten haben wir, etwas zu kaufen oder in etwas zu investieren. Unser Ruf im Hinblick auf Vertrauenswürdigkeit wird zu einem großen Teil über die Zahl und Qualität unserer Beziehungen bestimmt. Unser Ruf, gewissenhaft zu sein, öffnet uns Türen in Bildung und Wirtschaft. Der Ruf, eine lebendige Beziehung zu Gott zu haben, zieht Menschen an, die Gott suchen, sei es für die Mitarbeit in der Gemeinde, für Freundschaften oder für eine Ehe. Ein Leben, das in der Furcht des Herrn gelebt wird, verschafft uns einen Ruf der Weisheit, und das lässt Gott die Ehre zukommen, die er verdient.

Drittens ist sie zuversichtlich, weil sie sich nicht vor dem fürchtet, was die Zukunft bringen mag (V. 25). Sie macht sich keine Sorgen über einen möglichen Abschwung in der Wirtschaft, ob ihre Kinder Erfolg im Leben haben werden oder ob sie im Alter gesund bleiben wird. Natürlich weiß auch sie nicht, was die Zukunft bringt. Kein noch so großes Maß an Weisheit kann das ihr oder irgendjemand anderem sagen. Die Wirtschaft mag sich abschwächen, ihre Kinder können krumme Wege gehen trotz der Weisheit, die sie von ihren Eltern mitbekommen haben, und sie mag irgendwann von einer ernsthaften Erkrankung betroffen sein. Wie also kann sie dann der Zukunft entgegenlachen? Sie fürchtet sich nicht, weil sie Gott vertraut. Wir wissen das, weil sie als ein Ideal der Weisheit innerhalb eines Buches präsentiert wird, das lehrt, dass die Furcht des Herrn der Kern der Weisheit ist. Letztendlich ist es die Furcht des

Herrn und nicht ihr materieller Wohlstand, der sie zuversichtlich sein lässt.

Wenn wir also nun unseren eigenen Kampf mit den Sorgen aus der Perspektive der Sprüche betrachten, könnte es da sein, dass unsere Kämpfe der Tatsache entspringen, dass wir uns entweder entschieden haben, unvernünftig zu leben, oder dass wir Gott nicht vertrauen? Tatsächlich bedingen diese beiden Ursachen sich sogar gegenseitig. Wir werden den Weg der Weisheit nicht wählen, wenn wir dem nicht vertrauen, der diese Wege für uns angelegt hat. Furcht des Herrn bedeutet Vertrauen in den Herrn.

In erster Linie ist die Frau aus Sprüche 31 zuversichtlich, weil sie den Herrn fürchtet. Das ist die Grundlage ihres ganzen weisen Verhaltens. Sie ist eine gute Ehefrau und Mutter, geschäftig, in finanziellen Dingen geschickt, freundlich, höflich und wohltätig, weil ihr ganzes Sein sich an der Furcht des Herrn orientiert. Und das ist auch für uns der einzige Weg. „Der Weisheit Anfang ist die Furcht des Herrn" (Sprüche 9,10). Und trotzdem werden wir diese Weisheit nie aus eigener Kraft erhalten. Ohne Christus, unseren Erlöser, können wir nicht in der Furcht des Herrn gegründet sein oder weise werden. Elyse Fitzpatrick warnt uns:

> *Die klaren Worte der Sprüche sind zu unserem Besten geschrieben, und wir werden an Weisheit zunehmen, wenn wir mit Glauben und Demut auf sie eingehen. Es ist nur so: Wenn wir nicht auch Jesus in all dem sehen, werden wir fälschlicherweise annehmen, dass wir automatisch in der Lage sein werden, etwas zu schaffen, das nicht einmal Salomo geschafft hat: weise Kinder hervorbringen. Weil die Sprüche so klar formuliert sind und wie Verheißungen wirken, werden wir zudem glauben, dass unser Verhalten garantiert zu Erfolg führen wird. Viele sogenannte christliche Erziehungsratgeber leiten aus den Sprüchen Weisheit für Eltern ab, ohne dabei in irgendeiner Weise auf die Gegenwart Christi hinzuweisen.*[31]

Wenn wir an Weisheit zunehmen wollen, müssen wir deshalb mehr auf Christus schauen als auf die Frau aus Sprüche 31. Aus eigener Kraft werden wir nie wie sie werden. Das können wir nur in Abhängigkeit von Christus, denn er *ist* unsere Weisheit. Elyse zeigt ganz wundervoll, wie es sich damit verhält:

> *Wenn wir uns den Sprüchen in dem Bewusstsein nähern, dass die ganze Bibel „seinen Namen flüstert", wenn wir darin mit offenen Augen nach unserem Erlöser Ausschau halten, werden wir ihn schnell als den weisen Sohn identifizieren. Ja, die Sprüche sagen uns, wie man ein Leben führen kann, das Gott gefällt, aber sie sprechen auch von dem weisen Sohn. So wurde zum Beispiel die Anweisung „Mein Sohn, wenn Sünder dich verführen wollen, dann gib der Versuchung nicht nach!" mehr als erfüllt, als Jesus in der Wildnis den Versuchungen Satans widerstand. Jesus ist der weise Sohn, der immer tat, was dem Vater gefiel (Jesaja 52,13; Johannes 8,29). Und obwohl die Bibel fast nichts über die Kindheit von Jesus sagt, haben wir doch diese eine Beschreibung: „Und Jesus nahm zu an Weisheit, Alter und Gnade bei Gott und den Menschen" (Lukas 2,52). Er hat immer das umgesetzt, was Gott ihm gesagt hat, weil er im höchsten Maß weise war, und er wurde von seinem Vater und seinen Eltern geliebt. Jesus bezeichnet sich sogar selbst als die Personifizierung der Weisheit (Matthäus 11,19), während Paulus uns versichert, dass in ihm* **alle** *Schätze der Weisheit und Erkenntnis verborgen liegen (Kolosser 2,3). In Jesus hat sich alles erfüllt, was über den weisen Sohn aus den Sprüchen gesagt ist.*[32]

Ihr Lohn

Was erhält die Frau aus Sprüche 31 als Lohn für ihre Weisheit? Ich möchte unsere Betrachtung zusammenfassen, indem ich zehn Belohnungen aufliste:

1. Sie wird wertgeschätzt (V. 10).
2. Sie führt eine stabile Ehe (V. 11, 12, 28).
3. Sie lebt ohne Angst (V. 21, 25).
4. Es geht ihr materiell gut (V. 21, 22).
5. Sie ist offensichtlich erfolgreich (V. 16, 18, 24).
6. Sie ermüdet nicht leicht (V. 15, 17, 18, 27).
7. Sie hat einen guten Ruf (V. 25, 29).
8. Sie wird von ihrer Familie gelobt (V. 28-29).
9. Sie hat ein Herz, das von tätiger Liebe überfließt (V. 20, 26).
10. Sie kennt den Herrn (V. 30).

Sie ist ein Sinnbild des weisen Lebens, und zwar nicht in erster Linie dafür, wie man eine bessere Hausfrau oder berufstätige Frau wird. Ihr Vorbild zeigt, wie erfüllt und lohnend das Leben einer Frau sein kann, wenn sie den Herrn fürchtet.

Gebt ihr von den Früchten ihrer Hände,
und ihre Werke sollen sie loben in den Toren! (Sprüche 31,31)

Studienteil

Du kannst diesen Studienteil allein oder im Rahmen einer Diskussion in der Kleingruppe durcharbeiten. In jedem Kapitel gibt es mindestens eine Frage, die etwas mehr Zeit erfordert als die anderen Fragen. Diese Fragen sind mit einem speziellen Symbol ⚲ markiert. Du kannst auch das Themenverzeichnis nutzen, um schnell und unkompliziert einzelne Verse aus den Sprüchen noch mal anzuschauen.

Kapitel 1
Was genau ist Weisheit?

⚲ 1.) Lies dir das Buch Ester durch und notiere dir, wo und wie sie sich weise verhält. Welchen Einfluss haben ihre Entscheidungen auf ihren Verwandten Mordechai? Welchen Einfluss hat sie auf den König?

2.) Nenne einen Bereich deines Lebens (oder mehrere), in dem du an Weisheit zunehmen möchtest. Warum glaubst du, in diesem bestimmten Bereich Weisheit zu brauchen?

3.) Wie definieren die Sprüche Weisheit? Erkläre, was mit dieser Definition gemeint ist.

4.) Hast du jemals die Furcht Gottes erfahren? Was hast du über ihn in dieser Zeit gelernt? Was war das Ergebnis?

5.) Welches der Merkmale der Weisheit, die in Kapitel 1 aufgeführt sind, spricht dich am meisten an und warum?

- Weisheit ist eindeutig.

- Weisheit ist nah.

- Weisheit macht Freude.

- Weisheit kommt an erster Stelle.

- Weisheit ist gastfreundlich.

6.) Beschreibe, was es heißt, dein Herz zu behüten (vgl. Sprüche 4,23).

7.) Worin besteht der Zusammenhang zwischen Weisheit und Demut und wie eignen wir uns Demut an?

8.) Was ist deine Rolle beim Erwerb der Weisheit?

9.) Welcher der Vorzüge der Weisheit spricht dich am meisten an und warum?

- Sicherheit

- Gottes Wegweisung

- Gesunder Menschenverstand, der von Gott geformt wurde

- Allgemein ein gutes Leben

- Glück

- Selbsterkenntnis

10.) Beschreibe die biblische Verbindung zwischen Christus und der Weisheit.

Kapitel 2
Warum unvernünftiges Verhalten wirklich schlecht ist

1.) Was ist der grundlegende Unterschied zwischen einer unvernünftigen Frau und einer weisen?

2.) Nenne einige Möglichkeiten, wie Frauen heutzutage leicht von den Verlockungen dieser Welt umgarnt werden können. Wovon lässt du dich persönlich leicht umgarnen?

3.) In vielen Versen der Sprüche geht es um Geld und Wohlstand (vgl. Themenverzeichnis). Was denkst du, warum dieses Buch der Bibel diesen Schwerpunkt setzt? Auch im Neuen Testament finden wir eine Reihe von Abschnitten über Wohlstand. Dort wird das Thema hauptsächlich unter dem Gesichtspunkt, welchen Einfluss er auf die Jüngerschaft eines Christen hat, beleuchtet. Schau dir die folgenden Abschnitte an und fasse zusammen, was dir aufgefallen ist.

- Matthäus 6,25-34
- Matthäus 13,18-23
- Lukas 16,13
- Apostelgeschichte 8,9-21
- 1. Timotheus 3,2-3
- 1. Timotheus 6,6-10 + 17-19
- 2. Timotheus 3,1-5
- Hebräer 13,5-6
- Jakobus 5,1-6

4.) Inwiefern verachtet eine unvernünftige Frau göttliche Erkenntnis?

5.) Wie erkennen wir den Unterschied zwischen geduldigem Warten und fehlerhafter Bequemlichkeit? Welche Bedeutung hat es für dein eigenes Leben, wenn du über den Unterschied nachdenkst?

6.) Wo siehst du in deinem Leben die Notwendigkeit, der Ameise aus Sprüche 6,6-8 ähnlicher zu werden? Fehlt es dir bei der Arbeit, in Beziehungen oder in deinem Glaubensleben an Eifer und Engagement? Wenn ja, was willst du genau tun, um das zu überwinden?

7.) In einer Gesellschaft, in der Autonomie als große Tugend angesehen wird, kann ein Leben in Abhängigkeit von Gott und in Transparenz vor der christlichen Gemeinschaft, der du angehörst, eine besondere Herausforderung sein. Beschreibe den Unterschied zwischen Gott gegebener Unabhängigkeit und falscher Autonomie. Berücksichtige dabei Sprüche 18,1 und 1. Thessalonicher 4,9-12.

8.) Schau dir noch einmal Sprüche 6,16-19 an. Erstelle aus diesem Abschnitt eine Liste der Dinge, die Gott so sehr hasst, dass er sie als „Gräuel" bezeichnet. Dann bete mit dieser Liste vor Augen, entweder allein oder in deiner Kleingruppe, das Gebet aus Psalm 139,23-24:

Erforsche mich, Gott, und erkenne mein Herz;
prüfe mich und erkenne, wie ich's meine.
Und sieh, ob ich auf bösem Wege bin,
und leite mich auf ewigem Wege.

Du solltest auch schauen, ob irgendetwas aus der Liste der „Warum-nur" und „Wenn-nur" am Ende von Kapitel 2 etwas in dir zum Klingen bringt.

9.) Inwiefern ist die Überwindung unserer Unvernunft mehr eine Frage der Ruhe als der Arbeit?

10.) Inwiefern zeigen die folgenden Abschnitte Jesus als unsere Weisheit?

- Matthäus 12,38-42

- Lukas 2,40-52

- 1. Korinther 1,18-31

- 1. Korinther 2,1-13

- Kolosser 2,1-3

- Kolosser 2,20-23

- Kolosser 3,16

Kapitel 3
Weise Frauen kennen die Macht ihrer Worte

1.) Welche wichtige Rolle spielen unsere Worte für unsere Aufgabe als Gehilfinnen? Beschreibe vor dem Hintergrund der Beispiele aus der Bibel, die wir uns angesehen haben (Ester und Delila), ein Ereignis, wo deine Worte eine Situation zum Guten oder zum Schlechten verändert haben. Gibt es hierzu eine bestimmte Lehre aus den Sprüchen, die du aus eigener Erfahrung bestätigen kannst?

2.) Die Sprüche liefern einen ziemlich tiefen Einblick in die zerstörerische Natur von Lügen. Wo hast du diese Wahrheiten in deinem eigenen Leben bestätigt gesehen?

3.) Inwieweit umfasst die Bedeutung des Ausdrucks *falsche Aussage* viel mehr als nur vor Gericht die Wahrheit zu sagen?

4.) Gibt es unter den unvernünftigen Dingen, die wir mit unseren Worten anstellen können und die wir uns in Kapitel 3 angesehen haben, welche, die du immer als nebensächlich angesehen hast? Wenn ja, hat sich deine Sichtweise durch die Beschäftigung mit den Sprüchen verändert?

5.) Manches Reden ist nicht ausdrücklich eine Verfehlung, so doch trotzdem unvernünftig. Was gehört laut den Sprüchen in diese Kategorie?

6.) Fällt es dir schwer, Klatsch und Tratsch, sei es als Zuhörende oder als Verbreitende, zu unterlassen? Welche Wahrheiten aus den Sprüchen über Klatsch und Tratsch haben dich am meisten beeinflusst und warum? Suche dir einen Vers aus den Sprüchen zu diesem Thema aus, den du auswendig lernst.

7.) Gibt es gegenwärtig etwas in deinem Leben, das dich anfällig für Schmeicheleien macht? Wie willst du dich konkret davor schützen?

8.) Was sind die Merkmale weiser Worte?

9.) Welches Verhältnis besteht zwischen unseren Ohren und unserer Zunge, wenn es um Weisheit geht?

10.) Lies die folgenden Verse über weises und unvernünftiges Reden aus dem Jakobusbrief, dem neutestamentlichen Buch über Weisheit. Was findest du dort, das das, was du in den Sprüchen gelernt hast, unterstreicht oder darauf aufbaut?

- Jakobus 1,19-20

- Jakobus 1,26

- Jakobus 2,8-12

- Jakobus 2,14-17

- Jakobus 3,2-12

- Jakobus 4,11-12

- Jakobus 4,13-16

- Jakobus 5,12

Kapitel 4
Weise Frauen wählen ihre Freundinnen sorgfältig

1.) Mit wem verbringst du die meiste Zeit? Wie sind diese Freundschaften entstanden? Wie haben sie sich entwickelt?

2.) Wodurch fühlst du dich zu bestimmten Freundschaften hingezogen? Betrachte sowohl die falschen Motive als auch die Qualitäten, die Gott gefallen, die wir uns in Kapitel 4 angesehen haben.

3.) Haben irgendwelche deiner Freundschaften einen chaotischen Charakter? Wenn ja, welche Verse aus den Sprüchen haben dazu etwas zu sagen und was?

4.) Die Sprüche warnen uns davor, unser Herz mit zornigen Menschen zu teilen. Warum? Verschaffe dir ein umfassenderes biblisches Bild des Zorns, indem du dir die folgenden Bibelstellen ansiehst:

Gottes Zorn	Menschlicher Zorn
2. Mose 32,1-10	1. Mose 4,1-7
4. Mose 11,1	2. Samuel 6,5-10
2. Samuel 6,5-10	Psalm 4,4
1. Könige 11,1-9	Psalm 37,8
2. Chronik 18,22- 25	Prediger 7,9
Psalm 30,5	Jona 4,1-9

Psalm 38,1-4	Matthäus 5,22
Psalm 85,1-8	Johannes 7,32-33
Psalm 86,15	2. Korinther 12,20
Psalm 90,1-12	Galater 5,20
Jesaja 57,16-17	Epheser 4,26
Jeremia 3,6-13	Epheser 4,31
Jeremia 4,22-26	Epheser 6,4
Hosea 14,1-4	Kolosser 3,8
Markus 3,1-6	Jakobus 1,19-20

5.) Warum müssen wir uns dafür hüten, die Verbindung zu jemand zu vertiefen, der oder die sich allzu sehr den sinnlichen Genüssen hingibt? Welche Genüsse können, außer Essen und Trinken, noch dazugehören?

6.) Wie lauten einige der biblischen Prinzipien für die weise Auswahl von Freundschaften? Hast du vor diesem Hintergrund eine „eiserne" Freundin (Sprüche 27,17)? Was in eurer Beziehung führt dazu, dass ihr euch gegenseitig schärft?

7.) Findest du es schwierig, etwas zu sagen, wenn du siehst, dass deine Freundin sich von Gottes Wegen entfernt? Welches Risiko fürchtest du dabei? Was ist der Unterschied zwischen „in Liebe die Wahrheit sagen“ und richtender Kritik? Was denkst du, wie wir zwischen beidem unterscheiden können?

8.) Warst du je in eine Beziehung verstrickt, die dich hat abhängig werden lassen? Wenn ja, welche schlechten Früchte des Götzendienstes wurden dabei offenbar? Wie hat diese Beziehung geendet? Wenn sie noch nicht geendet hat, beschreibe, wie die Schritte zur Umkehr in Hosea 14 dir helfen können.

9.) Was sagt die Bibel über Freundschaften zu bekennenden Christen, die an Verfehlungen festhalten und diese nicht aufgeben wollen? Wie entscheiden wir, wann es richtig ist, sich dieser Person verstärkt zuzuwenden, und wann es richtig ist, sich von ihr abzuwenden?

10.) Natürlich ist Jesus der absolute Freund. Was lehren uns die folgenden Verse über diesen Aspekt unserer Beziehung zu ihm?

- 2. Mose 33,9-11

- Psalm 25,14

- Lukas 7,33-35

- Johannes 15,13-15

- Jakobus 4,4

Kapitel 5
Weise Frauen kennen das Geheimnis der Selbstbeherrschung

1.) In welchem Bereich ist Selbstbeherrschung für dich ein ständiger Kampf?

2.) Was ist Schlemmerei?

3.) Mit welchem Essverhalten können wir Gott die Ehre geben? Verwende die folgenden Abschnitte, um eine Antwort zu finden.

- Psalm 104,14-15

- Psalm 104,24-26

- Sprüche 23,20-21

- Sprüche 25,16-27

- Sprüche 27,7

- Matthäus 6,25-33

- Römer 14,13-21

- 1. Korinther 8,8-13

- 1. Korinther 10,23-33

- 2. Thessalonicher 3,10-12

- 1. Timotheus 6,17

4.) Wie beschreibt Sprüche 25,28 die Selbstbeherrschung? Woher stammt das Bild der eingerissenen Mauern, und warum ist es ein passendes Bild?

5.) Lies Römer 1,18-32. Beschreibe die Abwärtsspirale von Fehlverhalten. Was bewirkt, ausgehend von diesem Abschnitt, dass jemand in einem destruktiven Muster einer Verfehlung, was wir heute eine „Sucht" nennen, stecken bleibt? Wie zeigt uns Galater 5,17-26 den Weg heraus?

6.) Welches der fünf Hindernisse, die wir uns in Kapitel 5 angesehen haben, beschreibt am besten deine persönlichen Probleme mit Selbstbeherrschung?

7.) Welchen Bezug hat Jakobus 4,2-3 zu unserem Kampf mit Selbstbeherrschung?

8.) Was haben Kolosser 1,29 und Philipper 2,12-13 zu unserem Bemühen um Selbstbeherrschung zu sagen?

9.) Wie ist deine Einstellung zum Alkohol? Unterscheidet sich deine grundsätzliche Einstellung von deinem Verhalten? Meditiere über die folgenden Bibelabschnitte und über die, die im Anhang zum Thema Alkohol genannt werden.

- 4. Mose 6,1-21
- Psalm 104,14-15
- Lukas 2,1-12
- Römer 13,10-14
- Römer 14,13-23
- Epheser 5,15-21
- 1. Thessalonicher 5,5-8

- 1. Timotheus 3,8

- Titus 2,1-4

- 1. Petrus 4,1-3

10.) Welche vier Faktoren führen schließlich zur Selbstbeherrschung?

Kapitel 6
Weise Frauen wissen, wie sie gut mit ihren Gedanken, Gefühlen und Wünschen umgehen

1.) Diskutiere oder beschreibe, wie unsere Gedanken, Gefühle und Wünsche unser Leben bestimmen können. Gib ein paar konkrete Beispiele.

2.) Warum ist es weise, den Gedanken mehr Bedeutung beizumessen als den Gefühlen?

3.) Welcher Zusammenhang besteht zwischen Demut und weisem Denken?

4.) Lies die folgenden Abschnitte über Gedanken:

- Römer 8,5-7; 12,1-2
- 2. Korinther 10,4-6
- Epheser 4,17-24
- Philipper 2,3-8
- Kolosser 3,1-3
- 1. Petrus 1,10-16

Welche Imperative (Anweisungen) findest du, die sich auf unsere Gedankenwelt beziehen? Warum ist demnach unsere Gedankenwelt so wichtig für unseren Glauben?

5.) Stelle Zielstrebigkeit und Wankelmut gegenüber. Lies dazu zunächst Psalm 119,113 und Jakobus 1,5-8 und 4,1-8.

6.) Diskutiere oder beschreibe, was es heißt, wenn die Gedanken von etwas oder jemandem zwanghaft beherrscht werden. Wie kann solch zwanghaftes Denken uns auch im Glauben beeinflussen? Warum ist es weise, sich gegen solche zwanghaften Gedanken zu schützen?

7.) Schau dir noch einmal an, was die Sprüche über Zorn sagen (vgl. z. B. Sprüche 10,11; 14,29; 15,18; 16,32). Was können wir aus dem Leben von Jesus über Zorn lernen? Epheser 4,26 warnt uns: „Zürnet, und sündigt dabei nicht! Die Sonne gehe nicht unter über eurem Zorn" (ELB). Welche Wege gibt es, ohne Fehlverhalten mit Zorn fertig zu werden?

8.) Inwiefern war Davids Trauer übertrieben? (Lies 2. Samuel 18,1–19,8.) Wie können wir mit Trauer auf eine Weise umgehen, die Gott gefällt?

9.) Was verwandelt einen guten Wunsch in einen fehlerhaften? Was lehren die Sprüche über Wünsche, die in Übereinstimmung mit Gottes Wahrheit sind (vgl. Sprüche 10,24; 11,23)?

10.) Wie gehen wir gemäß der Sprüche auf eine gute Weise mit unseren Wünschen um?

Mein gröste Wunsch ist: gemeinsam mit mein Mann und unsere ganze Familie zu Kirche zu gehen, Gott dienen und mit alle in Himmel sein.

Kapitel 7
Weise Frauen sind in finanziellen Dingen geschickt

1.) Bist du über deine persönliche finanzielle Situation oder die deiner Familie informiert und verstehst du diese Informationen auch? Warum oder warum nicht?

2.) Inwiefern kann es uns bei der Erfüllung unserer Berufung als Gehilfin in der Ehe helfen, wenn wir über die Familienfinanzen auf dem Laufenden sind?

3.) Diskutiere oder beschreibe, was die Sprüche insgesamt über den Umgang mit Geld lehren. Womit verknüpfen die Sprüche finanzielles Wohlergehen?

4.) Was lehren die Sprüche über das Leihen von Geld? Wie lässt sich diese Lehre in unserer heutigen Kultur weise anwenden?

5.) In Sprüche 22,7 heißt es: „Der Reiche herrscht über die Armen; und wer borgt, ist des Gläubigers Knecht." Diskutiere oder beschreibe, wie du dies in deinem Leben oder im Leben von jemandem, den du kennst, gesehen hast.

6.) Diskutiere oder beschreibe einige der Belastungen, die Wohlstand mit sich bringen kann.

7.) Lies die folgenden Abschnitte, in denen es um Geld geht:

- Sprüche 3,9; 13,11

- Prediger 5,10-12

- Matthäus 6,24-33

- 1. Timotheus 6,6-10

- Hebräer 13,5-6

Beschreibe die Einstellung, die eine Frau, die Jesus nachfolgt, zum Geld haben sollte. Wie sehr entspricht deine Einstellung dem, was die Bibel lehrt?

8.) Lies noch einmal das Gebet des Agur in Sprüche 30,8-9. Kannst du dieses Gebet von ganzem Herzen zu deinem eigenen machen? Wenn nicht, warum nicht?

9.) Warum kann Geld eine Gefahr für den Glauben sein?

Diskutiere oder beschreibe anhand der Bibel, warum es Hoffnung für Christen gibt, die sich mit den Folgen unkluger finanzieller Entscheidungen abmühen müssen.

Kapitel 8
Weise Frauen schützen ihre Sexualität

1.) Was war die ursprüngliche Absicht hinter den Anweisungen, die die Sprüche zum Thema sexuelle Reinheit geben? Warum sind diese Anweisungen auch für Frauen von heute wichtig?

2.) Diskutiere oder beschreibe, warum sexuelle Aktivitäten außerhalb der Ehe schlimm sind. Finde Antworten mithilfe von Bibelstellen wie 1. Korinther 3,1-13; 6,12-20 und 1. Thessalonicher 4,3-8.

3.) Warum sind wir so anfällig für sexuelle Versuchungen?

4.) Bestimme die Folgen sexueller Verfehlungen, die in Sprüche 5,9-21 und 7,22-27 beschrieben werden. Wo hast du beobachten können, dass diese Folgen tatsächlich eintreten?

5.) Welchen Zusammenhang zwischen unmoralischem Verhalten und Unzufriedenheit finden wir in den Sprüchen?

6.) Diskutiere oder beschreibe einige Charaktereigenschaften der unmoralischen Frau aus den Sprüchen.

7.) Diskutiere oder beschreibe praktische Möglichkeiten, sexuelle Verfehlungen zu vermeiden.

8.) Warum ist Ehebruch ein direkter Angriff auf die Ehe und nicht nur eine Verletzung derselben?

9.) Welche Wege zeigen uns die Sprüche, um unsere Ehe vor Ehebruch zu schützen? Wie können wir diese Schutzmechanismen praktisch auf unsere eigenen Ehen anwenden?

10.) Lies die Geschichte von David und Batseba in 2. Samuel 11,1–12,23. Welche Wahrheiten über Ehebruch aus den Sprüchen findest du in dieser Geschichte bestätigt?

Kapitel 9
Die Frau aus Sprüche 31

1.) Welche Funktion hat die Frau aus Sprüche 31 im Buch der Sprüche? Mit anderen Worten: Als was sollen wir sie sehen?

2.) Inwiefern steht die Frau aus Sprüche 31 für eine Frau, der man vertrauen kann?

3.) Stimmst du im Hinblick darauf, was wir über diese Aussage in Kapitel 9 gesagt haben, zu, dass jede Frau berufen ist, Hausfrau zu sein? Warum oder warum nicht?

4.) Die Frau aus Sprüche 31 wird uns als eine Frau beschrieben, die von vor Sonnenaufgang bis lange nach Sonnenuntergang aktiv ist. Das sollen wir nicht buchstäblich auf unser Leben anwenden – wir könnten es auch gar nicht! Doch welche Veränderungen können wir in unserem Leben vornehmen, damit wir den Auftrag, den Paulus uns in Epheser 5,15-16 gegeben hat, besser erfüllen können: „Gebt also sorgfältig darauf Acht, wie ihr lebt! Verhaltet euch nicht wie unverständige Leute, sondern verhaltet euch klug. Macht den bestmöglichen Gebrauch von eurer Zeit, gerade weil wir in einer schlimmen Zeit leben" (NGÜ)?

5.) Lies die Geschichten von Ehefrauen in der Bibel (siehe unten). Nenne konkrete Beispiele, wo sie mit der idealen Ehefrau aus Sprüche 31 zu vergleichen sind und wo sie im Gegensatz zu ihr stehen.

- Rebekka (1. Mose 25,19-27; 27,1-35)

- Abigail (1. Samuel 25,1-42)

- Michal (2. Samuel 6,16-23)

- Isebel (1. Könige 21,1-16)

- Saphira (Apostelgeschichte 5,1-10)

- Priszilla (Apostelgeschichte 18,1-27)

6.) Diskutiere oder beschreibe alle Aspekte, unter denen die Frau aus Sprüche 31 als Versorgerin dargestellt wird.

7.) Wie stehst du dazu, wenn Mütter berufstätig sind? Hat die Frau aus Sprüche 31 deine Sichtweise beeinflusst? Woran können wir in dem Gedicht sehen, dass ihre geschäftlichen Unternehmungen Gott gefallen haben und nicht fehlerhaft und selbstsüchtig waren?

8.) Was können wir von der Frau aus Sprüche 31 über den Wert des äußeren Erscheinungsbilds einer Frau lernen? Woran lässt sich festmachen, ob Bemühungen, attraktiv auszusehen, Gott gefallen oder sich nur nach den Maßstäben dieser Welt richten?

9.) Welche Bedeutung haben die Stoffe, die in dem Gedicht genannt werden?

10.) Die Frau aus Sprüche 31 wird als zuversichtlich beschrieben (V. 21+25). Was ist die Grundlage ihrer Zuversicht?

Themenverzeichnis der Sprüche

Anmerkungen

1 William Harrell: „The Fear of the Lord"; in: www.banneroftruth.org/pages/articles/article_detail.php?66

2 Mein früherer Pastor James Montgomery Boice berichtete diese Geschichte in einer seiner Veröffentlichungen.

3 J. C. Ryle: Holiness. Evangelical Press, Darlington/UK1999, S. 46.

4 Großer Westminster-Katechismus, 144. Frage.

5 D. A. Carson: Jesus' Sermon on the Mount and His Confrontation with the World. An Exposition of Matthew 5–10. Global Christian, Grand Rapids/MI 1999, S. 113.

6 Edward Welch: When People Are Big and God Is Small. Overcoming Peer Pressure, Codependency, and the Fear of Man. P & R, Phillipsburg/NJ 1997, S. 13–14 (Hervorhebung im Original).

7 James Montgomery Boice: Minor Prophets. Two Volumes Complete in One Edition. Kregel, Grand Rapids/MI 1986, S. 94.

8 www.bravotv.com/top-chef/season-8/blogs/gail-simmons/pepperoni-sauce? page=0,1.

9 James Montgomery Boice: Romans. An Expositional Commentary. Vol. 1. Justification by Faith. Baker Books, Grand Rapids/MI 1991, S. 199–200.

10 John Piper: „Total Abstinence and Church Membership"; in: www.desiringgod. org/resource-library/sermons/total-abstinence-and-church-membership.

11 Don Matzat: Christ Esteem. Where the Search for Self-Esteem Ends. Harvest House, Eugene/OR 1990, S. 109 (Hervorhebungen im Original).

12 Michael R. Emlet: „Obsession and Compulsions, Breaking Free of the Tyranny"; in: Journal of Biblical Counseling 22 (Winter 2004), S. 16, 23–24.

13 James Montgomery Boice: Philippians. An Expositional Commentary. Baker Books, Grand Rapids/MI o. J., S. 248–249.

14 James Montgomery Boice: Romans. Vol 4. The New Humanity. An Expositional Commentary. Baker Books, Grand Rapids/MI 1995, S. 1558–1559.

15 Elisabeth Elliot: Discipline. The Glad Surrender. Revell, Grand Rapids/MI 1982, S. 151.

16 Bryan Chapell: Ephesians. Reformed Expository Commentary. Phillipsburg/NJ 2009, S. 222.

17 Arthur W. Pink: The Life of David. Baker Books, Grand Rapids/MI 1981, S. 190. Seine ausführliche Behandlung von Davids Trauer ist eine lohnende Lektüre.

18 David Powlison: „Dynamics of Biblical Change". CCEF Kursmaterialien, 1995.

19 James I. Packer: Gott erkennen. Heroldverlag, Leun 2014, S. 303–304.

20 Katrina Trinko: On the Books. Excerpts from State Adultery Laws; in: www. usatoday.com/news/opinion/forum/2010-04-26-column26_ST_N.htm

21 Jonathan Turley: Adultery in Many States Is Still a Crime; in: USA Today, 25. April 2010, www.usatoday.com/news/opinion/forum/2010-04-26-column26_ST_N. htm

22 Derek Kidner: Proverbs. An Introduction and Commentary. Inter-Varsity, Leicester 1964, S. 69 (Hervorhebung im Original).

23 Kidner, Proverbs, S. 71.

24 Großer Westminster Katechismus, 138. und 139. Frage

25 James Montgomery Boice: The Minor Prophets. Two Volumes Complete in One Edition. Kregel, Grand Rapids/MI 1996, S. 116–117.

26 Douglas Sean O'Donnell: The Beginning and End of Wisdom. Preaching Christ from the First and Last Chapters of Proverbs, Ecclesiastes, and Job. Crossway, Wheaton/IL 2011, S. 50–51.

27 John Piper: Dein Leben ist einmalig – vergeude es nicht! CLV, Bielefeld [3]2010, S. 137.

28 Ein amerikanischer Werbespot; frei übersetzt (Anm. d. Übers.).

29 Vgl. www.biblebasics.co.uk/colours/col8.htm

30 www.rachelheldevans.com/thou-shalt-not-let-thyself-go-mark-driscoll-haggard

31 Elyse Fitzpatrick / Jessica Thompson: Give them Grace. Dazzling your Kids with the Love of Jesus. Crossway, Wheaton/IL 2011), S. 99–100.

32 Fitzpatrick/Thompson, Give them Grace, S. 99

Meine Notizen

Meine Notizen

In unserem Verlagsprogramm finden Sie viele Ratgeber für Leben und Glauben.

cap-Verlag
Oberer Garten 8
72221 Haiterbach-Beihingen
07456-9393-0
info@cap-music.de
www.cap-books.de

Bücher von Leslie Vernick im cap-Verlag

- *Die emotional zerstörerische Ehe*
- *Ich möchte einfach nur glücklich sein*
- *Die emotional zerstörerische Beziehung*
- *Wie verhält man sich richtig, wenn der Ehepartner sich falsch verhält*

Bücher von Bill & Pam Farrel im cap-Verlag

- *Die 10 besten Entscheidungen, die eine Frau treffen kann*
- *Die 10 besten Entscheidungen, die ein Mann treffen kann*
- *Die 10 besten Entscheidungen, die ein Ehepaar treffen kann*
- *Die 10 besten Entscheidungen, die ein Leiter / eine Leiterin treffen kann*
- *Die 10 besten Entscheidungen, die Eltern treffen können*
- *Die 10 besten Entscheidungen, die ein Single treffen kann*
- *Bereit zu heiraten? Das Buch für Verliebte*
- *Unterwegs zu Zweit (Andachtsbuch für Ehepaare)*
- *Romantische Tipps für Frauen*